Zyber – Homo utopicus

D1719880

Trierer Studien zur Kulturphilosophie

Paradigmen menschlicher Orientierung

herausgegeben von

Ernst Wolfgang Orth und Karl-Heinz Lembeck

Band 15

Erik Zyber

Homo utopicus

Die Utopie im Lichte der
philosophischen Anthropologie

Königshausen & Neumann

Bibliografische Information Der Deutschen Bibliothek

Die Deutsche Bibliothek verzeichnet diese Publikation in der Deutschen
Nationalbibliografie; detaillierte bibliografische Daten sind im Internet
über <http://dnb.ddb.de> abrufbar.

D 385, zugl. Diss. Trier 2006

© Verlag Königshausen & Neumann GmbH, Würzburg 2007
Gedruckt auf säurefreiem, alterungsbeständigem Papier
Umschlag: Hummel / Lang, Würzburg
Bindung: Buchbinderei Diehl+Co. GmbH, Wiesbaden
Printed in Germany
ISBN 978-3-8260-3550-0
www.koenigshausen-neumann.de
www.buchhandel.de
www.buchkatalog.de

Inhaltsverzeichnis

Erster Teil

I. Differenzierungen im Utopiebegriff

II. Utopie und Religion

III. Die naturwissenschaftlich-technische Utopie

Zweiter Teil

I. Ernst Blochs ontologische Fundierung der Utopie

II. Anthropologische Grundlagen der Utopie

III. Utopie und Menschwerdung

Vorwort

Die vorliegende Arbeit wurde im Sommersemester 2006 von der Universität Trier als Dissertation angenommen. Danken möchte ich vor allem Prof. Dr. Ernst Wolfgang Orth, der mir mit souveränem Weitblick die Tiefen der Philosophie vermittelte und als erster Betreuer entscheidend zum Gelingen der Arbeit beitrug. Danken möchte ich ebenso Prof. Dr. Peter Welsen, der als Zweitbetreuer einen kritischen Blick auf die Manuskripte warf und die Endfassung dadurch vor Schlimmerem bewahren konnte. Für die finanzielle Unterstützung danke ich der Landesgraduiertenförderung Rheinland-Pfalz, die es mir mit einem großzügigen Stipendium erlaubte, die Arbeit mit der dazu erforderlichen philosophischen Muße zu verfassen. Dank schulde ich aber auch meiner Lebensgefährtin Anke Stenzel, die diesen Müßiggang zwei Jahre lang ertragen mußte und Anwandlungen von Hybris vorzeitig entgegenzuwirken wußte. Danken möchte ich schließlich meinem Vater Alois Zyber, der den Abschluß der Arbeit mit Interesse verfolgte und sich bereit erklärte, die Kosten für ihre Drucklegung im Verlag Königshausen & Neumann zu übernehmen.

Hamburg, den 14. Januar 2007

»Tatsächlich« ist doch die Vorhandenheit, in der wir leben und in der alles lebt, von einem unendlich viel größeren Meer der Möglichkeit umgeben, der objektiv-realen Möglichkeit: es könnte alles anders sein.

Ernst Bloch, *Abschied von der Utopie?*

L'homme est cet animal séparé, ce bizarre être vivant qui s'est opposé à tous les autres, qui s'élève sur tous les autres, par ses... *songes*, – par l'intensité, l'enchaînement, par la diversité de ses *songes!* Par leurs effets extraordinaires et qui vont jusqu'à modifier sa nature, et non seulement sa nature, mais encore même la nature qui l'entoure, qu'il essaye infatigablement de soumettre à ses songes. Je veux dire que l'homme est incessamment et nécessairement opposé *à ce qui est* par le souci de *ce qui n'est pas!* et qu'il enfante laborieusement, ou bien par génie, ce qu'il faut donner à ses rêves la puissance et la précision même de la réalité, et, d'autre part, pour imposer à cette réalité des altérations croissantes qui la rapprochent de ses rêves.

Paul Valéry, *La crise de l'esprit*

Einleitung

Der Mensch findet sich nicht mit dem Vorhandenen ab, immer wieder greift er über die gegebenen Verhältnisse hinaus. Durch diese Überschreitung der jeweiligen Wirklichkeit setzt sich der endlose Prozeß der Kultur fort, verschiebt sich das Sinngefüge, in dem sich die Welt- und Selbstauffassung des Menschen artikuliert. Das Ungenügen am gegenwärtigen Zustand scheint für den Menschen bestimmend. Seine prinzipielle Unzufriedenheit empfindet er als Stachel, der ihn stets zu neuen Taten drängt. Dabei können die Folgen seines Handelns erheblich variieren: die Veränderung des Gegebenen kann sich zum Wohl, aber auch zum Schaden der Menschheit auswirken. Zuweilen spielt sie sich in bloßen Gedanken ab, in Träumen, die niemals Wirklichkeit werden. Das Ergebnis kann also ganz unterschiedlich ausfallen. Ein Luftschloß wird das Angesicht der Erde nicht nachhaltig verändern, anders das Werk der großen Denker, Entdecker und Erfinder, durch das dem Kulturprozeß eine bestimmte Richtung aufgeprägt wird. Die Dynamik der modernen Welt beruht auf einer raschen Abfolge von Grenzüberschreitungen, durch die nicht zuletzt das utopische Wesen des Menschen zum Vorschein kommt. Damit ist die grundlegende These dieser Arbeit bereits formuliert: wir wollen zeigen, daß sich in der utopischen Überschreitung der Wirklichkeit ein Wesensmerkmal des Menschen artikuliert.

Der Titel »Homo utopicus« deutet bereits an, daß der Begriff der Utopie sich nicht auf eine Literaturgattung beschränkt, sondern an die Wesensstruktur des Menschen gebunden ist. Diese These wird ausdrücklich von Ernst Bloch vertreten, der in seinem umfangreichen Werk immer wieder auf die fundamentale Bedeutung der Utopie zu sprechen kommt. Eine anthropologische Grundlegung der Utopie findet sich außerdem bei Raymond Ruyer und Martin Schwonke.[1] Karl Mannheim überträgt den Utopiebegriff auf die Bewußtseinsstruktur des Menschen, das »utopische Bewußtsein« ist seitdem ein gängiger Begriff in Philosophie und Sozialwissenschaften.[2] Auch in einer jüngeren Publikation wird darauf hingewiesen, daß es in der Utopie um „die inspirierende und phantasievolle Kraft des Überschreitens von hemmenden Grenzen [geht], ja generell um *die geistige Kraft des Überschwenglichen in den kulturellen Deutungen und Sinnbe-*

---

[1]   Vgl. Raymond Ruyer, L' Utopie et les Utopies (1950), Gérard Monfort ²1988; Martin Schwonke, Vom Staatsroman zur Science Fiction. Eine Untersuchung über Geschichte und Funktion der naturwissenschaftlich-technischen Utopie, Stuttgart 1957.
[2]   Vgl. Karl Mannheim, Ideologie und Utopie (1928/29), Frankfurt a.M. ⁸1995. Eine Zusammenstellung klassischer Texte zum Utopiebegriff findet sich in: Arnhelm Neusüss (Hg.), Utopie. Begriff und Phänomen des Utopischen, Frankfurt a.M. und New York ³1986.

stimmungen des menschlichen Lebens."[3] Dennoch wird die anthropologische Bedeutung der Utopie in der Forschungsliteratur häufig bezweifelt. Woran liegt das?

In der Regel wird der Vorwurf erhoben, daß eine anthropologische Deutung des Utopischen die geschichtliche Dimension des Utopiebegriffs vernachlässigt. Die Utopie wird als ein spezifisches Produkt der abendländischen Geistesgeschichte bestimmt, das nicht vorschnell als Wesensmerkmal des Menschen hypostasiert werden dürfe. Die Entstehungsbedingungen der klassischen Utopie gälten nicht für andere Kulturen, die Bestimmung des Menschen als homo utopicus gehe daher von falschen Voraussetzungen aus. Folgt man der Logik dieser Argumentation, so erklärt sich auch die Rede von einem Ende der Utopie, das nach dem Untergang der Sowjetunion vielerorts verkündet wurde. Daß sich der sowjetische Sozialismus dabei keineswegs als utopisch definiert hat, ist bezeichnend für die Geschichte eines Begriffs, der nicht erst seit dem kalten Krieg zur Denunziation des gegnerischen Standpunkts herhalten mußte. Mag der angebliche Abschied von der Utopie auch die Vertreter der verbliebenen Weltordnung beruhigen, so stellt sich doch die Frage, ob mit einer bestimmten Gestalt der Utopie zugleich das Utopische schlechthin beseitigt wurde. Entgegen aller Versuche, die Utopie auf ihre geschichtliche Dimension zu reduzieren, ist es das Anliegen dieser Arbeit, die Fülle der menschlichen Wirklichkeitsüberschreitungen für den Utopiebegriff zurückzugewinnen und anthropologisch zu begründen.

Das Phänomen des Utopischen ist nicht ausschließlich ein Produkt der europäischen Neuzeit, wenngleich es die ihm eigentümliche Dynamik erst in dieser Epoche entfalten konnte. Daß der Mensch die unmittelbar gegebene Wirklichkeit überschreitet und nach seinen Bedürfnissen gestaltet, ist eine historische Tatsache, auf der die bunte Vielfalt aller Kulturen beruht. Die Einsicht in seine Schöpferkraft bleibt dem Menschen früherer Epochen allerdings verborgen, der Ursprung der kulturellen Ordnung wird religiös oder mythologisch verklärt. Erst in der Neuzeit gelangt das utopische Wesen des Menschen deutlicher zum Vorschein. Der Mensch wird sich seiner Gestaltungsmöglichkeiten bewußt. Er entdeckt sich als Urheber jeder gesellschaftlichen Ordnung, als Erfinder und homo faber, der die bisherigen Erkenntnisschranken in Naturwissenschaft und Technik durchbricht. Hier muß man zwischen der ratio cognoscendi und der ratio essendi unterscheiden. Grenzüberschreitungen hat es auch in früheren Epochen gegeben. Wie sie gedeutet werden und welches Ausmaß sie annehmen, variiert allerdings mit den geschichtlichen Verhältnissen. Jede Veränderung muß sich in einen geschichtlichen Bedeutungshorizont einfügen lassen, dessen Wandelbarkeit häufig durch dogmatische Vorstellungen begrenzt wird. Das Abendland hat sich von diesen Restriktionen weitgehend gelöst. Das neu-

---

[3] Jörn Rüsen, »Einleitung: Utopie neu denken. Plädoyer für eine Kultur der Inspiration«, in: Jörn Rüsen u.a. (Hg.), Die Unruhe der Kultur. Potentiale des Utopischen, Weilerswist 2004, S. 9–23, S. 14.

zeitliche Selbstverständnis des Menschen wird durch Begriffe wie Autonomie und Freiheit geprägt. Auch die Weltauffassung des Menschen ändert sich, indem die Natur entheiligt und dem Verfügungsbereich von Wissenschaft und Technik eingegliedert wird. Die Dynamik der modernen Welt geht mit der Auflösung transzendent-göttlicher Bindungen einher. Das faustische Streben fordert den Bruch mit dem Bisherigen, die prinzipielle Entsicherung des Menschen begründet die Unruhe in der Kultur.

Die vorliegende Arbeit setzt sich aus zwei Teilen zusammen, die jeweils in drei Kapitel untergliedert sind. Der erste Teil konzentriert sich auf den Utopiebegriff und die geschichtlichen Bedingungen, die zu seiner Entstehung und Bedeutungsverschiebung geführt haben. Zunächst wird nach dem Ursprung des Utopiebegriffs gefragt, sodann nach seinem Wandel zu einer Gattungsbezeichnung und Bewußtseinsform. Anschließend soll das utopische Denken von anderen Formen der Seinstranszendenz abgegrenzt werden: vom Wünschen, von der Ideologie und von der Prognose. Auch das Verhältnis von Utopie und Geschichte bedarf einer näheren Bestimmung. Die wichtigsten Beiträge aus der Forschungsliteratur werden dabei zur Sprache kommen und einer sorgfältigen Kritik unterzogen. Eine Definition des Utopischen soll das erste Kapitel beschließen und den begrifflichen Rahmen für die weitere Untersuchung abstecken. Die Definition soll sich am historischen Material bewähren, ohne aber den Anspruch zu erheben, den Utopiebegriff endgültig fixieren zu können. Utopie ist und bleibt ein historischer Begriff, über dessen zukünftige Bedeutung sich jede Spekulation verbietet.

Das zweite Kapitel behandelt das Verhältnis von Utopie und Religion. Die Geschichte des utopischen Denkens wurde maßgeblich durch die jüdisch-christliche Eschatologie beeinflußt, was häufig eine einseitige Auslegung des Utopiebegriffs zur Folge hat. Oft wird das utopische Denken auf seine eschatologische Variante reduziert und als schlechter Religionsersatz oder als unwissenschaftliche Schwärmerei abgetan. Wir wollen dagegen zeigen, daß die besagte Kritik am Utopiebegriff zu kurz greift, daß sie in erster Linie auf marxistische Positionen zutrifft, nicht aber auf den humanistischen Ursprung der Utopie. Schließlich soll durch die Gegenüberstellung von Utopie und Religion deutlich werden, wo die Grenzen des utopischen Denkens liegen, was nicht zuletzt eine Auseinandersetzung mit der Utopiediskussion in der Theologie erfordert.

Im dritten Kapitel soll die Gestalt der naturwissenschaftlich-technischen Utopie besprochen werden. Das utopische Denken hat durch die moderne Naturwissenschaft und Technik zentrale Impulse erhalten, was nicht zuletzt durch die rasche Verbreitung der Science-fiction-Literatur bezeugt wird. Wunschvorstellungen artikulieren sich nicht mehr in der magischen, sondern in der naturwissenschaftlich-technischen Denkweise, die durch ihren Erfahrungsbezug immer wieder in neue Gebiete vorstößt. Dabei bildet die utopische Phantasie eine unverzichtbare Voraussetzung für den Erkenntnisfortschritt der Wissenschaft, wie am Begriff der utopischen Methode gezeigt werden soll. Ferner wird besprochen, wie sich die Welt- und Selbstauffassung des Menschen durch die Dynamik der modernen Kultur verändert. Die erstrebte Herrschaft über die Natur weicht einer Ohnmacht des Menschen gegenüber Wissenschaft und Technik, die allgemeine Steigerung der Sachzwänge führt zu einer Entpersonalisierung der Kultur. Gegen Ende des Kapitels werden wir die Auswirkungen dieser Entwicklung auf den Utopiebegriff untersuchen.

Der zweite Teil der Arbeit befaßt sich mit der anthropologischen Grundlegung der Utopie, also mit der eigentlichen These, daß utopisches Denken an die Wesensstruktur des Menschen gebunden ist. Die Geschichte der Utopie bildet sozusagen die Oberflächenstruktur, unter der sich eine anthropologische Wurzel verbirgt. Zur Begründung dieser These orientiere ich mich im Wesentlichen an zwei Autoren. Zunächst wird die ontologische Bedeutung der Utopie in der Philosophie von Ernst Bloch besprochen, wobei der Schwerpunkt auf den anthropologischen und kulturphilosophischen Aspekten seines Denkens liegt. Die Ergebnisse dieses Kapitels werden im zweiten Kapitel mit den Aussagen der Philosophischen Anthropologie verglichen, wobei sich die Untersuchung auf das Werk von Helmuth Plessner konzentriert. Wenngleich der Utopiebegriff in Plessners Denken keine wesentliche Rolle spielt, erlaubt es die These von der exzentrischen Positionalität, das Phänomen des Utopischen anthropologisch zu fundieren. Diese Interpretation wird nicht zuletzt durch das Gesetz des utopischen Standorts nahegelegt, das von Plessner aus der exzentrischen Positionalität des Menschen abgeleitet wird.

Das letzte Kapitel behandelt das Verhältnis von Utopie und Menschwerdung. Zunächst soll gezeigt werden, daß der Begriff des Menschen stets an einen kulturellen Kontext gebunden ist. Weil der Mensch in anderen Kulturen unterschiedlich definiert wird, muß auch seine abendländische Bestimmung als historische Konzeption betrachtet werden. Besonders deutlich zeigt sich das in der Dystopie, die unser traditionelles Menschenbild radikal in Frage stellt. Daraus ergeben sich schwerwiegende Probleme: Wie verhält sich das Wesen des Menschen zu seiner geschichtlichen Existenz und inwiefern kann man hier mit dem Begriff der Entfremdung argumentieren? Welche Möglichkeiten bieten die utopischen Staatsmodelle für die Entwicklung des Menschen und welche Gefahren können von ihnen ausgehen? Die Beantwortung dieser Fragen mündet erneut in einen Vergleich zwischen Ernst Bloch und Helmuth Plessner, die zwar beide von der Geschichtlichkeit des Menschen ausgehen, diesen Sachverhalt aber unterschiedlich deuten. Die Gegenüberstellung der beiden Positionen erlaubt es zugleich, an die Ergebnisse des ersten Teils anzuknüpfen und die anthropologische Bedeutung der Utopie von ihrer eschatologischen Gestalt abzugrenzen.

Die vorliegende Arbeit versteht sich als ein philosophischer Beitrag zur Utopieforschung, der zu einem großen Teil sozialwissenschaftliche Fragestellungen berücksichtigt. Darüber hinaus werden theologische, kultur- und literaturgeschichtliche Aspekte des utopischen Denkens thematisiert. In methodischer Hinsicht orientiere ich mich an den Prinzipien einer hermeneutischen

Anthropologie, wie sie im Werk von Helmuth Plessner angelegt ist. Der Grundgedanke einer hermeneutischen Anthropologie besteht darin, Wesensaussagen über den Menschen angesichts der historischen Erfahrung offen zu lassen. Dieser Ansatz ermöglicht nicht nur eine Kritik an den unzähligen Versuchen, den Menschen auf bestimmte Wesenskonstanten festzulegen. Er erlaubt es zugleich, die Fülle der Lebensäußerungen in Kultur und Geschichte für ein umfassenderes Verständnis des Menschen zurückzugewinnen. Insofern ist die These vom homo utopicus aufschlußreich für die Entwicklung der Kultur, für die Vielfalt der menschlichen Erzeugnisse, die sich nicht auf rein biologische Notwendigkeiten reduzieren lassen. Die biologische Entwicklung des heutigen Menschen ist seit Jahrtausenden abgeschlossen, nicht so seine Lebensweise, die sich allein in den letzten zweihundert Jahren drastisch verändert hat. Kultur und Geschichte bilden neben der Natur einen unverzichtbaren Orientierungsrahmen für die Philosophische Anthropologie, die sich nicht in einer empirischen Menschenkunde erschöpft, sondern versucht, den Forschungsergebnissen der modernen Einzelwissenschaften eine tragfähige Basis zu geben.[4] Darin liegt nicht zuletzt die Möglichkeit zu einer interdisziplinären Zusammenarbeit begründet, für die sich schon der Utopiebegriff als äußerst fruchtbar erwiesen hat.[5]

Der methodische Anspruch der Arbeit verpflichtet dazu, die inhaltliche Bestimmung des Menschen offen zu lassen. Keineswegs wird behauptet, daß der Mensch nur dort wahrhaft Mensch ist, wo er sich als autonomes Wesen erkennt und über die bisherigen Grenzen seiner Welt hinausgreift. Das utopische Wesen des Menschen beschreibt lediglich die formale Möglichkeit solcher Überschreitungen, die sich aber niemals ohne die historischen Voraussetzungen realisieren läßt. Welchen Gebrauch der Mensch von seinen Möglichkeiten macht, läßt sich nicht vorhersagen. Gleichwohl kann man beobachten, daß der Kulturprozeß durch das Wissen um diese Möglichkeiten erheblich beschleunigt wird, eine Entwicklung, die sich vor allem auf die abendländische Geschichte ausgewirkt hat.

---

4   Vgl. Helmuth Plessner, »Philosophische Anthropologie« (1957), in: ders., Politik – Anthropologie – Philosophie. Aufsätze und Vorträge, München 2001, S. 184ff.
5   Vgl. Wilhelm Voßkamp (Hg.), Utopieforschung. Interdisziplinäre Studien zur neuzeitlichen Utopie, 3 Bde., Frankfurt a.M. 1985. Vgl. zur aktuellen Diskussion die Beiträge aus dem Doppelheft: Zukunft denken – Nach den Utopien, in: Merkur. Deutsche Zeitschrift für europäisches Denken (Heft 9/10), Stuttgart 2001.

Erster Teil

I. Differenzierungen im Utopiebegriff

»Utopie« und »utopisch« sind Begriffe, die jedermann geläufig sein dürften, die nicht der Fachsprache der Wissenschaft vorbehalten bleiben, so daß der erste Zugang zum Utopiebegriff keine größeren Schwierigkeiten zu bereiten scheint. Bei näherem Hinsehen zeigt sich allerdings, daß dieser Schein trügt. Bereits in der Alltagssprache kann das, was jeweils mit Utopie gemeint ist, sehr unterschiedlich interpretiert werden. Auch in der Wissenschaft macht sich eine geradezu inflationäre Verwendung des Utopiebegriffs bemerkbar. Die Forschungsliteratur führt solch eine Unmenge unterschiedlicher, zum Teil sich widerstrebender Merkmale des Utopischen an, daß es sinnvoll erscheint, das gegebene Material erst einmal zu ordnen. In diesem Kapitel soll zunächst nach dem Ursprung des Utopiebegriffs gefragt werden, sodann nach den Bedeutungsverschiebungen, die er in seiner geschichtlichen Entwicklung erfahren hat. Den Auftakt zu dieser Arbeit bildet eine Begriffsgeschichte der Utopie, in der die wichtigsten Beiträge zur Utopieforschung skizziert werden.

Zur Einführung in das Thema empfiehlt sich ein kurzer Überblick über die Geschichte der literarischen Utopie. Anschließend wenden wir uns dem Phänomen des utopischen Denkens zu, insbesondere seinem Verhältnis zu Wunschdenken, Ideologie und Prognose. Auch der Zusammenhang von Utopie und Geschichte soll näher bestimmt werden. Die Merkmale des Utopischen werden am Ende des Kapitels zu einer Definition zusammengefaßt, die als Grundlage für die weitere Untersuchung von Nutzen sein wird. Die zugrundegelegte Definition soll zugleich vor Mißverständnissen schützen, wie sie die Diskussion um den Utopiebegriff allzu oft geprägt haben. Zu Anfang soll also eine Ortsbestimmung der Utopie, des angeblichen »Nirgendwo« vorgenommen werden.

1. Utopie und utopisches Denken

Utopie leitet sich ab aus *ou* = Nicht und *topos* = Ort, bedeutet also soviel wie an keinem Ort oder im Nirgendwo. Geprägt wurde das Wort durch Thomas Morus in dessen gleichnamiger Erzählung aus dem Jahre 1516. »Utopia« ist der Name eines republikanischen Inselstaates, der als ideales Staatswesen außerhalb der bekannten Welt liegt und dem Erzähler eine Kritik an den politischen und sozialen Mißständen seiner Zeit ermöglicht. Der historische Ursprung des Utopiebegriffs fällt somit in die Renaissance, wenngleich diese Form der Sozialkritik keineswegs ein Novum bildet. Bereits Platon hatte in seiner Schrift »Der Staat« ein ideales Staatswesen entworfen, auf das sich Morus denn auch ausdrücklich bezogen hat.[6] Auch bei Platon wird ein Maßstab bereitgestellt, durch den die gegebenen Verhältnisse kritisiert werden können, nur daß Platon diesen Maßstab in den Ideenhimmel und nicht in ein räumliches Nirgendwo transponiert. Der beste aller möglichen Staaten ist nur als Idee vorhanden. Er existiert nicht an anderer Stelle und kann überdies nur annäherungsweise verwirklicht werden.[7] Gleichwohl besteht eine Gemeinsamkeit zwischen Morus und Platon darin, daß sie der historisch gewachsenen Ordnung eine bessere oder gar vollkommene Alternative gegenüberstellen.[8]

Neben der Erzählung »Utopia« sind es vor allem die Schriften »Civitas Solis« (1623) von Thomas Campanella und »Nova Atlantis« (1627) von Francis Bacon, welche die spätere Gattungsbezeichnung »Utopie« begründen. Gemeinsam ist den Werken der Entwurf einer bestmöglichen Sozialordnung, die besonders bei Bacon an den technischen Fortschritt gebunden wird. Die Utopie versteht sich in der Regel als grundsätzliche Kritik: „Sie richtet sich nicht gegen Personen, sondern sie richtet sich gegen das System, und zwar nicht reformerisch gegen diesen oder jenen Zug des Systems, sondern gegen seine beherrschenden Prinzipien, gegen das ganze System, wie etwa gegen eine geburtsständische Privilegienordnung, eine Ordnung, die nicht auf Vernunft und Leistung beruht."[9] Formal stimmen die frühen Sozialutopien darin überein, daß die Handlung entweder auf einer fernen Insel oder aber an einem Ort spielt, der schwer zugänglich und daher weitgehend unbekannt ist. Ein Erzähler, der meist durch Zufall an diesen Ort gelangt, berichtet nach seiner Rückkehr von den dortigen Sitten und Einrichtungen, die dem eigenen Gemeinwesen als vorbildlich gegenübergestellt werden. Freilich wird dieses Muster von den späteren Utopien nicht immer übernommen. Die Handlung wird nun auch in die Zukunft verlegt, die technischen Utopien dringen bis in den Weltraum vor. Mit der Science-fiction-Literatur entsteht eine neue Gattung, die sich von ihren utopischen Vorgängern weitgehend emanzipiert hat.

Die inhaltliche Ausprägung der literarischen Utopie variiert erheblich, da die einzelnen Entwürfe stets die geschichtlichen Bedingungen ihrer Entstehung reflektieren. Das Bild einer besseren Sozialordnung erschließt sich aus der Kritik an den jeweils vorherrschenden Mißständen. Was als besser oder schlechter

---

6   Vgl. Thomas Morus, Utopia (1516), übers. und hg. von K.J. Heinisch, Der utopische Staat, Reinbek bei Hamburg [26]2001, S. 36; S. 43f.

7   Vgl. Platon, Der Staat. Über das Gerechte, übers. von O. Apelt, Hamburg [11]1989, S. 211 [472 b–473 b]; S. 384 [592 b].

8   Zur Geschichte des Utopiebegriffs: Lucian Hölscher, Art. »Utopie«, in: Geschichtliche Grundbegriffe: Historisches Lexikon zur politisch-sozialen Sprache in Deutschland, Bd. 6, Stuttgart 1990, S. 733–788. Empfehlenswert ist außerdem der Beitrag von Ulrich Dierse, Art. »Utopie«, in: Historisches Wörterbuch der Philosophie, Bd. 11, Basel 2001, Sp. 510–526.

9   Thomas Nipperdey, »Die Funktion der Utopie im politischen Denken der Neuzeit«, in: Archiv für Kulturgeschichte, Bd. 44, Köln und Graz 1962, S. 357–378, S. 362.

erachtet wird, entscheidet sich erst auf der Grundlage einer bereits gegebenen Ordnung. Darauf beruht die Vielzahl unterschiedlicher Gesellschaftsmodelle, die für gewöhnlich unter den Utopiebegriff subsumiert werden. Ob die Herrschaft von den Philosophen oder von den Priestern ausgeübt wird; ob es sich um eine liberale, um eine totalitäre oder um eine technokratische Staatsordnung handelt; ob die Verwirklichung des idealen Gemeinwesens mit ökologischen oder feministischen Bestrebungen einhergeht, was vor allem in der neueren Literatur der Fall ist – stets zeugt die inhaltliche Ausgestaltung der Utopie von den Problemen ihrer Zeit. Besondere Beachtung verdient dabei die Darstellung der Gegenutopie, auch »Dystopie« genannt, in der vor der Verwirklichung utopischer Entwürfe gewarnt wird.[10]

Zu den wichtigsten Vertretern der Dystopie gehört Jewgenij Samjatin, dessen Roman »My« (1920) bereits die zentralen Motive der Gattung enthält, gefolgt von Aldous Huxley und George Orwell, die mit ihren Schriften »Brave New World« (1932) und »1984« (1949) berühmt geworden sind. Was die Dystopie von der klassischen Utopie unterscheidet, ist ihr Gesellschaftsmodell, das zu einem Zerrbild des besten aller möglichen Staaten geworden ist. Die Dystopie verwandelt das ideale Gemeinwesen in eine totalitäre Ordnung, in der jede Verhaltensweise durch strikte Vorgaben kanalisiert wird. Soziale Wunschbilder haben hier ausgedient. Die Dystopie versteht sich als Warnung vor den Auswüchsen einer technisierten Lebenswelt. Sie macht auf unheilvolle Tendenzen der gesellschaftlichen Entwicklung aufmerksam, indem sie diese fiktiv zu einer Schreckensvision der zukünftigen Gesellschaft weiterentwickelt. Daher gehört auch die Dystopie zur Gattung der Utopie, wenngleich sich die Vorzeichen nun geändert haben. Der Entwurf eines idealen Staatswesens geht in die Darstellung einer automatisierten, fehlerfrei funktionierenden Lebensform über: „Die Gattung der »Staatsromane« stirbt aus, und was ihr noch zuzuzählen ist, gibt sich als die pessimistische Darstellung eines statischen Endzustands." Daraus ergibt sich „entweder das Bild des »letzten Menschen«, der höhere Ideale weder kennt noch vermißt, und dessen laue und angenehme Lebensform auf einer gut organisierten und gut dosierten Triebbefriedigung beruht, – oder man sieht die Entwicklung der menschlichen Gesellschaft im Termitenstaat enden, in dem auch das letzte Reservat individueller Eigenart und Freiheit der Mechanisierung und Funktionalisierung des Lebens zum Opfer gefallen ist."[11] So dramatisch diese Formulierung auch klingen mag, so zutreffend ist sie für die gegenwärtige Bedeutung der

---

[10] Die bisher umfangreichste Studie zur literarischen Utopie stammt von Richard Saage, der sowohl die antiken Vorläufer als auch die zeitgenössischen Gestalten der Utopie in seiner Darstellung berücksichtigt. Vgl. Richard Saage, Utopische Profile: Renaissance und Reformation, Bd. 1; Aufklärung und Absolutismus, Bd. 2; Industrielle Revolution und Technischer Staat im 19. Jahrhundert, Bd. 3; Widersprüche und Synthesen des 20. Jahrhunderts, Bd. 4, Münster 2001–2003.

[11] Schwonke, Vom Staatsroman zur Science Fiction, a.a.O., S. 132.

Utopie. Die Dystopie ist inzwischen bekannter als der klassische Staatsroman, von dessen späteren Variationen ganz zu schweigen.

Der Utopiebegriff bleibt allerdings nicht auf die literarische Sphäre beschränkt. Bereits im 17. Jahrhundert geht er in den politischen Sprachgebrauch ein, wo er eine überwiegend pejorative Bedeutung erhält. Vor allem in England werden alle phantastischen Ideen, für irreal gehaltenen Wünsche und Vorstellungen als »Utopia« oder »utopian« bezeichnet.[12] Die Verleumdung der Utopie als ein unrealisierbares Gedankenkonstrukt hat die Geschichte des Utopiebegriffs von Anfang an geprägt. Hier zeigt sich aber zugleich, daß der Utopiebegriff nicht auf eine literarische Gattung beschränkt bleibt, sondern als utopische Idee oder Vorstellung auf die Bewußtseinsstruktur des Menschen übertragen wird. Utopie und utopisches Denken stehen insofern in einem unauflöslichen Zusammenhang. In der Utopie hat das utopische Denken die Form einer literarischen Gattung angenommen. Grundsätzlich bezeichnet es aber das Vermögen des Menschen, die unmittelbar gegebene Wirklichkeit zu überschreiten. Ernst Bloch spricht auch von der »utopischen Intention«, die sich nicht auf die beste Verfassung beschränkt, sondern sämtliche Bereiche der menschlichen Arbeit umfaßt:

> Utopie wurde auf die beste Verfassung beschränkt, auf eine Abstraktion von Verfassung, statt im konkreten Ganzen des Seins erblickt und betrieben zu werden. So hat Utopisches vom Staatsroman her außer Leichtmütigkeit oder schwärmerischer Abstraktion auch einen Ressortcharakter erhalten, der seinem alle Reiche durchdringenden Grundstoff völlig unangemessen ist. Statt dessen muß utopisches Wesen, das heißt intendiert vollkommene Bedarfsdeckung, ohne die schalen Wünsche, die zu vergessen sind, mit den tiefen Wünschen, die noch zu wünschen sind und deren Befriedigung auf das so unabstumpfbare Glück immer weiterer menschlicher Füllesteigerung bringt, als ein Totum begriffen werden, von dem die Sozialutopien selbst abhängen.[13]

Als utopisch bezeichnet Bloch alles, was über das empirisch Gegebene und vermeintlich Abgeschlossene hinausgeht. Nicht nur Literatur, sondern auch Musik, Kunst, Religion, Naturrecht, Technik und Philosophie enthalten einen utopischen Überschuß, der dem Denken neue Horizonte eröffnet. Blochs Utopiebegriff bezieht sich aber nicht nur auf den Bereich der Kultur, sondern ebenso auf den der Natur. Auch der Kosmos, ja die ganze Materie wird von Bloch als utopisch bestimmt. Im Mittelpunkt seiner Philosophie steht allerdings der Mensch, dem als Kultur- *und* Naturwesen die Aufgabe zufällt, die noch ungewordenen Möglichkeiten zur Gestaltung einer menschenwürdigeren Welt zu verwirklichen.

Daß der Mensch die Wirklichkeit immer wieder in Gedanken überschreitet, beweist nicht nur die Vielzahl seiner utopischen Entwürfe. Auch das Phänomen

---

[12] Vgl. Dierse, a.a.O., Sp. 511; Hölscher, a.a.O., S. 754ff.
[13] Ernst Bloch, Das Prinzip Hoffnung, in: Gesamtausgabe, Bd. 5, Frankfurt a.M. 1959, S. 555.

des Wünschens, das seit jeher in den Utopiebegriff hineinspielt, zeugt von diesem Ungenügen an dem jeweils gegenwärtigen Zustand. Wir wollen nun versuchen, das Verhältnis von Utopie und Wunschdenken näher zu bestimmen.

2. Utopie und Wunschdenken

Eine Gemeinsamkeit zwischen Utopie und Wunschdenken besteht zunächst darin, daß beide dem Bereich wirklichkeitsüberschreitender Vorstellungen angehören. Ferner bildet das Wünschen eine unverzichtbare Voraussetzung für die Genese des utopischen Denkens, worauf insbesondere Ernst Bloch hingewiesen hat. In den Träumen vom besseren Leben dokumentiert sich für Bloch ein Wesensmerkmal des Menschen: „Menschsein heißt wirklich: Utopie haben.“[14] Unter Utopie versteht Bloch sämtliche Phänomene, die über das unmittelbar Gegebene hinausgehen. Nicht nur die wechselnden Hoffnungsbilder religiöser und politischer Färbung bezeichnet er als utopisch, sondern ebenso die Tagträume und Wunschvorstellungen, durch die der Mensch seinen Alltag erweitert und ausschmückt. Menschen malen sich allerlei aus. Sie träumen von Ruhm und Reichtum, sie wünschen sich ein unbeschwertes, besseres Leben. Freilich schießen Utopien zuweilen über die Möglichkeit ihrer Verwirklichung hinaus, weshalb sie im Sprachgebrauch häufig der bloßen Phantasie zugerechnet werden. Man sagt, etwas sei utopisch, also nicht realisierbar. Man spricht von Wunschdenken oder Träumerei. Auch Bloch nennt den Wunschtraum des Treppenwitzes, der bloß in der Vorstellung das wieder gutmacht, was zu einem früheren Zeitpunkt versäumt wurde.[15] Allerdings will Bloch zunächst zeigen, daß jegliche Ausprägung des utopischen Denkens auf einen Grundzug des menschlichen Wesens verweist, auf ein Ungenügen an der unmittelbar gegebenen Wirklichkeit, die immer wieder in Wunschvorstellungen und Träumen überschritten wird. In seinem Hauptwerk »Das Prinzip Hoffnung« bezeichnet Bloch das Desiderium sogar als die einzig ehrliche Eigenschaft aller Menschen.[16]

Daß Bloch bei der Bestimmung des Utopischen von Träumen und Wunschbildern ausgeht, heißt aber nicht, daß utopische Gedanken prinzipiell unverwirklichbar sind. In der Geschichte wurden immer wieder Ideen in die Wirklichkeit umgesetzt. Auch wenn die Wirklichkeit häufig hinter dem Anspruch der Idee zurückbleibt, kann doch nicht geleugnet werden, daß *überhaupt* eine Veränderung eingetreten ist, daß über das Gegebene hinausgegangen wurde. Wird utopi-

---

[14] Ernst Bloch, Tübinger Einleitung in die Philosophie (1963/64), in: Gesamtausgabe, Bd. 13, Frankfurt a.M. 1970, S. 239.

[15] Vgl. Das Prinzip Hoffnung, a.a.O., S. 31.

[16] Vgl. ebd., S. 4; S. 1153. Auch die Sehnsucht ist für Blochs Philosophie von zentraler Bedeutung. Vgl. dazu den frühen Essay »Sehnsucht als das gewisseste Sein« (1903), in: Ernst Bloch, Tendenz – Latenz – Utopie, Ergänzungsband zur Gesamtausgabe, Frankfurt a.M. 1978, S. 55.

sches Denken daher als Wirklichkeitsflucht gedeutet, so handelt es sich hierbei nur um *einen* Aspekt, der nicht verabsolutiert werden darf, will man das Potential des Utopischen im Menschen nicht auf reduktionistische Art und Weise diskreditieren. Nun kann man freilich kritisieren, daß Bloch Träume, Wünsche und Hoffnungsinhalte mit Bausch und Bogen zu Gestalten des utopischen Bewußtseins erklärt. Gleichwohl darf man ihm nicht unterstellen, daß er einen undifferenzierten Utopiebegriff verwende. Immerhin unterscheidet Bloch zwischen der abstrakten und der konkreten Utopie, nicht zuletzt deshalb, um seine eigenen Ansichten von bloßen Phantasiegebilden abzugrenzen.[17] Die abstrakte Utopie schießt über die Möglichkeiten ihrer Verwirklichung hinaus. Sie entspringt nicht dem Willen zur Veränderung, sondern läßt es bei Luftschlössern bewenden, weshalb sie von Bloch auch als schlechte Utopie bezeichnet wird. Die konkrete Utopie geht dagegen mit dem Willen zur Veränderung einher. Sie ist nachhaltiger und erfordert eine Orientierung an den geschichtlichen Möglichkeiten. Daß die Utopie bei Bloch als ein Wesensmerkmal des Menschen bestimmt wird, bedeutet also keine Aufforderung zu unbeschwerter Träumerei und Müßiggang. Vielmehr verlangt eine mögliche Umgestaltung der Welt, wie sie in der Utopie antizipiert wird, die Mithilfe von Menschen, „die sich ins Werdende tätig hineinwerfen"[18] – wohlgemerkt: unter Berücksichtigung der jeweils gegebenen Möglichkeiten.

Die abstrakte Utopie kann als unreife Vorstufe zur konkreten Utopie betrachtet werden. Sie ähnelt dem bloßen Wunschdenken, einem Begehren, dessen Erfüllung nicht aus eigener Kraft unternommen wird. Der Mensch wünscht sich Macht, Reichtum, Schönheit, Erkenntnis und Gesundheit, wenn nicht gar Unsterblichkeit – Wunschvorstellungen, die tief in der Geschichte der Menschheit verwurzelt sind. Freilich können manche Wünsche in Zielsetzungen übergehen, die sich durchaus verwirklichen lassen. So kann der Wunsch, ein bestimmtes Amt zu bekleiden, zu einem konkreten Ziel werden, auf das sich sämtliche Anstrengungen einer Person richten. Unter bestimmten Umständen kann dieses Ziel auch verwirklicht werden. Wenn aber ein Mädchen aus einfachen Verhältnissen davon träumt, Prinzessin zu werden, dann handelt es sich dabei um einen Wunsch, dessen Erfüllung in der Regel nicht ernsthaft angestrebt wird. Die Erfüllung bleibt vielmehr dem Märchen vorbehalten. Zwar ist das reine Wunschdenken auch auf Gegenstände gerichtet: märchenhafte Motive wie der Prinz, der Jungbrunnen, das Tischlein-deck-dich, der Goldesel oder der Knüppel-aus-dem-Sack tragen dazu bei, Wunschvorstellungen zu fixieren. Gleichwohl wird die Erfüllung dieser Wünsche nicht mit eigenen Mitteln angestrebt, sondern an eine übergeordnete Instanz delegiert: „Wir verlassen den Aktionsbereich unserer Persönlichkeit und betätigen uns nicht hinsichtlich des erwarteten Vollzugs des Gewünschten und sind natürlicherweise auch nicht auf eine solche von uns getä-

---

[17] Vgl. Tübinger Einleitung in die Philosophie, a.a.O., S. 95.
[18] Das Prinzip Hoffnung, a.a.O., S. 1.

tigte Realisierungshandlung eingestellt. Vielmehr überlassen wir beim Wünschen den Realisierungsvollzug einer irgendwie beschaffenen ichfremden Funktion."[19] Ähnlich heißt es bei Bloch:

> Im Wünschen liegt noch nichts von Arbeit oder Tätigkeit, alles Wollen dagegen ist ein Tunwollen. Man kann wünschen, daß morgen schönes Wetter sei, obwohl man nicht das mindeste dazu tun kann. Wünsche können sogar völlig unvernünftig sein, sie können darauf gehen, daß X oder Y noch am Leben seien; es ist gegebenenfalls sinnvoll, das zu wünschen, aber sinnlos, es zu wollen. Daher bleibt der Wunsch auch dort, wo der Wille nichts mehr ändern kann.[20]

Fassen wir zusammen: Wunschvorstellungen geben bestimmte Ziele vor, auf die sich auch utopische Entwürfe richten können. Die Utopie kommt nicht ohne Wunschkomponente aus, da sie stets von dem Wunsch beseelt ist, daß etwas verändert bzw. verbessert werden sollte. Das Wünschen ist allerdings nicht mit dem utopischen Denken gleichzusetzen. Es kann allenfalls den Veränderungswillen wecken, bleibt selbst aber passiv. Die Erfüllung eines Wunsches wird an eine ichfremde Instanz delegiert, etwa an die gute Fee oder an den lieben Gott. Utopische Vorstellungen lassen sich dagegen vom reinen Wunschdenken abgrenzen, sofern sie sich im Bereich des Möglichen bewegen und den Menschen als Handlungssubjekt voraussetzen. Auch die literarische Gestaltung idealer Staatswesen gehört in den Bereich des Utopischen, nicht bloß in den des Wünschbaren. Die Einrichtungen und Sitten auf der Insel Utopia lassen sich nicht allesamt als bloßes Hirngespinst abspeisen, auch wenn Morus seine Erzählung mit dem Hinweis schließt, „daß es im Staate der Utopier sehr vieles gibt, was ich unseren Staaten eher wünschen möchte als erhoffen kann."[21] Wenngleich die Aussicht auf eine Verwirklichung dieses Staatswesens in Zweifel gezogen wird, finden sich in der Erzählung konkrete Verbesserungsvorschläge, die keineswegs als unrealisierbar zu bezeichnen sind. So herrscht in Utopia religiöse Toleranz, es gibt ein Recht auf Scheidung, ebenso auf Sterbehilfe. Freilich hat sich Morus nicht aktiv für die Verwirklichung seiner Vorstellungen eingesetzt. Deshalb sollte man sein Werk aber nicht vorschnell als wishful thinking abstempeln.[22]

Damit haben wir bereits eine Bedeutungsverschiebung im Utopiebegriff vorweggenommen, mit der wir uns im nächsten Abschnitt ausführlicher befassen

---

19 Karl Löwenstein, »Wunsch und Wünschen« (1933), zit. nach Schwonke, Vom Staatsroman zur Science Fiction, a.a.O., S. 115.

20 Bloch, Das Prinzip Hoffnung, a.a.O., S. 51.

21 Morus, a.a.O., S. 110.

22 „Die Utopia ist ein Gedankenexperiment; in ihr wird der Gedanke einer geglückten und vernünftigen institutionellen Welt mit dem ihr inhärenten Verbindlichkeitsanspruch experimentierend konsequent austhematisiert und zugleich realistisch in Zweifel gezogen, ohne daß doch dieser Zweifel jenes Experiment zur Absurdität degradierte." Thomas Nipperdey, Reformation, Revolution, Utopie. Studien zum 16. Jahrhundert, Göttingen 1975, S. 123. Vgl. auch Norbert Elias, »Thomas Morus' Staatskritik«, in: Voßkamp, Utopieforschung, a.a.O., Bd. 2, S. 101–150, S. 117ff.

werden. Beschreibt die klassische Utopie noch ein ideales Staatswesen, so wandelt sie sich später zu einem Leitbild des Handelns, das auf die Bewußtseinsstruktur sozialer Gruppen und Schichten übertragen wird. Zu dieser Bedeutungsverschiebung hat vor allem Karl Mannheim beigetragen, der in seiner bekannten Arbeit über »Ideologie und Utopie« die soziale Sprengkraft des utopischen Bewußtseins aus wissenssoziologischer Perspektive analysiert. Diese Arbeit wollen wir nun besprechen.

3. Utopie und Ideologie

„Utopisch ist ein Bewußtsein, das sich mit dem es umgebenden »Sein« *nicht* in Deckung befindet."[23] So lautet die Bestimmung des Utopischen bei Karl Mannheim. In der Utopie transzendiert das menschliche Bewußtsein das unmittelbar gegebene Sein, wobei Bewußtsein, ganz allgemein gefaßt, das Denken und Vorstellen des Menschen bezeichnet. Der Begriff des Seins wird von Mannheim soziologisch verwendet und bedeutet die jeweils vorliegenden, konkrethistorischen Rahmenbedingungen, unter denen sich das Leben der Menschen vollzieht.[24] Für die Utopie ist das Verhältnis von Sein und Bewußtsein nicht ausgeglichen. Es liegt gewissermaßen ein Mißverhältnis vor, weshalb Mannheim auch von *seinsinkongruenten* Vorstellungen spricht.[25] Utopisches Bewußtsein geht über die unmittelbar gegebene Wirklichkeit hinaus: es ist seinstranszendent. Seinstranszendent sind aber auch Wünsche, Mythen oder religiöse Jenseitsvorstellungen. Im Unterschied zu diesen Formen der Transzendenz definiert sich die Utopie für Mannheim dadurch, daß sie transformierend auf das historischgesellschaftliche Sein einwirkt: „Nur jene wirklichkeitstranszendente Orientierung soll von uns als eine utopische angesprochen werden, die, in das Handeln übergehend, die jeweils bestehende Seinsordnung zugleich teilweise oder ganz sprengt."[26]

---

[23] Mannheim, Ideologie und Utopie, a.a.O., S. 169.
[24] Vgl. ebd., S. 170.
[25] Damit stellt sich natürlich die Frage, wie seinskongruente Vorstellungen bestimmt werden können. Mannheim verweist diesbezüglich auf das Kriterium der wissenschaftlichen Objektivität, das er vor allem in der soziologischen Analyse erfüllt sieht. Ob die Soziologie tatsächlich die bestmögliche Erkenntnis der sich de facto auswirkenden Seinsordnung liefert, muß allerdings bezweifelt, zumindest relativiert werden. Gegenüber realitätsverzerrenden Vorstellungen mag diese Auffassung berechtigt sein. Die Objektivität der wissenschaftlichen Erkenntnis stößt allerdings an ihre Grenzen, sobald sie beansprucht, das wirkliche Sein vollständig erschließen zu können. So zeigt sich bereits in der soziologischen Theoriebildung, daß die gesellschaftliche Wirklichkeit durch eine Vielzahl unterschiedlicher Modelle beschrieben werden kann, die keineswegs in ihren Aussagen übereinstimmen müssen.
[26] Ebd., S. 169.

Utopische Vorstellungen werden von Mannheim auf gesellschaftliche Gruppen bezogen. Sie müssen eine kollektive Aktivität hervorrufen, um einen Einfluß auf die Gestaltung der sozialen Wirklichkeit ausüben zu können. Als Beispiele nennt Mannheim den Chiliasmus der Wiedertäufer, die sozialistische Arbeiterbewegung, auch den Aufstieg des Bürgertums zur herrschenden Klasse. Utopische Vorstellungen bilden Formen der Weltorientierung, die für die Wissenssoziologie von besonderem Interesse sind, bestätigen sie doch die Standortgebundenheit des Denkens und Handelns – ein Phänomen, das sich besonders deutlich in jenen Gesellschaften zeigt, die nicht mehr auf einheitliche Glaubensinhalte und Wirklichkeitsvorstellungen zurückgreifen können. Durch diesen Ansatz ist es Mannheim möglich, an die pejorative Verwendung des Utopiebegriffs anzuknüpfen, ohne dessen funktionale Bedeutung einbüßen zu müssen. Die Beurteilung utopischer Vorstellungen erfolgt nicht unabhängig von der Standortgebundenheit und Interessenlage einer Gruppe oder sozialen Schicht. Oftmals stehen hinter der Utopiekritik traditionelle Wirklichkeitsvorstellungen, die den Blick auf die Möglichkeit bevorstehender Veränderungen von vornherein ausblenden. Allerdings muß die pejorative Verwendung des Utopiebegriffs nicht notwendigerweise mit einer konservativen Haltung gleichgesetzt werden. Auch Karl Marx und Friedrich Engels haben die Werke der Frühsozialisten als utopisch diffamiert, nicht um den status quo zu erhalten, sondern weil sie darin das Produkt einer ausschweifenden Phantasie erblickten, ein Wunschgebilde, von dem sich der wissenschaftliche Sozialismus unterscheiden sollte.[27] Wir kommen darauf zurück.

Seinstranszendente Vorstellungen können für Mannheim im wesentlichen zwei Formen annehmen: „sie sind »ideologisch«, wenn sie der Absicht dienen, die bestehende soziale Wirklichkeit zu verklären oder zu stabilisieren; »utopisch«, wenn sie kollektive Aktivität hervorrufen, die die Wirklichkeit so zu ändern sucht, daß sie mit ihren die Realität übersteigenden Zielen übereinstimmt."[28] Ideologie und Utopie werden von Mannheim als heuristische Kategorien verwendet, wobei berücksichtigt werden muß, daß es sich hier um eine idealtypische Unterscheidung handelt, da sich ideologische und utopische Vorstellungen in der Wirklichkeit nicht immer eindeutig trennen lassen. Mannheim verdeutlicht dies an der Idee der Freiheit, die dem aufstrebenden Bürgertum zunächst zu einer Überwindung der ständisch-feudalen Gesellschaftsordnung verhalf.[29] Nach dem erfolgreichen Aufstieg zeigte sich aber sehr bald, welche Elemente der Freiheitsidee verwirklicht werden konnten und welche sich

---

27 Vgl. Friedrich Engels, »Die Entwicklung des Sozialismus von der Utopie zur Wissenschaft« (1882), in: Karl Marx/Friedrich Engels, Studienausgabe in 5 Bänden, hg. von I. Fetscher, Berlin 2004, Bd. 1, S. 159; Karl Marx/Friedrich Engels, »Manifest der kommunistischen Partei« (1848), a.a.O., Bd. 3, S. 87ff.
28 Karl Mannheim, Art. »Utopie« (engl. 1935), in: Neusüss, Utopie, a.a.O., S. 113–119, S. 115f.
29 Vgl. Ideologie und Utopie, a.a.O., S. 177f.

im Nachhinein zu einer Ideologie entwickelten, die den Machterhalt des Bürgertums sichern sollte. Eine definitive Einordnung als Ideologie oder Utopie ist im Einzelfall nicht möglich, da wir es stets mit sozialen Erscheinungen zu tun haben, die sich nicht unabhängig vom historischen Prozeß bestimmen lassen. Ein zentrales Unterscheidungsmerkmal ist für Mannheim allerdings mit der Verwirklichung der Utopie gegeben, weshalb er ausschließlich jene seinstranszendenten Vorstellungen als utopisch bestimmt, die transformierend auf das Sein eingewirkt haben. Andernfalls werden sie dem ideologischen Denken zugeordnet. So bestand die Ideologie der feudal und kirchlich organisierten mittelalterlichen Ordnung darin, „paradiesische Verheißungen auf einen geschichtstranszendenten Ort, ins Jenseits, zu verbannen und ihnen dadurch die umwälzende Spitze zu nehmen (...). Erst als bestimmte Menschengruppen solche Wunschbilder in ihr Handeln aufnahmen und zu verwirklichen bestrebt waren, wurden diese Ideologien zu Utopien."[30] An dieser Stelle wird übrigens deutlich, daß bereits das *Streben* nach Verwirklichung in Mannheims Utopiebegriff eingeht, wenngleich die tatsächlich erfolgte Verwirklichung zum offiziellen Unterscheidungsmerkmal zwischen Utopie und Ideologie erhoben wird.[31]

Diese Bestimmung des Utopischen wirft allerdings neue Schwierigkeiten auf. Zum einen kann der Eindruck entstehen, die Erzählung »Utopia« sei gar keine Utopie, da ein solches Staatswesen bisher noch nirgends verwirklicht wurde. Möglicherweise führt diese Auffassung sogar zu der eigentümlichen Konsequenz, die Sozialutopie dem Bereich der Ideologie zuzuordnen. Jedenfalls ist es bezeichnend, daß Mannheim den Ausdruck »Sozialutopie« vermeidet und statt dessen von humanistischen Phantasien spricht, die er mit Mythen, Märchen und religiösen Jenseitsverheißungen gleichsetzt und von denen es heißt, sie seien „eher komplementäre Farben im Bilde des jeweils Seienden als gegenwirkende, das verwirklichte Sein zersetzende Utopien."[32] Problematisch ist zum anderen, daß Mannheim das konservative Wissen als eine Gestalt des utopischen Bewußtseins bezeichnet, obwohl er die Utopie zuvor als eine seinssprengende Kraft bestimmt hat.[33] Zwar bezieht sich Mannheim an dieser Stelle auf Hegels Geschichtsphilosophie, die davon ausgeht, daß alle gesellschaftlichen Veränderungen mit historischer Notwendigkeit eintreten. Gleichwohl scheint sich diese Annahme unserer bisherigen Bestimmung des Utopiebegriffs zu widersetzen, da

---

[30] Ebd., S. 170.
[31] Vgl. ebd., S. 169; S. 178. Daß der Ideologiebegriff einen erheblichen Bedeutungswandel vollzogen hat, sei hier nur am Rande erwähnt. Ursprünglich geht der Begriff auf Destutt de Tracy zurück, wo die Ideologie als »Wissenschaft von den Ideen« ein erkenntnistheoretisches Programm beschreibt. Vgl. dazu Ernst Wolfgang Orth, »Von der Ideo-logie zur Ideologie-Kritik. Phänomenologische Erörterung der Beziehungen zwischen Bewußtseinsphilosophie und Marxismus«, in: ders., Was ist und was heißt »Kultur«? Dimensionen der Kultur und Medialität der menschlichen Orientierung, Würzburg 2000, S. 153–181.
[32] Mannheim, Ideologie und Utopie, a.a.O., S. 179.
[33] Vgl. ebd., S. 199–206.

nicht der Mensch, sondern der Weltgeist bei Hegel über den Verlauf der Geschichte entscheidet. Wie lassen sich diese Schwierigkeiten beheben?

Zunächst erscheint es sinnvoller, die *Realisierbarkeit* als ein Merkmal utopischer Vorstellungen zu bestimmen, nicht ausschließlich die *Realisierung*. Die Abgrenzung zu anderen Formen der Seinstranszendenz wird dadurch keineswegs verspielt. Vielmehr können Wünsche und Träume eine Vorstufe zu utopischen Vorstellungen bilden, die überschritten wird, sobald die Möglichkeit einer Realisierung den Änderungswillen eines Menschen oder einer Gruppe weckt. Bestimmt man bereits die Möglichkeit und nicht erst die Wirklichkeit einer Veränderung als utopisch, dann können auch die Sozialutopien als Wegbereiter gesellschaftlicher Umbrüche in den Utopiebegriff aufgenommen werden. Freilich versteht sich die klassische Utopie nicht als Aufruf zur Revolution. Ihre Verfasser gehören zur führenden Schicht, sie diskutieren ihre politischen Ansichten in philosophischen und humanistischen Zirkeln. Dennoch wäre es unangemessen, ihre Entwürfe deshalb als ideologisch zu bezeichnen. Schließlich geht die Utopie mit einer Kritik der bestehenden Verhältnisse einher. Im ersten Buch der »Utopia« werden die Mißstände im damaligen England einer schonungslosen Kritik unterzogen. Die fremden Gemeinwesen, zu denen auch die Insel Utopia gehört, werden dagegen in einigen Punkten als vorbildlich bezeichnet.[34] Wenngleich die klassische Utopie kein Leitbild des Handelns bereitstellt, kann sie sozialen Bewegungen durchaus erste Impulse vermitteln. Die Schwierigkeiten einer eindeutigen Abgrenzung zwischen Utopie und Ideologie lassen sich in diesem Fall beheben: Ideologien wirken im Unterschied zu Utopien wirklichkeitsstabilisierend. Obwohl beide Bewußtseinsformen von Mannheim als seinstranszendent bestimmt werden, sind die Glaubensinhalte der Ideologie mit dem Sein eher vereinbar als jene der Utopie. Ideologien sind für Mannheim »organisch«, d.h. ohne umwälzende Wirksamkeit in das zu einer bestimmten Seinsstufe gehörende Weltbild eingebaut.[35] Utopien können dagegen eine Sprengkraft entwickeln, die dem bisherigen Wirklichkeitsverständnis neue Horizonte eröffnet.

Wie gesagt, eine definitive Bestimmung von Ideologie und Utopie bleibt im Einzelfall problematisch. Einerseits kann sich die Utopie zur Ideologie wandeln. So sollte die Zielvorstellung einer klassenlosen Gesellschaft ursprünglich den Herrschaftsanspruch der sowjetischen Zentralpartei legitimieren, obwohl diese Utopie bis zuletzt nicht einmal annähernd verwirklicht wurde. Sie entwickelte sich vielmehr zur Ideologie eines totalitären Staates, in dem das gegenwärtige Übel mit dem Versprechen einer besseren Zukunft erkauft wurde. Andererseits kann in der Ideologie Utopisches verborgen sein. Jede historisch gewachsene Ordnung enthält Impulse, die über das Gegebene hinausweisen. In der Kultur gibt es einen utopischen Überschuß, der aus seinem ideologischen Gehäuse befreit und zur Gestaltung einer besseren Zukunft fruchtbar gemacht werden

---

34 Vgl. Morus, a.a.O., S. 20.
35 Vgl. Mannheim, Ideologie und Utopie, a.a.O., S. 169.

kann. Auf die Dialektik von Utopie und Ideologie hat vor allem Ernst Bloch hingewiesen, mit dessen Philosophie wir uns noch ausführlicher befassen werden. Auch Paul Ricœur bestimmt das Verhältnis von Utopie und Ideologie als wechselseitiges Korrektiv.[36] Nur auf diese Weise lassen sich Ideologie und Utopie von ihren pathologischen Erscheinungsformen abgrenzen, die nach Meinung von Ricœur genau dann vorliegen, wenn Dogmatismus und Abgeschlossenheit nach außen jegliche Flexibilität gegenüber der Geschichte verhindern.[37] Utopie und Ideologie dürfen nicht zu einem fixen Bild erstarren. Sie müssen sich den geschichtlichen Rahmenbedingungen anpassen, da sie ansonsten Gefahr laufen, die konkreten Bedürfnisse und Möglichkeiten ihrer Zeit aus den Augen zu verlieren.

Fassen wir zusammen: in der Utopie geht es im Unterschied zur Ideologie um eine Veränderung der bestehenden Verhältnisse, wobei die Veränderung stets eine Verbesserung intendiert. Ferner wollen wir die Utopie auf den Bereich des Machbaren einschränken und auf den Menschen als Handlungssubjekt beziehen. Dadurch lassen sich utopische Vorstellungen nicht nur von Mythen und religiösen Jenseitsverheißungen abgrenzen, sondern ebenso von metaphysischen Annahmen à la Weltgeist. Mit anderen Worten: „Utopie will keine andere, sondern eine bessere Welt. Sie ist nicht jenseitig, sondern stets diesseitig orientiert. Sie hofft nicht auf einen außerweltlichen Eingriff, sondern glaubt an eine vom Menschen durchführbare Umwälzung der bestehenden Verhältnisse."[38] Schließlich besteht ein weiterer Unterschied zwischen Ideologie und Utopie darin, daß die Utopie stärker auf die Zukunft ausgerichtet ist. Natürlich könnte man ebenso von der Ideologie behaupten, sie sei zukunftsbezogen, etwa in dem Sinn, daß auch in Zukunft alles so bleiben soll, wie es ist. Eine Zukunft, in der sich etwas verändert, gibt es aber nur in der Utopie. Diesen Gedanken wollen wir nun am Verhältnis von Utopie und Prognose vertiefen.

4. Utopie und Prognose

Daß der Zukunftsbezug ein wesentliches Merkmal des Utopischen bildet, ist nicht so selbstverständlich, wie es zunächst scheinen mag. Schließlich ist mit dem Wort Utopie ursprünglich eine Raumangabe (»topos«) verbunden. Die Insel Utopia wird nicht in die Zukunft verlegt, sondern an einen fernen und weit-

---

[36] Vgl. Paul Ricœur, Lectures on Ideology and Utopia, New York 1986, S. 312.

[37] Vgl. ebd., S. 295f. Ausführlicher zum Utopiebegriff bei Paul Ricœur: Peter Welsen, »Ideologie, Utopie und Ideologiekritik«, in: Stephan Orth/Andris Breitling (Hg.), Vor dem Text. Hermeneutik und Phänomenologie im Denken Paul Ricœurs, Berlin 2002, S. 165–188.

[38] Jost Hermand, »Von der Notwendigkeit utopischen Denkens«, in: Reinhold Grimm/Jost Hermand (Hg.), Deutsches utopisches Denken im 20. Jahrhundert, Stuttgart 1974, S. 10–29, S. 12.

gehend unbekannten Ort auf der Erde. Campanellas »Sonnenstaat« und Bacons »Neu-Atlantis« spielen auch nicht in der Zukunft, sondern im Anderswo, weshalb die frühen Sozialutopien gemeinhin als Raumutopien bezeichnet werden. Die Verzeitlichung der literarischen Utopie setzt erst zu einem späteren Zeitpunkt ein.[39] Allerdings liegt auch den frühen Sozialutopien ein offener Zeithorizont zugrunde. Wenngleich die ideale Staatsordnung in einen anderen Raum verlegt wird, gilt sie als vorbildlich für die zukünftige Gestaltung des eigenen Gemeinwesens. Insofern ist jedem utopischen Entwurf ein Zukunftsbezug inhärent, unabhängig davon, ob die Handlung in einen anderen Raum oder explizit in die Zukunft verlegt wird.

Das utopische Bewußtsein betrachtet die Zukunft nicht als eine schicksalhafte Macht, die sich dem Zugriff des Menschen grundsätzlich entzieht. Die Zukunft wird als ein Zeitmodus wahrgenommen, auf den der Mensch durchaus einen Einfluß ausüben kann. Das utopische Denken versteht sich seit dem 19. Jahrhundert ausdrücklich als Zukunftsgestaltung. Neben den Raumutopien entstehen die Zeitutopien, auch geschichtsphilosophische Gedanken gehen in den Utopiebegriff ein. Freilich hat es auch in früheren Zeiten einen Zukunftsbezug des Menschen gegeben. Schließlich ist der Mensch darauf angewiesen, für seine Zukunft zu sorgen. Da sich sein Leben nicht von Natur aus in festgelegten Bahnen vollzieht, muß er sich in der Welt einrichten, er muß sie bearbeiten und umgestalten. Dazu ist ein Mindestmaß an Zukunftswissen erforderlich, etwa das Wissen um den Wechsel der Jahreszeiten, an dem sich Saat, Ernte und Vorratshaltung orientieren. Das utopische Bewußtsein geht allerdings über das bloße Kreislaufdenken hinaus. Es bricht mit den Erfahrungen früherer Epochen, indem es die Zukunft als Verheißung menschlicher Gestaltungsmöglichkeiten entdeckt. Dabei muß berücksichtigt werden, daß Fragen der Zukunftsgestaltung stets mit Wertwollungen verbunden sind. Die Einsicht in die Offenheit und Gestaltbarkeit der Zukunft bildet einen Wendepunkt, an dem sich der Mensch über die Tragweite seiner Handlungen bewußt wird, an dem er „die Notwendigkeit des Wollens und im Zusammenhange damit die Erforderlichkeit des Sollens (des Utopischen) erst entdeckt."[40]

Zukunftsgestaltung setzt Entscheidungen voraus, die nicht ausschließlich auf wissenschaftlicher Basis ermittelt werden können. Die Aufgabe der Wissenschaft besteht ja darin, das Auftreten bestimmter Erscheinungen unter allgemeine Gesetzesaussagen zu subsumieren, unabhängig davon, ob sie in der Vergangenheit, in der Gegenwart oder in der Zukunft stattfinden. Soweit zukünftige Ereignisse aufgrund objektiver Gesetze eintreten, können sie bei Kenntnis dieser Gesetze berechnet und vorhergesagt werden. Dadurch läßt sich beispielsweise angeben, wann die nächste Mond- oder Sonnenfinsternis eintreten wird. In den Sozialwissenschaften werden Aussagen über die Zukunft in Form von Progno-

---

39 Vgl. Hölscher, a.a.O., S. 768ff.
40 Mannheim, Ideologie und Utopie, a.a.O., S. 223.

sen gewonnen. Unter Prognose versteht man den Versuch, die Wahrscheinlichkeit eines bevorstehenden Ereignisses auf der Grundlage statistischer Berechnungen zu ermitteln: „Prognose ist also Diagnose der Zukunft; sie unterscheidet sich von der Diagnose gegenwärtiger Zustände dadurch, daß sie nicht einen bestimmten Zustand sondern einen mehr oder weniger großen Spielraum von verschiedenen Möglichkeiten, also eine Pluralität von verschiedenen Zuständen, ins Auge fassen muß.“[41] Von einer wissenschaftlichen Vorhersage muß die Utopie unterschieden werden. Die Prognose bezieht sich auf die Zukunft, indem sie von den gegebenen Verhältnissen extrapoliert. Der Utopie liegen dagegen Wertwollungen zugrunde, die auf eine Veränderung des Bestehenden abzielen.

Utopie und Prognose können sich allerdings gegenseitig ergänzen, sie müssen es sogar, sofern die Utopie über das Stadium des bloßen Wunschdenkens hinauskommen will. So fordert Georg Picht eine Vermittlung von Theorie und Praxis, die neben der Utopie und der Prognose als dritte Komponente die Planung vorsieht, wobei Planung die Ausarbeitung der Direktiven für die Realisierung einer Utopie bedeutet. Erst diese drei Komponenten bilden für Picht die Voraussetzung zu einer sinnvollen Zukunftsgestaltung: „Prognose ist Antizipation der Zukunft durch Theorie. Planung ist Antizipation der Zukunft für die Praxis. Aber beide Weisen des Vorgriffs in die Zukunft werden nur dadurch möglich, daß zuvor die produktive Einbildungskraft ein Schema des Spielraums der Möglichkeiten entwirft, innerhalb deren Prognose und Planung ihr Feld entdecken.“[42] Die Utopie gibt als produktive Einbildungskraft die Ziele vor, die Prognose ermittelt die Aussicht auf deren Verwirklichung und die Planung ist für die praktische Umsetzung zuständig.

Die Verschränkung von Utopie, Prognose und Planung entspricht in etwa dem, was Bloch unter der konkreten Utopie versteht. Utopische Entwürfe können nur dann Gestalt annehmen, wenn „die Analyse der gesellschaftlichen Entwicklung und ihrer Triebkräfte immer neu die Bedingungen einer möglichen Verwirklichung aufdeckt.“[43] Blochs Philosophie bedeutet daher keine Absage an den Sinn und Nutzen empirischer Sozialforschung oder der Sozialwissenschaften im Allgemeinen. Sie widerspricht allerdings den Voraussetzungen einer wertfreien Soziologie, da die Kritik an den gesellschaftlichen Verhältnissen vom Standpunkt des Marxismus erfolgt, der ausdrücklich als »Tendenzwissenschaft« bestimmt wird. Der sozioökonomische Unterbau findet in Blochs Philosophie Berücksichtigung, ohne daß deshalb die Utopie als eine unwissenschaftliche Kopfgeburt verabschiedet werden müßte. Fragen der Zukunftsgestaltung lassen sich für Bloch nicht unabhängig von normativen Festlegungen entscheiden. Eine

---

[41] Georg Picht, »Prognose, Utopie, Planung. Die Situation des Menschen in der Zukunft der technischen Welt« (1967), in: ders., Zukunft und Utopie, Stuttgart 1992, S. 9.

[42] Ebd., S. 27. Vgl. dazu Helmut Fahrenbach, »Zukunftsforschung und Philosophie der Zukunft. Eine Erörterung im Wirkungsfeld Ernst Blochs«, in: Ernst Blochs Wirkung. Ein Arbeitsbuch zum 90. Geburtstag, Frankfurt a.M. 1975, S. 325–361.

[43] Bloch, Tübinger Einleitung in die Philosophie, a.a.O., S. 284.

rein wissenschaftliche Bestimmung der Zukunft ist nur durch die Extrapolation gesellschaftlicher Trends möglich. Allerdings erlaubt diese Methode keine langfristigen Berechnungen. Die Vorhersagen scheitern an der Vielzahl menschlicher Handlungsoptionen, wie die Geschichte der Futurologie gezeigt hat.

Naturwissenschaftliche Vorhersagen und sozialwissenschaftliche Prognosen entwerfen eine Zukunft, in der nichts Neues oder Unerwartetes eintreten kann. Entweder es wird ganz von der Mitwirkung des Menschen abstrahiert, oder aber es werden nur jene Handlungen und Sichtweisen zugelassen, die als bekannt und berechenbar vorausgesetzt werden können. Diese Formen der Antizipation beziehen sich auf eine »unechte« Zukunft, wie es bei Bloch heißt. »Echte« Zukunft impliziert dagegen etwas Neues, etwas, das in der vorhandenen Welt vielleicht angelegt, aber noch nicht voll entfaltet ist und erst durch den Menschen realisiert werden kann.[44] Utopisches Denken bezieht sich auf eine echte Zukunft. Unechte Zukunft erschöpft sich dagegen in Wiederholung und Extrapolation. Oftmals liegt ihr ein deterministisches Weltbild zugrunde, so auch bei jenen Formen der Vorhersage, die man gemeinhin als Prophetie, Wahrsagerei oder Vision bezeichnet.[45] Auch in Hegels Geschichtsphilosophie wird die Zukunft in ein deterministisches Konzept eingebaut, das für den Menschen als autonomes Subjekt keinen Platz hat. Echte Zukunft setzt dagegen eine offene Geschichte voraus, eine Geschichte, die den Menschen zwar prägt, die aber ebenso von ihm hervorgebracht und mitgestaltet wird.

5. Utopie und Geschichte

Ein früher Beitrag zur Geschichte des utopischen Denkens stammt von Hans Freyer, der in seinem Buch »Die politische Insel« einige Wesensmerkmale der literarischen Utopie beschreibt.[46] Die »Logik der Utopie« besteht für Freyer darin, daß sich die utopischen Staatsmodelle erstens von der Außenwelt abschirmen, um sich keinen störenden Einflüssen aussetzen zu müssen; daß sie zweitens totalitäre Züge annehmen, indem sie jegliche Form des gesellschaftlichen Lebens festlegen und einer strengen Kontrolle unterziehen; daß sie drittens ein statisches, in sich geschlossenes Konstrukt bezeichnen, das sich nur als Ganzheit realisieren läßt und insofern den totalen Umsturz der bestehenden Verhältnisse erfordert. Aus diesen »Gesetzen des utopistischen Denkens« folgt viertens, daß die Utopie jeglichem Innovationsdenken feindlich gegenübersteht: „Denn die

---

44 Vgl. Bloch, Das Prinzip Hoffnung, a.a.O., S. 83.
45 Dabei muß man in Anlehnung an Bloch zwischen der hinnehmenden und der aktiven Prophetie unterscheiden. Vgl. dazu Erik Zyber, »Von der Prophetie zur Prognose. Zukunft als Orientierungsproblem«, in: Bloch-Almanach 25 (2006), hg. vom Ernst-Bloch-Archiv der Stadtbibliothek Ludwigshafen, S. 157–170.
46 Vgl. Hans Freyer, Die politische Insel. Eine Geschichte der Utopien von Plato bis zur Gegenwart, Leipzig 1936.

Utopie soll unveränderlich sein. Sie kennt keine Entwicklung und duldet keine. Die Geschichte ist in ihr zum Stillstand gekommen, wie wenn der unruhige Bach in einen stillen See gemündet wäre."[47] Nur als ein unerreichbares Ideal läßt Freyer die Utopie gelten. Utopien sind für ihn „Leuchttürme im Meer der Wirklichkeit".[48] Sie dienen zur Orientierung, können aufgrund der Geschlossenheit ihres Modellentwurfs jedoch niemals in die politische Wirklichkeit umgesetzt werden. Das politische Handeln bleibt stets fragmentarisch, da es sich den geschichtlichen Verhältnissen anpassen muß. Die Utopie ist für Freyer dagegen auf eine Geschichtsüberwindung angelegt. Ihr Anspruch auf Vollendung der Welt hat unweigerlich zur Folge, so Freyers Pointe, „daß eine Sorte Menschen in Utopien ganz gewiß zum Tode verurteilt würde, – nämlich die Utopisten."[49]

Die Utopiekritik von Freyer geht davon aus, daß die Utopie als unerreichbares Ideal immer jenseits der politischen Wirklichkeit steht. Der Utopist nimmt sein Ideal „nicht in die Zeit hinein, in der wir leben und handeln, sondern projiziert es auf diejenige Ebene, die zum Leben und Handeln immer senkrecht steht, auf die Ebene des Geistes."[50] Offensichtlich beruht Freyers Utopiebegriff auf einem Platonismus, wonach das Reich der ewigen und unveränderlichen Ideen der empirischen Wirklichkeit in Form einer Zwei-Welten-Lehre gegenübergestellt wird. Der Versuch, ein utopisches Staatsmodell zu verwirklichen, ist für Freyer von vornherein zum Scheitern verurteilt. Der Sprung von der literarischen Utopie zum utopistischen Experiment, der Übergang von der Theorie in die Praxis muß aufgrund dieser erkenntnistheoretischen Voraussetzung fehlschlagen. Wird Freyers Utopiebegriff aber den unterschiedlichen Gestalten der Utopie gerecht?

Die klassische Utopie bildet den Ausgangspunkt von Freyers Utopiekritik. Hier wird in der Tat ein ideales Staatswesen beschrieben, was aber keineswegs heißt, daß dieses Ideal notwendigerweise platonistisch gedeutet werden muß. Diese Interpretation ist bereits für Platons Staatsphilosophie problematisch, zumindest wenn man davon ausgeht, daß Platon selbst kein Platonist gewesen ist. Das gilt erst recht für die Utopie des Thomas Morus, die zwar an Platon anknüpft, ohne jedoch das Bild einer besseren Gesellschaftsordnung in der platonischen Ideenlehre zu fundieren. Wenn von den Grundlagen der utopischen Staatsform gesagt wird, daß sie „nach menschlicher Voraussicht von ewiger Dauer sein werden",[51] so spiegelt sich in dieser Behauptung der verständliche Wunsch nach einer dauerhaften und stabilen Ordnung wider. Darin sogleich eine Geschichtsüberwindung erkennen zu wollen, scheint mir keineswegs berech-

---

[47] Ebd., S. 35.
[48] Ebd., S. 15.
[49] Ebd., S. 38.
[50] Ebd., S. 165.
[51] Morus, a.a.O., S. 109.

tigt.[52] Es geht der Utopie ja zunächst darum, den schlechten Verhältnissen bessere gegenüberzustellen. Die frühen Sozialutopien sind Gedankenexperimente, die sich mit den Problemen ihrer Zeit auseinandersetzen, die also zeitbezogen und nicht überzeitlich argumentieren. Die Geschlossenheit der utopischen Modelle beruht auf ihrer Funktion als Gegenentwurf, ihr Anspruch auf Vollendung spricht für das Harmoniebedürfnis der Autoren. Freilich ist die klassische Utopie nicht als konkrete Handlungsanleitung zur Gestaltung der sozialen Wirklichkeit zu verstehen. Nur wer dies voraussetzt, kann anschließend kritisieren, daß die Utopie immer jenseits der politischen Wirklichkeit steht.

Freyers Utopiebegriff beschränkt sich auf die geschlossene Darstellung eines idealen Staatswesens. Es wird nicht berücksichtigt, daß utopische Entwürfe durchaus Impulse für die spätere Umgestaltung der sozialen Wirklichkeit geliefert haben.[53] Durch die starre Entgegensetzung von Ideal und Wirklichkeit wird eine Anpassung der Utopie an die geschichtlichen Verhältnisse von vornherein ausgeschlossen. Ob Freyers Utopiebegriff dem Verhältnis von Utopie und Geschichte gerecht wird, muß zumindest für die Bedeutung der Utopie als Leitbild des Handelns bezweifelt werden. Freyers Utopiekritik trifft eher auf die geschichtsphilosophische Variante der Utopie zu. Wir werden im nächsten Kapitel sehen, daß vor allem der Marxismus die Auffassung verbreitet hat, eine Verwirklichung der Utopie müsse zwangsläufig in einen geschichtslosen Endzustand münden. Insofern stellt sich grundsätzlich die Frage, welcher Utopiebegriff einer Bewertung des utopischen Denkens zugrunde liegt. In der Utopiediskussion werden die Begriffe jedenfalls nicht immer eindeutig definiert. Mißverständnisse stellen sich ein, sobald eine bestimmte Gestalt der Utopie verabsolutiert wird. Dies zeigt sich auch in der Utopiekritik von Karl Popper, die wir nun besprechen wollen.

Die Utopiekritik von Freyer stimmt in einigen Punkten mit den Ansichten von Popper überein, wenngleich der Utopiebegriff und die politische Einstellung der beiden Autoren stark voneinander abweichen. Auch Popper unterstellt, daß die Utopie sich auf ein Fernziel versteife und dies mit allen Mitteln durchzusetzen versuche, daß ihre Orientierung an abstrakten Idealen eine unhistorische Vorgehensweise nach sich zöge und notfalls mit Gewalt durchgesetzt würde.[54] Daß Utopien für Popper zur Gewaltanwendung neigen, liegt vermutlich in ihrer seinssprengenden Intention begründet. Vor allem der Marxismus dürfte diesen

---

[52] Diese Auslegung findet sich übrigens auch bei Befürwortern des utopischen Denkens. So heißt es bei Bloch: „Die Staatsromane sahen sehr oft mit ihrem Rezept alle Widersprüche gelöst, die Gesundheit ist darin gleichsam starr geworden. Keine frischen Fragen, keine anderen Länder erscheinen weiter am Rand, die Insel ist, obwohl selber zukünftig, gegen Zukunft weitgehend abgedichtet." Bloch, Das Prinzip Hoffnung, a.a.O., S. 554f.

[53] Vgl. dazu vor allem die Utopie von James Harrington, Oceana (1656), die auf die Verfassungsväter der Vereinigten Staaten spürbaren Einfluß haben sollte.

[54] Vgl. Karl R. Popper, »Utopie und Gewalt« (engl. 1948), in: Neusüss, Utopie, a.a.O., S. 313–326.

Gedanken motiviert haben, wenngleich er sich ursprünglich nicht als utopisch definiert. Jedenfalls fehlt es in den Schriften von Marx und Engels nicht an Aufrufen, den Umsturz der bisherigen Gesellschaftsordnung gewaltsam herbeizuführen. Ferner ist ihre Diskussionsbereitschaft äußerst beschränkt, da Andersdenkende in der Regel der ideologischen Verblendung bezichtigt werden. Vermutlich bezieht sich Popper auf diesen Kontext, wenn er behauptet, daß die Utopie für rationale Argumente unzugänglich sei. So berechtigt diese Auffassung gegenüber einer dogmatischen und totalitären Weltanschauung auch sein mag, so reduktionistisch nimmt sie sich angesichts eines umfassenderen Utopiebegriffs aus. Thomas Morus wird erst gar nicht erwähnt, was insofern bedauerlich ist, als Popper es sich durch dieses Versäumnis entgehen läßt, seine demokratisch-liberalen Anschauungen auf ihre utopischen Wurzeln zu befragen. Dadurch verabsolutiert Popper eine historische Gestalt des utopischen Denkens, deren Herkunft er nicht nur aus der Geschichtsphilosophie von Marx und Hegel, sondern ebenso aus der platonischen Staatslehre ableitet.[55]

Dennoch muß man sich fragen, wie der Totalitarismusverdacht gegenüber der Utopie zu bewerten ist. Schließlich läßt sich nicht leugnen, daß die geschlossene Ordnung mancher Utopien durchaus totalitäre Züge annimmt. Problematisch ist außerdem die Bedeutung, die der Eugenik in der Geschichte des utopischen Denkens zuteil geworden ist. So wird der Zuchtgedanke bereits in der »Politeia« auf den Menschen übertragen. Für Sokrates „müssen die besten Männer so häufig wie möglich den besten Frauen beiwohnen, die schlechtesten dagegen den schlechtesten so selten wie möglich. Die Kinder der ersteren müssen aufgezogen werden, die der anderen nicht, sofern die Herde auf voller Höhe bleiben soll. Und von all diesen Maßnahmen darf außer den Herrschern selbst niemand etwas wissen, wenn die Herde der Wächter so viel als möglich vor Zwietracht bewahrt werden soll."[56] Einen ähnlichen Eindruck hinterläßt Campanellas Sonnenstaat, der von zahlreichen Behörden verwaltet wird. Alles untersteht der öffentlichen Kontrolle und wird durch strenge Gesetze vorgeschrieben. Es gibt sogar eine Behörde für die Fortpflanzung, deren Aufgabe darin besteht, zu bestimmen, wer sich mit wem wann und wie oft fortpflanzen darf. An diese Vorschriften müssen sich auch die Wissenschaftler halten:

> Diese haben nämlich infolge des vielen Nachdenkens nur schwache Triebe und sind mit ihren geistigen Kräften nicht voll beteiligt; deshalb, weil sie immer über irgend etwas grübeln, bringen sie nur schwächliche Nachkommen hervor. Daher wendet man hier besondere Maßnahmen an: man verbindet diese Gelehrten mit Frauen, die von Natur aus lebhaft, lebenstüchtig und besonders schön sind.[57]

---

[55] Vgl. Karl R. Popper, Die offene Gesellschaft und ihre Feinde. Bd. I: Der Zauber Platons; Bd. II: Falsche Propheten. Hegel, Marx und die Folgen, Bern 1947/48.
[56] Platon, Der Staat, a.a.O., S. 191 [459 d-e].
[57] Tommaso Campanella, Civitas Solis (1623), übers. u. hg. von Heinisch, a.a.O., S. 132.

Mögen solche satirischen Elemente den Leser noch so erheitern – seitdem der Nationalsozialismus die Eugenik zur Verfolgung seiner Rassenpolitik praktiziert hat, steht die Diskussion um den Utopiebegriff vor neuen Tatsachen. Dennoch läßt sich der Totalitarismusvorwurf gegenüber der Utopie nicht in jeder Hinsicht aufrechterhalten. So wäre es absurd, in der Utopia des Thomas Morus den Entwurf einer totalitären Diktatur sehen zu wollen. Auch Platons Staatsphilosophie verdient eine differenziertere Lektüre, trotz ihrer unverkennbar autoritären Züge.[58]

Wie steht es nun um das Verhältnis von Utopie und Geschichte? Zunächst hat sich gezeigt, daß die Utopiekritik von Freyer lediglich auf eine platonistische, vielleicht noch auf eine geschichtsphilosophische Variante der Utopie zutrifft. Dies gilt ebenso für die Kritik von Popper, der sich zumindest in seinen zwei Bänden über die offene Gesellschaft explizit mit Marx, Hegel und Platon beschäftigt. Da wir auf das Verhältnis von Utopie und Marxismus noch ausführlicher zu sprechen kommen, beschränken wir uns an dieser Stelle auf den Hinweis, daß die kommunistische Gesellschaftsform tatsächlich einem Ende der Geschichte zu entsprechen scheint. Allerdings wird der Kommunismus nicht idealistisch, sondern materialistisch begründet. In den Schriften von Marx und Engels finden sich keine Hinweise zur Verwirklichung eines abstrakten Gesellschaftsideals, es wird lediglich die angebliche Richtung der geschichtlichen Entwicklung angezeigt. So heißt es in der »Deutschen Ideologie«: „Der Kommunismus ist für uns nicht ein *Zustand*, der hergestellt werden soll, ein *Ideal*, wonach die Wirklichkeit sich zu richten haben [wird]. Wir nennen Kommunismus die *wirkliche* Bewegung, welche den jetzigen Zustand aufhebt."[59]

Die starre Entgegensetzung von Ideal und Wirklichkeit widerspricht auch dem Konzept der konkreten Utopie, von dem ja gesagt wurde, daß ihm eine Orientierung an den geschichtlichen Möglichkeiten zugrunde liegt. Ernst Bloch hat bereits in seinem Frühwerk einen Utopiebegriff entwickelt, der sich im Unterschied zur starren Wertethik des Neukantianismus nicht frühzeitig in feste Wertbegriffe überführen läßt: „Die utopische Idee gestaltet sich zu keinem Bild, das einen bestimmten Ort auf dem Weg einnimmt. Sie bleibt unterwegs: als Wegzeichen, das dem aufrechten Gang des Menschentums in der Zeit voranleuchtet und den Sinn für das Richtige und Tunliche hier und jetzt an aktuellen Instanzen und Zeitereignissen erhellt."[60] Daher darf auch der Begriff des Ideals

---

58 Vgl. dazu Dirk Otto, Das utopische Staatsmodell von Platons Politeia aus der Sicht von Orwells Nineteen Eighty-Four. Ein Beitrag zur Bewertung des Totalitarismusvorwurfs gegenüber Platon, Berlin 1994. Vgl. zur Utopie-Denunziation in der Forschungsliteratur: Arnhelm Neusüss, »Schwierigkeiten einer Soziologie des utopischen Denkens«, in: Neusüss, Utopie, a.a.O., S. 13–112, S. 33ff.

59 Karl Marx/Friedrich Engels, »Feuerbach. Gegensatz von materialistischer und idealistischer Anschauung«, in: Studienausgabe in 5 Bänden, a.a.O., Bd. 1, S. 107.

60 Manfred Riedel, Tradition und Utopie. Ernst Blochs Philosophie im Licht unserer geschichtlichen Denkerfahrung, Frankfurt a.M. 1994, S. 254.

bei Bloch nicht platonistisch gedeutet werden. Das Ideal hat für Bloch vielmehr eine utopische Funktion, die sich nicht in einer unendlichen Annäherung erschöpft, sondern auf eine Verwirklichung des Idealen hinarbeitet.[61] Ob diese Verwirklichung restlos gelingen kann, ist freilich eine andere Frage, mit der wir uns an späterer Stelle zu beschäftigen haben.

Die konkrete Utopie beschreibt kein unabänderliches Modell. Durch die Antizipation eines möglichen Besseren wird zwar ein Maßstab bereitgestellt. Allerdings kommt diesem eine ausschließlich regulative Funktion zu, wodurch utopische Vorstellungen offen für Korrekturen bleiben. Die Utopie stellt einen Maßstab bereit, der die Kritik an den gegebenen Verhältnissen ermöglicht. Indem sie das Handeln auf noch nicht verwirklichte Ziele ausrichtet, geht sie über das Gegebene hinaus, kann von diesem folglich nicht prinzipiell widerlegt werden. Gleichwohl bleibt sie in der Wahl ihrer Mittel korrigierbar, sofern sie sich an den geschichtlichen Möglichkeiten orientiert.[62] Utopien bewegen sich stets in einem historischen Kontext. Ihre Veränderungsvorschläge sind keine Patentlösungen. Für gewöhnlich lassen sich utopische Entwürfe nicht genauso realisieren, wie sie ursprünglich gedacht waren.[63] Zuweilen scheitern sie an den historischen Umständen, gegebenenfalls bleibt ihre Verwirklichung einer späteren Epoche vorbehalten. Das Konzept der konkreten Utopie ist jedenfalls weder dogmatisch, noch enthält es einen absoluten Wahrheitsanspruch. Wenngleich die Ziele durch Glaubensannahmen und Wertvorstellungen bestimmt werden, bleiben die Mittel rationalen Erwägungen zugänglich. Der Glaube an ein Fernziel ist aber unverzichtbar, sofern der Mensch seine Nahziele erreichen will.

Das Modell der konkreten Utopie birgt allerdings die Gefahr, daß der ursprüngliche Entwurf durch seine geschichtlichen Korrekturen bis zur Unkenntlichkeit verzerrt wird. Auf dieses Problem weist auch Popper indirekt hin. Utopien würden keine Änderung ihrer Zielsetzung in Kauf nehmen, da sie sich ansonsten orientierungslos im Kreise drehen müßten, was für Popper einem Nirgendwo im wörtlichen Sinn entspricht.[64] Diese unhistorische Bestimmung der Utopie muß man natürlich nicht teilen. Utopische Vorstellungen bleiben zwar auf einen Maßstab angewiesen. Gleichwohl bestimmt sich dieser Maßstab immer erst auf der Grundlage der geschichtlichen Verhältnisse. Das utopische Denken muß sich daher in die Abenteuer der Geschichte begeben, es muß seinen Anspruch auf Vollendung, nicht aber seinen Anspruch auf Verbesserung der Welt aufgeben. Ziele und Werte können Sinnverschiebungen erfahren. Was heute als Utopie bezeichnet wird, kann morgen zur Ideologie werden. Ideologien können wiederum utopische Elemente enthalten, die unter bestimmten Umständen aktiviert werden und zu einer Veränderung der bestehenden Verhältnisse

---

[61] Vgl. Bloch, Das Prinzip Hoffnung, a.a.O., S. 189ff. Vgl. zum Verhältnis der Begriffe »Utopie« und »Ideal«: Hölscher, a.a.O., S. 775ff.

[62] Vgl. Bloch, Tübinger Einleitung in die Philosophie, a.a.O., S. 96.

[63] Vgl. Jörn Rüsen, »Utopie und Geschichte«, in: Voßkamp, a.a.O., Bd. 1, S. 356–374.

[64] Vgl. Popper, »Utopie und Gewalt«, a.a.O., S. 321.

führen. Wenn man diesen Sachverhalt formal betrachtet, scheint das Nirgendwo sich einer endgültigen Bestimmung tatsächlich zu entziehen. Existentiell ist ein solcher Zustand allerdings nicht gegeben, da der Mensch in Wertvorstellungen und Glaubensannahmen sozialisiert wird, die letztendlich auch seinen Zukunftsbezug prägen.

6. Zusammenfassung

Utopie ist ein historischer Begriff. Nicht nur die inhaltliche Gestaltung der Utopie unterliegt dem geschichtlichen Wandel, sondern auch der Begriff an sich. Wird in der klassischen Utopie noch ein ideales Staatswesen geschildert, so wandelt sich die Utopie später zum Leitbild des Handelns, das sich zuweilen mit der prognostischen Orientierung vermischt.[65] Die Historisierung der Utopie wirkt damit auf den Utopiebegriff zurück. Schließlich orientiert sich die historische Begriffsbildung stets am konkreten Material, das grundsätzlich dem geschichtlichen Wandel ausgesetzt ist.

Die bisher genannten Merkmale der Utopie sollen nun zu einer Definition zusammengefaßt werden, die den begrifflichen Rahmen für die weitere Untersuchung absteckt. Unsere Definition des Utopischen dient in erster Linie zur Orientierung. Sie erhebt nicht den Anspruch, den Utopiebegriff endgültig fixieren zu können. Sie will lediglich Mißverständnisse ausräumen und zu einer möglichst sachlichen Analyse des Utopischen beitragen. Was also heißt utopisch?

I. Als utopisch wird etwas bezeichnet, das in der Wirklichkeit nicht enthalten ist, das noch nicht verwirklicht wurde. Utopisches geht über das unmittelbar Gegebene hinaus, es ist seinstranszendent.

II. Utopisches beschränkt sich nicht auf den Bereich des Literarischen, sondern bezeichnet das grundsätzliche Vermögen des Menschen, die unmittelbar gegebene Wirklichkeit zu überschreiten. Da der Begriff des Utopischen eine Bewußtseinsleistung beschreibt, spricht man auch von utopischem Denken, utopischem Bewußtsein oder utopischer Intention.

III. Das utopische Denken zielt auf eine Verbesserung der bestehenden Verhältnisse, weshalb es stets mit normativen Forderungen einhergeht. Seine Funktion besteht in der Kritik der gewordenen Ordnung, wobei sich die Kritik gegen die zugrundeliegenden Prinzipien dieser Ordnung richtet. Utopische Entwürfe gehen über bloße Reformvorschläge hinaus. Sie entwerfen ein Gegenmodell, das dem Menschen als Leitbild dienen kann.

---

[65] Vgl. Schwonke, Vom Staatsroman zur Science Fiction, a.a.O., S. 2.

IV. Utopische Vorstellungen sind stets am Diesseits orientiert. Sie sind vielleicht unwirklich, aber nicht unmöglich. Sie beziehen sich auf den Bereich menschlicher Gestaltungsmöglichkeiten, sie setzen den Menschen als Handlungssubjekt voraus.

V. Utopische Vorstellungen beziehen sich auf die Zukunft. Sie beschränken sich nicht auf die Prognose gesellschaftlicher Zustände, sondern verstehen sich als Zukunftsgestaltung. Dabei konzentrieren sie sich auf die Verwirklichung neuer Möglichkeiten. Utopisches Denken impliziert echte Zukunft, nicht die Wiederherstellung vergangener Zustände.

VI. Die Chancen auf eine Realisierung utopischer Entwürfe steigen, wenn diese sich von der geschichtlichen Erfahrung leiten lassen. Konkrete Utopie zielt nicht auf Geschichtsüberwindung, sondern prüft, unter welchen Bedingungen sich utopische Vorstellungen verwirklichen lassen. Utopische Entwürfe führen nicht zu dogmatischen Standpunkten, sofern sie sich dem geschichtlichen Wandel anpassen und keinen Anspruch auf eine Vollendung der Welt erheben.

II. Utopie und Religion

Daß die Utopie an die Wesensstruktur des Menschen gebunden ist, heißt nicht, daß sich ihre inhaltliche Ausprägung unabhängig von Geschichte und Gesellschaft bestimmen ließe. Utopie bedeutet zunächst die formale Möglichkeit zur Grenzüberschreitung, die dem Menschen grundsätzlich gegeben ist. Ob er von dieser Möglichkeit Gebrauch macht, entscheidet sich aber erst in der konkreten Wirklichkeit, weshalb die Gestalt der Utopie stets mit den geschichtlichen Verhältnissen variiert. Insofern ist es durchaus möglich, daß eine Bestimmung der Utopie Merkmale enthält, die nicht mit unserer Definition übereinstimmen. So haben wir das utopische Denken als innerweltliche Grenzüberschreitung definiert, obgleich es in seiner geschichtlichen Entwicklung religiöse Inhalte aufgenommen hat, durch die der Utopiebegriff einen erheblichen Bedeutungswandel vollzogen hat. In diesem Kapitel wollen wir prüfen, wie sich unsere Bestimmung des Utopischen zum Bereich des Religiösen verhält.

Zu Anfang besprechen wir das utopische Potential in der Bibel, anschließend wird nach der Bedeutung der Religion in der klassischen Utopie gefragt. Dabei soll deutlich werden, daß Utopie und Eschatologie keine notwendige Einheit bilden, was von der herkömmlichen Utopiekritik häufig übersehen wird. Die Utopie hat sich erst zu einem späteren Zeitpunkt für eschatologische Inhalte geöffnet, eine Entwicklung, die vor allem durch den Marxismus forciert wurde, die aber auch dazu beigetragen hat, die Theologie stärker in die Utopiediskussion einzubinden. Gegen Ende des Kapitels wollen wir die Grenzen des utopischen Denkens bestimmen. Was ist machbar und was entzieht sich dem Gestaltungsbereich utopischer Entwürfe? Die Antwort auf diese Frage führt uns schließlich zum gegenwärtigen Verhältnis von Utopie und Religion.

1. Utopisches Potential in der Bibel

Die abendländische Zeitauffassung wurde durch die biblische Verkündigung eines Eschaton maßgeblich beeinflußt, so lautet eine bekannte These, die den Durchbruch zu einem linearen Geschichtsverständnis auf unser religiöses Erbe zurückführt. Die Vorstellung einer zyklischen Zeitstruktur werde allmählich überwunden, das Kreislaufdenken früherer Epochen weiche einem Fortschrittsdenken, das seit der Renaissance immer stärker zum Vorschein komme. Auch die utopischen und die geschichtsphilosophischen Entwürfe entwickeln einen Fortschrittsglauben, dessen Ursprung häufig in der jüdisch-christlichen Eschatologie vermutet wird. So heißt es bei Karl Löwith, dem wohl bekanntesten Vertreter dieser These: „Nur der jüdisch-christliche Futurismus konnte die Zukunft als den Horizont alles modernen Strebens und Denkens eröffnen."[66] Tatsächlich ist der Einfluß eschatologischer Vorstellungen auf den Utopiebegriff nicht von der Hand zu weisen. Utopie und Reich Gottes können sich in ihrer Bedeutung überschneiden, mitunter beschwören beide einen verheißungsvollen Endzustand, in dem der Mensch von allen Übeln und Sünden erlöst ist. Dennoch stellt sich die Frage, ob eine Ableitung des utopischen Denkens aus der jüdisch-christlichen Eschatologie berechtigt ist. Die Antwort auf diese Frage soll zunächst in der Bibel gesucht werden.

Das utopische Potential der Bibel zeigt sich bereits im Paradiesmythos der Genesis, wo von der Erschaffung der Welt berichtet wird, die mit dem Menschen als Krone der Schöpfung abgeschlossen ist. Der Mensch wird von Gott in den Garten Eden gesetzt, ein Paradies, in dem es weder mühselige Arbeit noch Sünde gibt. Als Abbild Gottes soll der Mensch „herrschen über die Fische des Meeres, über die Vögel des Himmels, über das Vieh, über die ganze Erde und über alle Kriechtiere auf dem Land."[67] Mit dem Sündenfall geht dieser privilegierte Zustand des Menschen allerdings verloren. Nachdem Adam und Eva von dem verbotenen Baum gegessen haben, gehen ihnen, wie von der Schlange verheißen, tatsächlich die Augen auf. Sie erkennen, daß sie nackt sind und schämen sich voreinander. Weil sie gegen das Gebot Gottes verstoßen haben, werden sie aus dem Paradies vertrieben. Adam wird dazu verurteilt, den unfruchtbaren Ackerboden zu bestellen. Eva muß unter Schmerzen Kinder gebären und sich der Herrschaft ihres Mannes fügen. Wegen des Sündenfalls bleibt ihnen der Zugang zum Paradies fortan verwehrt. Das Besondere an der jüdisch-christlichen Religion besteht nun darin, daß die Vertreibung aus dem Paradies mit einer Heimkehr in das Reich Gottes verbunden wird. Bereits in den alttestamentlichen Prophetenbüchern wird eine künftige Wiederherstellung des Paradieses auf Erden vorhergesagt, wobei das Bild des Gartens ergänzt wird durch das Bild eines neuen Zion, eines neuen, gereinigten Jerusalems, so in dem Buch Jesaja, in dem sich auch schon das Motiv des Messias findet.[68]

Die Gemeinsamkeit von Paradiesmythos und moderner Utopie liegt auf der Hand: beide entwickeln das Bild eines besseren Lebens. Das biblische Paradies liegt allerdings in der Vergangenheit, nicht in der Zukunft, weshalb der Paradiesmythos auch als religiöse oder rückwärtsgewandte Utopie bezeichnet wird, als „radikale Utopie im Sinne eines Gegenbildes zu der geschichtlichen, d.h. durch den Sündenfall entstandenen Welt des Menschen".[69] In diesem Sinn interpretiert Paul Tillich die Utopie, die von ihm allerdings nicht nur auf das verlorene Paradies, sondern ebenso auf das kommende Reich Gottes bezogen wird.

---

[66] Karl Löwith, Weltgeschichte und Heilsgeschehen. Die theologischen Voraussetzungen der Geschichtsphilosophie (engl. 1949), Stuttgart ⁵1967, S. 106.

[67] Gen. 1, 26.

[68] Vgl. Sven-Aage Jørgensen, »Utopisches Potential in der Bibel. Mythos, Eschatologie und Säkularisation«, in: Voßkamp, Utopieforschung, a.a.O., Bd. 1, S. 375–401, S. 376.

[69] Ebd., S. 375.

Auch die klassische Utopie zielt für Tillich auf einen Erfüllungszustand, auf eine ewige Gegenwart außerhalb der Geschichte: „Das Prinzip aller Utopien ist die *Negation des Negativen*, die Vorstellung eines Zustandes als etwas, was einmal Gegenwart war oder wieder einmal Gegenwart sein wird, in dem das Negative der Existenz negiert ist, in dem es noch nicht real war oder in dem es nicht mehr real ist."[70] Der natürliche Zustand des Menschen im Paradies dient bei Tillich als Maßstab für die gegenwärtige Entfremdung, das Unvollkommene erhält erst durch seinen Bezug auf Vollkommenes einen Sinn. Ob dieser Zustand in die Vergangenheit oder in die Zukunft verlegt wird, ist nur von sekundärer Bedeutung, solange ein Maßstab bereitgestellt wird, durch den die gegenwärtigen Verhältnisse kritisiert werden können. Jedenfalls hat dieser Maßstab für Tillich einen religiösen Ursprung, daher seine Vermutung, daß auch die klassische Utopie von der jüdisch-christlichen Eschatologie abstammt.[71] Diese weitverbreitete These wollen wir nun überprüfen.

Daß in den Utopiebegriff auch eschatologische Momente eingeflossen sind, beweist der Chiliasmus, der häufig als eine frühe Gestalt des utopischen Bewußtseins bestimmt wird.[72] Unter Chiliasmus versteht man den Glauben an ein tausendjähriges Reich, das vor dem Jüngsten Gericht über die Erde hereinbrechen wird. Ursprünglich geht der Gedanke auf die Offenbarung des Johannes zurück, später wird er in den chiliastischen Bewegungen des Mittelalters wiederbelebt, am folgenreichsten in der Lehre des Joachim von Fiore, die bis in den Nationalsozialismus weiterwirkt. Der Chiliasmus ist allerdings nicht mit der Utopie gleichzusetzen, da er die zukünftige Erlösung von einer außerweltlichen, eben göttlichen Ordnung erwartet. Nur wenn das Hereinbrechen dieser Ordnung mit einem sozialrevolutionären Aktivismus einhergeht, kann nach unserer Definition von einer frühen Gestalt der Utopie gesprochen werden, so bei Thomas Münzer, der den deutschen Bauernkrieg unterstützte, weil er glaubte, das Reich Gottes durch die Beseitigung der sozialen Mißstände bereits im Diesseits verwirklichen zu können. In der klassischen Utopie spielt der Chiliasmus allerdings keine Rolle. Die späteren Zeitutopien orientieren sich eher am modernen Fortschrittsdenken, das durch den sozialen Wandel und die technischen Innovationen in das Bewußtsein der Epoche eingedrungen war.

Utopie und Eschatologie bilden eine mögliche, keineswegs aber eine notwendige Einheit, weshalb eine Bestimmung der Utopie als säkularisiertes Eschaton unzureichend ist. Dafür spricht bereits die anthropologische Deutung der Utopie, die als solche nicht auf die Angehörigen der jüdisch-christlichen Religion beschränkt bleibt. Freilich kann man den Paradiesmythos und das Reich Got-

---

70 Paul Tillich, »Politische Bedeutung der Utopie im Leben der Völker« (1951), in: Gesammelte Werke, Bd. 6 (Der Widerstreit von Raum und Zeit. Schriften zur Geschichtsphilosophie), Stuttgart 1963, S. 186.
71 Vgl. ebd., S. 170.
72 Vgl. Mannheim, Ideologie und Utopie, a.a.O., S. 184ff.; Bloch, Das Prinzip Hoffnung, a.a.O., S. 590ff.; Jørgensen, a.a.O., S. 376ff.

tes auch als religiöse Utopie bezeichnen. Um der inflationären Verwendung des Utopiebegriffs vorzubeugen, scheint es mir allerdings sinnvoller, den Ausdruck »Mythos« beizubehalten, was natürlich nicht ausschließt, daß die Utopie auch Merkmale des Mythos aufnehmen kann. Vom reinen Mythos unterscheidet sie sich aber in der Absicht des Menschen, die gegebenen Verhältnisse aus eigener Kraft zu verändern und sie nicht als ewig und unabänderlich bestehen zu lassen.[73] Mit anderen Worten: „Die Bibel hat keine Sozialutopie ausgeführt, und sie erschöpft sich gewiß nicht in ihr oder hat darin ihren entscheidenden Wert."[74] Sie enthält allerdings ein utopisches Potential, das namentlich von Ernst Bloch aktualisiert wurde.[75] Die Anschlußmöglichkeiten dürfen aber nicht die zentralen Unterschiede verdecken, die vor allem gegenüber der klassischen Utopie ins Auge fallen. Im nächsten Abschnitt wollen wir diese Unterschiede herausarbeiten und zeigen, welche Bedeutung der Religion in der klassischen Utopie zukommt. Dabei werden wir uns auf die Utopie des Thomas Morus konzentrieren.

2. Die Religion in der klassischen Utopie

Die Renaissance gilt als Geburtsstätte der klassischen Utopie. Sie markiert den Aufbruch in eine neue Epoche, die nicht zuletzt durch die gesellschaftlichen und ökonomischen Umbrüche in der bisherigen Lebensweise geprägt wird. Die ungleiche Privilegien- und Besitzverteilung hat im 16. Jahrhundert eine Vielzahl bäuerlicher Aufstände provoziert. Die Kritik an der bestehenden Herrschafts- und Gesellschaftsordnung erfolgt aber auch von anderer Seite. Thomas Morus berichtet in der Utopia von der überproportionalen Zunahme an Dieben und Landstreichern, die größtenteils aus dem verarmten Bauernstand und dem ehemaligen Hofgesinde hervorgegangen sind. Seine Utopie antwortet auf diese Zustände mit der Forderung, die gesellschaftlichen Verhältnisse zu verändern. Die Entmachtung der Feudalherren und die Aufhebung des Privateigentums werden als unverzichtbare Voraussetzungen für die Beseitigung des sozialen Elends betrachtet. Ohne diese Maßnahmen bliebe die gesellschaftliche Ordnung widersprüchlich, da sie auch von den Ärmsten eine christliche Lebensführung erwarte, ohne die dazu erforderlichen Mittel zur Selbsterhaltung bereitzustellen. Die Moral wird unter diesen Umständen zu einem Luxus für Privilegierte, der Widerstreit von sozialem Elend und moralischer Gesinnung tritt offen zutage.

In der klassischen Utopie findet sich keine religiöse Legitimierung der politischen Herrschaft. Politische Herrschaft wird auf der Insel Utopia nicht von

---

[73] Vgl. Ruyer, L' Utopie et les Utopies, a.a.O., S. 4ff.

[74] Bloch, Das Prinzip Hoffnung, a.a.O., S. 582.

[75] Vgl. vor allem Ernst Bloch, Thomas Münzer als Theologe der Revolution (1921), in: Gesamtausgabe, Bd. 2, Frankfurt a.M. 1969; Atheismus im Christentum. Zur Religion des Exodus und des Reichs, in: Gesamtausgabe, Bd. 14, Frankfurt a.M. 1968.

Gottes Gnaden verliehen. Sie beruht auf Vernunftprinzipien, die von Menschen aufgestellt und befolgt werden. Die Utopie beschreibt den Aufbruch des Menschen in die Autonomie. Der Mensch erkennt sich als geschichtsbildendes Subjekt. Er unterwirft sich nicht einer naturhaften oder einer angeblich göttlich gestifteten Ordnung, sondern nimmt die Gestaltung des Gemeinwesens selber in die Hand. Religiös-mythische Vorstellungen weichen dem Bewußtsein, sich selber Gesetze geben und nach ihnen handeln zu können:

> Die rationale Betrachtung des Staates ließ es als möglich erscheinen, daß das Staatswesen im Irdischen durch Vernunft und Wille partiell vollendet werden könne. Die civitas war nicht mehr notwendig auf civitas dei und Kirche hin orientiert. Sie wurde als eine Ordnung verstanden, die, der Bestimmungsmacht der Kirche entzogen, nicht mehr ausschließlich auf das eschatologische Heil der Seele orientiert war. Der Weltbereich Staat als glückende Ordnung war – wie in der politischen Entwicklung so auch in der Theorie – freigesetzt.[76]

Die politische Bedeutung der Utopie kommt in der durchaus modernen Anschauung zum Ausdruck, daß „alle gesellschaftlichen Bereiche, nicht nur mit der politischen Ordnung in irgendwelchen Beziehungen stehen, sondern sie insgesamt konstituieren und im Gegenzug auch politisch wiederum konstituiert werden."[77] Die Erziehung zum Bürger, die Organisation des Arbeitswesens sowie die Reglung des Ehe- und Familienlebens bilden einen festen Bestandteil der utopischen Staatsordnung, ebenso die Interdependenz von Wissenschaft, Wirtschaft, Recht und Politik, die nicht zuletzt auf das moderne Staatsverständnis gewirkt hat. Prinzipien wie eine verbindliche Staatsverfassung, die Trennung von Kirche und Staat oder die Kontrolle der Herrschaft durch Senat und Öffentlichkeit sind seitdem in das politische Denken der Neuzeit eingegangen.

Die Utopie eröffnet aber nicht nur den Blick auf die Gestaltbarkeit der sozialen Wirklichkeit. Sie wirkt zugleich auf das Selbstverständnis des modernen Menschen, indem sie das Verhältnis von Institution und Person zum Ausgangspunkt ihrer Gesellschaftskritik macht. Morus antwortet auf das Problem des Diebeswesens nicht mit dem Ruf nach der Todesstrafe, sondern mit der Forderung, die Eigentumsverhältnisse zu ändern. Die Utopie entpuppt sich damit als eine Vorläuferin der Soziologie. Sie verdeutlicht, daß eine Bestimmung des Menschen stets den gesellschaftlichen Kontext berücksichtigen muß. Will man den Menschen ändern, so muß man zunächst die Verhältnisse ändern, unter denen er bisher sein Dasein gefristet hat: „Die Änderung der Verhältnisse wird die Gesinnung ändern, die Institutionen bestimmen die Personen. Das christliche Ethos des Mittelalters hatte trotz der außerordentlichen Institutionalisierung der Religion theoretisch am Vorrang der Person, der Gesinnung, der Seele festgehalten.

---

[76] Nipperdey, Reformation, Revolution, Utopie, a.a.O., S. 132f.
[77] Nipperdey, »Die Funktion der Utopie im politischen Denken der Neuzeit«, a.a.O., S. 371.

In der Utopie dagegen ergibt sich praktisch ein klarer Vorrang der Institution."[78] Den Menschen wird zwar eine moralische Anlage zugestanden. Allerdings erfordert die wünschenswerte Entwicklung dieser Anlage eine gute Staatsverfassung. Das Christentum hält dagegen an der Lehre von der Erbsünde fest, wonach der Mensch von Natur aus böse ist, was allerdings nicht ausschließt, daß er auch Gutes tun kann. Eine Veränderung der Verhältnisse wird hier aber nicht gefordert. Vielmehr ist es der Mensch, der sich ändern soll, indem er sich Gott zuwendet und die christliche Lehre befolgt. So heißt es im Neuen Testament: „Nichts, was von außen in den Menschen hineinkommt, kann ihn verunreinigen, sondern was aus dem Menschen herauskommt, verunreinigt ihn."[79] Während die christliche Religion an der Innerlichkeit des Menschen ansetzt, führt der geheimnisvolle Weg für die klassische Utopie nach außen, in die Institutionen, die das sittliche Dasein des Menschen wesentlich bedingen und bestimmen.

Die gesellschaftlichen Verhältnisse werden in der Utopie als irdische Einrichtungen durchschaut. Zwischen Himmel und Hölle verbleibt dem Menschen ein Handlungsspielraum, für den er die Verantwortung übernehmen muß. So heißt es bei Ruyer: „L'utopie, en tout cas, n'est pas métaphysiquement dualiste, manichéenne. Le mal lui paraît être le fait des sottises de l'homme, et par conséquent guérissable. Le monde n'est pas pour elle un monde abandonné par Dieu, voué au Mal essentiel. La souffrance n'est pas une valeur positive, mais une désadaption, non sans remède."[80] Dieser Perspektivenwechsel verdeutlicht zugleich, warum der Begriff der menschlichen Würde in der Renaissance eine neue Bedeutung erhält. Die Würde des Menschen gilt in der jüdisch-christlichen Religion als ein Geschenk Gottes, das in der Regel statisch gedeutet wird. Der Humanismus betrachtet sie dagegen als Möglichkeit, die menschliche Natur aus eigener Kraft zu vervollkommnen.[81] Der Glaube an die Perfektibilität des Menschen und an

---

[78] Ebd., S. 373f.
[79] Mk. 7, 15. Vgl. Gerhard Friedrich, Utopie und Reich Gottes. Zur Motivation politischen Verhaltens, Göttingen (o.J.), S. 26ff.
[80] Ruyer, a.a.O., S. 52.
[81] Vgl. die Darstellung des Schöpfungsmythos bei Giovanni Pico, in dem Gott zu Adam sagt: „Wir haben dir keinen festen Wohnsitz gegeben, Adam, kein eigenes Aussehen noch irgendeine besondere Gabe, damit du den Wohnsitz, das Aussehen und die Gaben, die du selbst dir aussiehst, entsprechend deinem Wunsch und Entschluß habest und besitzest. Die Natur der übrigen Geschöpfe ist fest bestimmt und wird innerhalb von uns vorgeschriebener Gesetze begrenzt. Du sollst dir deine ohne jede Einschränkung und Enge, nach deinem Ermessen, dem ich dich anvertraut habe, selber bestimmen. (...) Weder haben wir dich himmlisch noch irdisch, weder sterblich noch unsterblich geschaffen, damit du wie dein eigener, in Ehre frei entscheidender, schöpferischer Bildhauer dich selbst zu der Gestalt ausformst, die du bevorzugst. Du kannst zum Niedrigeren, zum Tierischen entarten; du kannst aber auch zum Höheren, zum Göttlichen wiedergeboren werden, wenn deine Seele es beschließt." Giovanni Pico della Mirandola, Über die Würde des Menschen, übers. von N. Baumgarten, Hamburg 1990, S. 5ff.

die Gestaltbarkeit seiner Welt ist ein Erbe des Humanismus, das sich zu einem tragenden Element des utopischen Denkens entwickelt hat:

> Der Begriff menschlicher Würde fordert, daß der Mensch seine Geschichte selbst gestaltet, daß er seine eigene Gesellschaft im Sinne vernünftiger und moralischer Prinzipien ordnet, und daß er über seine eigene Zukunft zielbewußt und im Sinne der Verwirklichung einer bestmöglichen Gesellschaft entscheidet. Die Rolle der Utopie darf trotz einer feindseligen Geschichte bei der Entfaltung dieser Idee von der menschlichen Würde nicht unterschätzt werden.[82]

Die bisherigen Ergebnisse bestätigen unsere Annahme, daß die utopische Kritik nicht notwendigerweise mit religiösen Implikationen einhergeht. In Utopia gibt es keine religiöse Legitimierung der Herrschaft. Im Gegenteil, sogar die Priester werden vom Volk gewählt. Religiöse Einflüsse finden sich allenfalls in der bescheidenen Lebensweise, in der Geringschätzung von Besitz und Geld. In den weltlichen Institutionen ist ein religiöser Bezug allerdings nicht vorhanden, was auf die Nähe der Utopie zu ihren antiken Vorbildern schließen läßt.[83] Ferner wird keineswegs behauptet, daß die utopische Staatsordnung den Himmel auf Erden verwirklichen könne: „Utopia ist kein Eschaton."[84] Hier geht es um die autonome Gestaltung des Diesseits, um die Herstellung besserer Zustände, die keinen explizit religiösen Bezugspunkt voraussetzen und auch nicht als Paradies oder Reich Gottes beschrieben werden. Gegenstand dieser Schrift ist nicht die vollkommene, sondern die bestmögliche Verfassung, weshalb Straftaten und Kriege auch in Utopia nicht ausgeschlossen werden können. Eschatologiefremde Faktoren finden sich erst recht in Platons Politeia, die schwerlich aus der jüdisch-christlichen Religion abgeleitet werden kann. Die bloße Gleichsetzung von Utopie und Reich Gottes ist daher ebenso unzutreffend wie die Ableitung der Utopie aus der jüdisch-christlichen Eschatologie. Die wesentlichen Unterscheidungsmerkmale zwischen Utopie und Eschatologie lassen sich wie folgt zusammenfassen:

1. Die Utopie ist eine Unternehmung der philosophischen Vernunft. Die eschatologische Rede dagegen ist eine Unternehmung des christlichen Glaubens.

2. Der Utopist versucht, wenn auch meist unbefriedigend, seine Entwürfe vernünftig zu begründen, indem er von der Kritik an Mißständen ausgeht. Der Prophet und der Apostel hingegen begründen nicht, sondern verstehen sich als bevollmächtigte Sprecher Gottes. Sie appellieren an

---

[82] Fred L. Polak, »Wandel und bleibende Aufgabe der Utopie« (engl. 1961), in: Neusüss, Utopie, a.a.O., S. 361–386, S. 370.

[83] Natürlich gibt es auch Unterschiede: „Von vornherein und wie unbemerkt wird das Urbild der Utopia, Platos Politeia, in einem nicht-aristokratischen Sinn umgedeutet, die Gleichheit der Herrschenden zur Gleichheit Aller erweitert und die Existenz einer besonderen Kriegerklasse negiert." Nipperdey, Reformation, Revolution, Utopie, a.a.O., S. 130.

[84] Ebd., S. 121f.

den Menschen in seiner Not, der immer zu Erwartungen bereit ist, und bedienen sich der Sprache und der Bilder des Mythos.

3. Der Utopist kritisiert mangelhafte Institutionen und stellt ihnen bessere, ja optimale Institutionen gegenüber. Die eschatologische Hoffnung dagegen überläßt die gegenwärtige Welt mit all ihren Mängeln dem Untergang und erwartet eine neue bessere Welt, in der es der Institutionen nicht mehr bedürfen wird (...).

4. Die klassischen Utopien fordern zwar nicht zu revolutionärem Handeln auf, beschreiben aber Institutionen, die von Menschen ersonnen und, wenngleich fiktiv, auch von Menschen verwirklicht werden. Die Eschatologie dagegen erwartet das kommende Heil allein vom Handeln Gottes.[85]

Daß die Utopie den Einflußbereich der Religion zurückdrängt, bedeutet keine Aufhebung des religiösen Kosmos. In der klassischen Utopie bildet die Religion einen unverzichtbaren Bestandteil des Gemeinwesens. Sie besorgt den Umgang mit dem Tod, sie wacht über Sitte und Moral. Die Priester sind die höchsten Würdenträger, sie können neben ihren geistlichen ebenso weltliche Aufgaben übernehmen. In Campanellas Sonnenstaat ist der »Sol« höchster Priester und Staatsoberhaupt in einer Person. Auf der Insel Utopia sind die Priester für die Erziehung und Unterrichtung der Kinder zuständig. Ihr hohes Ansehen zeigt sich nicht zuletzt darin, daß man sie „mit den auserlesensten Töchtern des Landes verheiratet."[86] Freilich variiert der religiöse Einfluß in den einzelnen Utopien. So beschreibt Morus ein tolerantes und sehr weltlich ausgeprägtes Staatsmodell, wohingegen der Religion bei Campanella die höchsten Machtbefugnisse eingeräumt werden. Die Autoren der klassischen Utopie stellen die Bedeutung der Religion allerdings nicht in Frage, eine Auffassung, die spätestens mit den utopischen Entwürfen der Frühsozialisten verabschiedet wird.

Weicht die klassische Utopie auch von der offiziellen Meinung der Kirche ab, so stellt sie die christliche Religion als solche nicht in Frage. Die Bewohner von Utopia bekennen sich zum Christentum, was religiöse Toleranz keineswegs ausschließt. Auch Bacons Neu-Atlantis ist christlich geprägt. In Campanellas Sonnenstaat steht man dem Christentum immerhin nahe, wenngleich die Staatsreligion nicht ausdrücklich als christlich bezeichnet wird, da sie sich, was übrigens auch für die Religion der Utopier gilt, gleichsam von Natur aus entwickelt hat, womit die Überlegenheit des Christentums gegenüber anderen Religionen suggeriert werden soll.[87] Die Kritik der klassischen Utopie betrifft vielmehr die Institution Kirche, deren Einflußbereich in den fiktiven Staatsmodellen eingeschränkt oder neu bestimmt wird. Daher bestand für die Kirche eine Verwandt-

---

[85] Wilhelm Kamlah, Utopie, Eschatologie, Geschichtsteleologie. Kritische Untersuchungen zum Ursprung und zum futurischen Denken der Neuzeit, Mannheim 1969, S. 31f.
[86] Morus, Utopia, a.a.O., S. 102.
[87] Vgl. Campanella, Civitas Solis, a.a.O., S. 162; Morus, a.a.O., S. 97.

schaft zwischen der Utopie und den häretischen Strömungen innerhalb des Christentums.[88] Vor allem der offene Deismus in Morus' Utopia, aber auch dessen Befürwortung des Freitods in Fällen schwerer Krankheit mußten als Angriff auf die Deutungshoheit der Kirche empfunden werden. Schließlich wird das menschliche Leben im Christentum als ein Geschenk Gottes betrachtet, über das der Mensch nicht frei verfügen darf. Freitod und Sterbehilfe bedeuten eine Säkularisierung des menschlichen Lebens und sind noch heute mit den Grundsätzen der Kirche unvereinbar. Auch die Verheißungen der technischen Utopie wurden mit Mißtrauen beobachtet, stellen sie doch eine Befreiung des Menschen von mühseliger Arbeit und Not in Aussicht. Der Fortschritt in Wissenschaft und Technik stärkte den Glauben an eine Minderung der Übel in der Welt, wodurch die Lehre von der Erbsünde außer Kraft gesetzt, zumindest aber empfindlich geschwächt wurde. Mit der fortschreitenden Industrialisierung mußte Adam den Acker nicht mehr im Schweiße seines Angesichts bestellen, da die Arbeit nun von Maschinen erledigt wurde.

Die klassische Utopie verbindet den christlichen Glauben mit der Forderung nach Autonomie und Selbstbestimmung. Darin unterscheidet sie sich von späteren Entwürfen, in denen die Schöpfungskraft des Menschen und der Glaube an die Machbarkeit der Welt hypostasiert werden. In den Utopien der Frühsozialisten kündigt sich bereits eine Wissenschaftsgläubigkeit an, die vor allem in Frankreich mit der Forderung einhergeht, die Religion sei durch die Wissenschaft zu ersetzen. Die intellektuelle Vormachtstellung des Klerus soll nun den Forschern und Gelehrten zufallen, die geistige und soziale Bindung der Religion auf die Wissenschaft übertragen werden. Saint-Simon spricht von einer »Kirche der Intelligenz« in Gestalt des modernen Industriestaates.[89] Eine Aufhebung der Religion fordert ebenso Proudhon, für den es „die erste Pflicht jedes intelligenten und freien Menschen ist, sich den Gottesgedanken unablässig aus Kopf und Gewissen zu schlagen."[90] Damit sind die Voraussetzungen für eine weitere Bedeutungsverschiebung im Utopiebegriff gegeben. Eschatologische Vorstellungen gelangen erst mit der Geschichtsphilosophie in das utopische Denken. Sie werden allerdings nicht mehr religiös begründet, da die vermeintliche Kenntnis der historischen Entwicklung nun der Wissenschaft zugerechnet wird. Dieser Standpunkt wird vor allem durch den Marxismus forciert, dessen Verhältnis zu Utopie und Eschatologie nun besprochen werden soll.

---

[88] Vgl. dazu Hölscher, Art. »Utopie«, a.a.O., S. 771.
[89] Vgl. Bloch, Das Prinzip Hoffnung, a.a.O., S. 661.
[90] Pierre Joseph Proudhon, Système des contradictions économiques ou philosophie de la misère (frz. 1846), zit. nach Löwith, a.a.O., S. 65.

3. Utopie und Eschatologie im Marxismus

Der Marxismus hat die Verbindung von Utopie und Eschatologie nachhaltig geprägt, wenngleich dies ursprünglich keineswegs seine Absicht gewesen ist. Wir hatten bereits darauf hingewiesen, daß Marx und Engels ihre eigene Theorie von den Ansätzen der Frühsozialisten abgrenzen, indem sie behaupten, den utopischen Sozialismus durch eine wissenschaftliche Begründung ablösen zu können. Die Entwürfe von Saint-Simon, Fourier und Owen sind in ihren Augen reine Phantasieprodukte, unreife Theorien, die einer unreifen Klassenlage entsprechen.[91] Zwar werden die Gedankenkeime der Frühsozialisten durchaus gewürdigt, doch seien sie zu einer Lösung der gesellschaftlichen Aufgaben unbrauchbar, da sie die ökonomischen Grundlagen der sozialen Ordnung in ihrer Planung unberücksichtigt lassen oder falsch einschätzen. Dementsprechend heißt es bei Engels: „Diese neuen sozialen Systeme waren von vornherein zur Utopie verdammt; je weiter sie in ihren Einzelheiten ausgearbeitet wurden, desto mehr mußten sie in reine Phantasterei verlaufen."[92] Zur Erinnerung: Marx und Engels interpretieren die Utopie als reines Gedankenkonstrukt, das keinerlei Aussicht auf Verwirklichung hat. Der utopische Sozialismus versuche soziale Gesetze zu formulieren, ohne die geschichtliche Entwicklung angemessen erfassen zu können. Der Marxismus erhebt dagegen den Anspruch, gesellschaftliche Tendenzen auf wissenschaftlicher Basis ermitteln und verwirklichen zu können. Wie muß man sich das vorstellen?

Der Marxismus kritisiert die Entfesselung der Produktionskräfte unter den Bedingungen des Kapitalismus, durch die der Mensch angeblich zum Sklaven seiner eigenen Produkte wird. Diese Entfremdung soll überwunden werden, indem die Produktionsmittel in das Eigentum der Gesellschaft übergehen, indem man die »Anarchie der freien Konkurrenz« durch eine planmäßige Organisation ersetzt. Die Notwendigkeit einer solchen Planung beruht auf der Annahme, daß der Kapitalismus an seinen eigenen Widersprüchen zugrunde gehen wird. Erst die Verwirklichung der kommunistischen Gesellschaftsform könne die wirtschaftlichen Krisen der kapitalistischen Wirtschaftsordnung dauerhaft überwinden. So heißt es bei Engels:

> Der Umkreis der die Menschen umgebenden Lebensbedingungen, der die Menschen bis jetzt beherrschte, tritt jetzt unter die Herrschaft und Kontrolle der Menschen, die zum ersten Male bewußte, wirkliche Herren der Natur, weil und indem sie Herren ihrer eignen Vergesellschaftung werden. Die Gesetze ihres eignen gesellschaftlichen Tuns, die ihnen bisher als fremde, sie beherrschende Naturgesetze gegenüberstanden, werden dann von den Menschen mit voller Sachkenntnis angewandt und damit beherrscht. Die eigne Vergesellschaftung der Menschen, die ihnen bisher

---

[91] Vgl. Engels, »Die Entwicklung des Sozialismus von der Utopie zur Wissenschaft«, a.a.O., S. 159.
[92] Ebd.

als von Natur und Geschichte aufgenötigt gegenüberstand, wird jetzt ihre freie Tat. Die objektiven, fremden Mächte, die bisher die Geschichte beherrschten, treten unter die Kontrolle der Menschen selbst. Erst von da an werden die Menschen ihre Geschichte mit vollem Bewußtsein selbst machen, erst von da an werden die von ihnen in Bewegung gesetzten gesellschaftlichen Ursachen vorwiegend und in stets steigendem Maß auch die von ihnen gewollten Wirkungen haben. Es ist der Sprung der Menschheit aus dem Reich der Notwendigkeit in das Reich der Freiheit.[93]

Der Marxismus beruht auf zwei Komponenten, die unauflöslich miteinander verbunden sind. Zum einen versteht er sich als Wissenschaft, die es mit der Erforschung historischer Gesetzmäßigkeiten zu tun hat. Daher das angebliche Wissen um den Untergang des Kapitalismus. Zum anderen enthält er ein Moment der Praxis, da er die Welt nicht nur erklären, sondern auch verändern will. Das Proletariat wird als subjektiver Faktor bestimmt, es soll im Rahmen der objektiven Produktionsverhältnisse den Umsturz der bisherigen Ordnung herbeiführen. Theorie und Praxis vermischen sich im Marxismus zu einer eigentümlichen Symbiose, die dem heutigen Wissenschaftsverständnis fremd ist. Darauf beruht nicht zuletzt die Unterstellung, daß auch der Marxismus ein utopisches Moment enthält. Die Verheißung einer klassenlosen Gesellschaft zieht jedenfalls den Utopieverdacht auf sich, da der Sprung von dem Reich der Notwendigkeit in das Reich der Freiheit wissenschaftlich nicht begründet werden kann – zumindest nicht nach den Kriterien einer Wissenschaft, die sich auf bloße Theorie beschränkt.

Das utopische Potential des Marxismus kommt besonders deutlich in der Religionskritik von Marx zum Vorschein, wobei man berücksichtigen muß, daß es sich hierbei nicht um eine direkte Kritik der Religion handelt, da es Marx in erster Linie um die Aufhebung der sozialen Zustände geht, die ein Bedürfnis nach religiöser Geborgenheit überhaupt erst hervorgerufen haben. Die Religion ist für Marx bekanntlich „das *Opium* des Volks."[94] Sie ist zugleich Ausdruck und Protest gegen das soziale Elend, freilich ein Protest, der die Menschen zur Passivität verurteilt, da er die Erlösung von den diesseitigen Übeln in ein Jenseits verlagert. Marx deutet die Religion als Ideologie eines gesellschaftlichen Zustands, dessen Misere den Menschen auf Hoffnungen religiöser Art angewiesen sein läßt. Daraus schließt er, daß die Religion den Menschen seiner eigentlichen Bestimmung entfremde: „Sie ist die *phantastische Verwirklichung* des menschlichen Wesens, weil das *menschliche Wesen* keine wahre Wirklichkeit besitzt. Der Kampf gegen die Religion ist also mittelbar der Kampf gegen *jene Welt*, deren geistiges *Aroma* die Religion ist."[95] Mit anderen Worten: durch die Veränderung der gesellschaftlichen Verhältnisse kann der Religion ihre Grundlage entzogen

---

[93] Ebd., S. 190.
[94] Karl Marx, »Zur Kritik der Hegelschen Rechtsphilosophie, Einleitung«, in: Studienausgabe in 5 Bänden, a.a.O., Bd. 1, S. 22.
[95] Ebd.

werden. Der Mensch befreit sich von ihren illusorischen Versprechungen und versucht, sein Glück bereits im Diesseits zu verwirklichen:

> Die Kritik der Religion enttäuscht den Menschen, damit er denke, handle, seine Wirklichkeit gestalte wie ein enttäuschter zu Verstand gekommener Mensch, damit er sich um sich selbst und damit um seine wirkliche Sonne bewege. Die Religion ist nur die illusorische Sonne, die sich um den Menschen bewegt, solange er sich nicht um sich selbst bewegt. Es ist also die *Aufgabe der Geschichte*, nachdem das *Jenseits der Wahrheit* verschwunden ist, die *Wahrheit des Diesseits* zu etablieren.[96]

Diese Kritik ist für Marx insofern radikal, als sie an den Ursachen und nicht an den Symptomen religiöser Jenseitsverheißungen ansetzt: „Die Kritik der Religion endet mit der Lehre, daß der *Mensch das höchste Wesen für den Menschen* sei, also mit dem *kategorischen Imperativ, alle Verhältnisse umzuwerfen*, in denen der Mensch ein erniedrigtes, ein geknechtetes, ein verlassenes, ein verächtliches Wesen ist (...)."[97]

Eschatologische Vorstellungen werden in der Geschichtsphilosophie des Marxismus säkularisiert, indem der Glaube an ein jenseitiges Eschaton durch die Verheißung einer klassenlosen Gesellschaft ersetzt wird. Durch diese Säkularisierung erhält der Marxismus eine quasi-religiöse Prägung. Sein wissenschaftlicher Anspruch muß daher relativiert werden, zumal seine Vorhersagen bislang nicht eingetroffen sind. Karl Löwith nennt den historischen Materialismus sogar eine „Heilsgeschichte in der Sprache der Nationalökonomie."[98] Wie dem auch sei: wenn die Utopie als säkulares Erlösungsbedürfnis oder als Religionsersatz gedeutet wird, so liegt dies in dem Einfluß eschatologischer Vorstellungen begründet, die vor allem über den Marxismus in den Utopiebegriff eingegangen sind.

Nun kann man freilich einwenden, daß die Religionskritik von Marx zu einseitig ausfällt, daß das Wesen der Religion sich nicht in der ideologischen Funktion erschöpft, die ungerechten Verhältnisse bestimmter Gesellschaftsformen zu legitimieren. Dieser Standpunkt wird nicht nur von Theologen vertreten. Auch die Religionssoziologie bemüht sich um ein differenzierteres Verständnis der Religion, was zumindest eine Einschränkung der Marxschen Kritik erfordert.[99] Zugleich ergibt sich daraus die Möglichkeit, das religiöse Erbe des Marxismus näher zu bestimmen. Der orthodoxe Marxismus hat diese Richtung freilich nicht eingeschlagen. Er vertritt nach wie vor die Auffassung, daß die Errichtung der kommunistischen Gesellschaft mit einer Aufhebung der Religion einhergehen muß, daß Marxismus und Religion wesensverschieden sind und unter keinen Umständen nebeneinander bestehen können. Der orthodoxe Marxismus

---

[96] Ebd., S. 23.
[97] Ebd., S. 29.
[98] Löwith, a.a.O., S. 48.
[99] Vgl. dazu Alois Hahn, Soziologie der Paradiesvorstellungen, Trier 1976, S. 42ff.

beschränkt sich auf die Planbarkeit der gesellschaftlichen Verhältnisse, religiöse Fragen spielen hier keine Rolle. Dieser Auffassung tritt nun ein Denker entgegen, der sich ebenso zum Marxismus bekennt, ohne diesen aber auf die Funktion einer sozioökonomischen Bedingungsanalyse einschränken zu wollen. Ernst Bloch hat das religiöse Erbe des Marxismus zur Geltung gebracht, Eschatologie und Hoffnung sind in seiner Philosophie von zentraler Bedeutung. Da wir die Grundzüge seines Denkens aber noch ausführlicher behandeln werden, beschränken wir uns an dieser Stelle auf die religionsphilosophischen Aspekte seines Werks.

Die eschatologische Dimension des Utopischen bildet für Bloch den Antrieb zur Gestaltung und Lenkung des Weltprozesses. Aus diesem Grund will er die Eschatologie für den Marxismus beerben. Die historische Analyse und die sozioökonomische Bedingungserforschung müssen mit dem aktiven Glauben an das ersehnte Endziel »Heimat« einhergehen. Bloch unterscheidet diesbezüglich zwischen einem Kältestrom und einem Wärmestrom des Marxismus. Beide Momente müssen berücksichtigt werden, soll der Sozialismus nicht zu einem wissenschaftlichen Modell erstarren, in dem das Sinnbedürfnis des Menschen von vornherein ausgeblendet wird: „So erschien zuweilen ein allzu großer Fortschritt des Sozialismus von der Utopie zur Wissenschaft, dergestalt, daß mit der Wolke auch die Feuersäule der Utopie liquidiert werden konnte, das Mächtig-Vorherziehende." Die wissenschaftliche Analyse darf das Feuer aber nicht ersticken, so Bloch weiter, „zum Marxismus gehört es gerade von daher, daß Begeisterung und Nüchternheit, Bewußtsein des Ziels und Analyse der Gegebenheiten Hand in Hand gehen."[100] Der Marxismus soll die abstrakten Wunschgebilde der frühen Sozialutopien beseitigen, ohne damit den Glauben an eine bessere Welt zu verabschieden. Das Eschaton muß geschichtlich vermittelt sein und vom Menschen in produktiver Praxis verwirklicht werden. Eschatologie darf bei Bloch folglich nicht als Weltflucht gedeutet werden, sie bildet vielmehr die Initialzündung zur Umgestaltung der sozialen Verhältnisse. Freilich kann sich diese Deutung der Religion nicht explizit auf Marx berufen. Dennoch läßt sich nicht leugnen, daß der originelle Ansatz von Bloch zumindest implizit an das Denken von Marx anschließen kann.

Blochs Interpretation des Marxismus läßt sich aus der religiösen Prägung seines Denkens herleiten. In einem frühen Aufsatz finden sich bereits die zentralen Motive seiner späteren Philosophie, gewissermaßen der Nährboden, auf dem sein Marxismus gedeihen konnte. Der Aufsatz trägt den Titel »Gedanken über religiöse Dinge«.[101] Bloch äußert sich hier zum Problem der religiösen Sehnsucht, übrigens eine Arbeit, die den Einfluß von Simmels Religionsphilosophie deutlich erkennen läßt. So heißt es:

---

[100] Bloch, Das Prinzip Hoffnung, a.a.O., S. 726. Vgl. ebd., S. 240ff.
[101] Ernst Bloch, »Gedanken über religiöse Dinge« (1905/06), in: Bloch-Almanach 12 (1992), hg. vom Ernst-Bloch-Archiv der Stadtbibliothek Ludwigshafen, S. 9–13.

Durch alle Lebensäußerungen der modernen Kultur geht ein unfertiges, suchendes Sehnen, das sich nicht an veralteten Formeln und Regeln genügen läßt, sondern über den Alltag hinausdrängt zu gesteigertem persönlichem Empfinden. Gerade darin ist die unruhige Gärung des modernen Lebens begründet: es fehlt für die Gedanken der sichere Abschluß, für die Stimmungen die klare religiöse Weihe. Die Sehnsucht nach Religion hat keine Richtung und schwärmt ohne Ziel; im religiösen Gefühl liegt keine Ruhe und keine Echtheit, sondern Aufregung und Phantastik. Dadurch bestimmt sich für den modernen Philosophen die Aufgabe eine moderne Religion zu gestalten: die dunklen Gefühle sind zur Klarheit einer Gottesanschauung zu führen, die der religiösen Sehnsucht Erfüllung bringt.[102]

Die Dynamik der modernen Kultur erschwert es dem Einzelnen, den äußeren Dingen eine persönliche und sinnvolle Bedeutung zu verleihen, ein Problem, das sich nicht zuletzt in der fortschreitenden Abstraktion vom Gottesbegriff wiederholt. Erkennt sich der Mensch aber als Urheber aller religiösen Bestimmungen, so eröffnet sich ihm die Chance, die bisherigen Gottesbegriffe zu beseitigen und die Schaffung einer neuen Religion bewußt in Angriff zu nehmen. Weiter heißt es:

Durch das Wissen um die Bedeutung des menschlichen Geistes in der Welt muß Gott sein fremdes Leben verlieren; denn alle Mächte dieses Lebens sind von Menschen hineingelegt und sollen in die menschliche Innerlichkeit wieder herabgeführt werden. Wenn daher der Begriff Gottes mit dem gänzlichen Wegfallen seiner bestimmenden und begrenzenden Merkmale durchaus inhaltlos geworden ist, indem einerseits in der Welt, wie sie die wissenschaftliche Forschung erschlossen hat, kein Raum für ein selbständiges göttliches Wesen bleibt, anderenteils die religiöse Sehnsucht in einem leeren, ganz abstrakten Begriff keine Erfüllung finden kann, so ist eine neue Religion nur dadurch zu gestalten, daß der äußere Gott für tot erklärt wird, um seine Vorstellung restlos in einem subjektiven Erleben aufgehen zu lassen.[103]

Die bekannteste Ausprägung dieses Denkens findet sich bei Friedrich Nietzsche, den Bloch am Ende seines Aufsatzes erwähnt und über den er wenig später einen eigenen Aufsatz verfassen wird.[104] Nietzsche wird als Prophet einer neuen Religion gewürdigt, wobei sein eigentliches Verdienst darin bestehe, das Bedürfnis nach einer neuen Bindung ausgesprochen, nicht aber erfüllt zu haben. Die spätere Erfüllung dieser religiösen Sehnsucht bleibt einem anderen Denker vorbehalten. Ausgerechnet Karl Marx soll mit dem religiösen Denken Blochs eine eigentümliche Symbiose eingehen. Hier glaubt Bloch die zentralen Impulse für die Schöpfung einer neuen Religion gefunden zu haben, hier sieht er die Möglichkeit

---

[102] Ebd., S. 9.
[103] Ebd., S. 11f.
[104] Vgl. Ernst Bloch, »Über das Problem Nietzsches« (1906), in: Bloch-Almanach 3 (1983), hg. vom Ernst-Bloch-Archiv der Stadtbibliothek Ludwigshafen, S. 77–80.

zu einer Identität von Mensch und Welt, die bereits in seinem frühen Aufsatz angedeutet wird. Dort heißt es:

> Der tiefere Grund des religiösen Lebens, dessen unmittelbares Bewußtsein die Sicherheit des Glaubens ausmacht, liegt darin, daß das Wesen der Dinge mit unserem tiefsten Inneren zusammenfällt. Es ist eine alte philosophische Erkenntnis, daß das göttliche Licht nur im Grund des seelischen Lebens zu finden ist; die letzten philosophischen Erwägungen führen zu dem dunkeln Wissen: die Welt sind wir selbst. In der Tiefe dieser Stimmungen zittert ein mystisches Licht; so findet die moderne Religion ihre Verwandtschaft mit den höchsten Ausprägungen des religiösen Gefühls in früheren Zeiten: das Reich Gottes liegt nicht in fernen Räumen oder Zeiten, sondern im Innern des Menschen.[105]

Wie gesagt, in diesem Aufsatz finden sich zentrale Motive von Blochs Philosophie, die später durch den Marxismus schärfere Konturen erhalten werden. Auch der ältere Bloch erblickt im Gottesbegriff ein utopisches Potential, das es für die Gestaltung des Diesseits fruchtbar zu machen gilt. Im Anschluß an Feuerbach interpretiert er Gott als eine menschliche Projektion der Vollkommenheit auf ein höheres Wesen: „Gott erscheint so als *hypostasiertes Ideal des in seiner Wirklichkeit noch ungewordenen Menschenwesens; er erscheint als Entelechie der Seele, so wie das Paradies als utopische Entelechie der Gotteswelt* imaginiert war."[106] Diese Entelechie will Bloch aus ihrer transzendenten Bindung befreien, um die in den Himmel projizierten Inhalte für den Menschen zurückzugewinnen. Atheismus, wie Bloch ihn versteht, muß die Gott-Hypostase beseitigen, nicht aber deren utopischen Inhalt. Deshalb dürfen die bisherigen Gottesvorstellungen nicht als bloße Ideologie verworfen werden. Sie sind vielmehr Ausdruck einer tiefen Bedürftigkeit und beschreiben, so Bloch, Annäherungsversuche an das eigentliche Wesen des Menschen. Vor allem in der Religion gibt es für Bloch einen utopischen Überschuß, ein Erbe, das als Orientierungshilfe zur Gestaltung einer menschenwürdigeren Welt dienen kann. Die noch ausbleibende Bestimmung des Menschen findet daher in der religiösen Sphäre ihre fruchtbarsten Versuchsgestalten:

> *Religion im Erbe* (Meta-Religion) aber wird Gewissen der letzten utopischen Funktion in toto: diese ist das menschliche Sichselbstüberschreiten, ist das Transzendieren im Bund mit der dialektisch transzendierenden Tendenz der von Menschen gemachten Geschichte, ist *das Transzendieren ohne alle himmlische Transzendenz, doch mit Verständnis ihrer: als einer hypostasierten Vorwegnahme des Fürsichseins.* Es ist dieses noch unbekannte Zukünftige in den Menschen, nicht das bereits Zuhandene, Vorhandene in ihnen, das durch die wechselnden Himmels-Hypostasen hindurch wesentlich gemeint war. So haben die Religionsstifter wachsend Humanum in Gott eingesetzt, das heißt hier, wachsend das menschliche Inkognito

---

[105] »Gedanken über religiöse Dinge«, a.a.O., S. 12.
[106] Das Prinzip Hoffnung, a.a.O., S. 1523.

durch immer nähere Jenseitsgestalten umkreist. Derart sind alle Benennungen und Ernennungen Gottes riesige Figurierungen und Deutungsversuche des menschlichen Geheimnisses gewesen: durch religiöse Ideologien hindurch und trotz dieser Ideologien die verborgene Menschengestalt intendierend.[107]

Die Vielzahl religiöser Bilder und Hoffnungsinhalte wäre für Bloch gar nicht möglich, *„wenn das Feld der religiösen Hypostasen nicht dauerhafter wäre als die religiösen Hypostasen in diesem Feld selbst.“*[108] Daher muß beim Menschen ein innerer Topos des Utopischen vorausgesetzt werden, eine riesige Schöpfungsregion, die immer wieder zu neuen Gestaltungen drängt. Diesem inneren Topos des Utopischen steht die Welt als äußerer Topos gegenüber. Die Unfertigkeit von Mensch und Welt weckt das Bedürfnis nach religiöser Sinngebung, das in der bisherigen Kultur durch den Gottesbegriff befriedigt wurde. Bloch hingegen will die Idee Gottes aufheben, indem er sie als Vorschein einer endgültigen Wesensbestimmung des Menschen deutet.

Die Religion ist für Bloch nicht nur ein Ausdruck des sozialen Elends, sondern zugleich die hypostasierte Vorwegnahme des wahren Menschenwesens. Im Ergebnis stimmt er mit Marx überein: der Sprung in das Reich der Freiheit bedeutet letztlich die Aufhebung der Religion, nur daß Bloch die Religion ausdrücklich als Vorschein einer endgültigen Heimat deutet. Das eschatologische Erbe erfüllt den Zweck, die Verwirklichung des wahren Diesseits zu motivieren. Fraglich bleibt allerdings, ob das Reich der Freiheit tatsächlich verwirklicht werden kann. Zwar beansprucht Bloch nicht, etwas über den zukünftigen Verlauf der Geschichte wissen zu können. Die Geschichte entspringt für ihn dem Bereich des Handelns, die Möglichkeit ihrer sinnvollen Betreibung wird daher dem Glauben anheimgestellt. Gleichwohl muß man sich fragen, ob die Aussicht auf eine Erfüllung dieses Glaubens nicht die Möglichkeiten der menschlichen Planung übersteigt. Wir kommen darauf zurück.

Während die klassische Utopie einen Gegenentwurf zu den bestehenden Verhältnissen liefert, tritt die Beschreibung der zukünftigen Gesellschaft im Marxismus gegenüber der historischen Analyse in den Hintergrund. Eine konkrete Beschreibung der kommunistischen Gesellschaftsform bleibt Desiderat, auf das Ausmalen zukünftiger Wunschbilder wird bewußt verzichtet. Freilich trägt auch das Reich der Freiheit die Merkmale einer wünschenswerten Alternative zu den bestehenden Verhältnissen oder dem Reich der Notwendigkeit, wie es in der Sprache des Marxismus heißt. Konkrete Angaben werden allerdings vermieden. Die Utopie definiert sich nicht mehr durch die Darstellung besserer Zustände. Zuweilen sieht man ihre eigentliche Funktion in der Negation des Negativen, in der Kritik der schlechten Verhältnisse. So geht der Verzicht auf Zukunftsbilder bei Theodor Adorno mit einer Neuauflage des Bilderverbots ein-

---

[107] Ebd., S. 1521f.
[108] Ebd., S. 1532.

her.[109] In den Zehn Geboten heißt es: „Du sollst dir kein Gottesbild machen und keine Darstellung von irgend etwas am Himmel droben, auf der Erde unten oder im Wasser unter der Erde."[110] Gemäß dieser Bestimmung darf die Utopie keine positiven Angaben machen, könnte sie doch der Gefahr erliegen, das Bild einer besseren Welt zu hypostasieren und vorzeitig abzuschließen. Als Negation des Negativen kann sie dagegen ihrer drohenden Erstarrung und Fetischisierung entgegenwirken. Freilich kann man Adorno vorwerfen, daß sein Utopiebegriff unterbestimmt bleibt, da er die Möglichkeit eines utopischen Leitbildes von vornherein ausschließt. Allerdings muß berücksichtigt werden, daß Adornos Rückgriff auf das Bilderverbot historisch motiviert ist. Die diktatorischen Maßnahmen in der damaligen Sowjetunion haben den Umschlag der Utopie in eine Herrschaftsideologie bewirkt, den Rückfall in jene Barbarei, die der historische Materialismus ursprünglich überwinden sollte.[111] Von diesen Ereignissen distanziert sich Adorno, was eine entsprechende Modifikation seines Utopiebegriffs erfordert. Die Hoffnung weicht der Resignation, zumindest bei diesem Vertreter des Marxismus.

Der Bedeutungswandel des Utopiebegriffs wird durch die historische Dynamik verursacht, die bestimmte Techniken der Kontingenzbewältigung erfordert. Sofern die Utopie als endgeschichtlicher Zustand konzipiert wird, erzwingt die Einsicht in die Geschichtlichkeit von Mensch und Welt den Verzicht auf konkrete Vorstellungen, wie dieser Zustand aussehen könnte. Die Hinweise sind entsprechend vage, in der Regel werden sie ganz vermieden. Die Begriffsgeschichte der Utopie erinnert damit an die fortschreitende Abstraktheit religiöser Jenseitsvorstellungen, die vermutlich eine ähnliche Funktion erfüllt.[112] Die Unanschaulichkeit der Utopie soll die Verheißungen einer besseren Welt gegenüber der geschichtlichen Erfahrung enttäuschungsresistent machen und zugleich als Korrektiv zu den bestehenden Verhältnissen wirken. Als Negation des Negativen kann die Utopie nicht falsifiziert werden. Sie wird vielmehr selbst zum Prinzip der Falsifikation, womit sie jedoch ihr konstruktives Potential einbüßt.

---

109 Vgl. Theodor W. Adorno, Negative Dialektik, Frankfurt a.M. 1966, S. 205.
110 Ex. 20,4. Auch die Bedeutung der Hoffnung kann an das Bilderverbot anknüpfen. Im Brief an die Römer heißt es: „Hoffnung aber, die man schon erfüllt sieht, ist keine Hoffnung. Wie kann man auf etwas hoffen, das man sieht?" Röm. 8, 24.
111 Vgl. Adorno, a.a.O., S. 203.
112 „Es ist die Unanschaulichkeit der Paradiesvorstellung, welche die Verheißung gegen den innerweltlichen Gratifikationsverschleiß immunisiert. Gerade weil man sich kein Bild dieses Paradieses machen kann, kann es keine innerweltliche Erfahrung geben, die als Vorwegnahme eines durch die Konkretheit seiner Verheißung abnutzbaren Paradieses interpretierbar wäre." Hahn, Soziologie der Paradiesvorstellungen, a.a.O., S. 37.

4. Zur Utopiediskussion in der Theologie

Die religiöse Dimension des Utopiebegriffs hat im 20. Jahrhundert zu einer Annäherung der Theologie an das utopische Denken geführt. Dabei wird vor allem an die Philosophie von Ernst Bloch angeknüpft, ohne daß jedoch der Glaube an einen transzendenten Gott aufgegeben würde.[113] Einer der frühesten theologischen Beiträge zur Utopiediskussion stammt von Paul Tillich. Es handelt sich um die Vorlesung »Politische Bedeutung der Utopie im Leben der Völker«, die im folgenden besprochen werden soll.

Die politische Bedeutung der Utopie wird von Tillich anthropologisch fundiert. Die Wurzel der Utopie liegt im Wesen des Menschen: „Der Mensch hat nicht die Möglichkeit zu etwas Bestimmtem, sondern im Unterschied zu allen anderen Wesen hat er die »Möglichkeit«, er ist das Wesen, das imstande ist, über das Gegebene hinauszugehen, und zwar unbegrenzt."[114] Tillich führt diese Möglichkeit zur Grenzüberschreitung auf die ontologische Unzufriedenheit des Menschen zurück.[115] Der Mensch scheint sich in keiner Ordnung dauerhaft einrichten zu können. Immer wieder verändert er seine Welt, ein Prozeß, der in der modernen Kultur erheblich beschleunigt wird. Dabei kann sich die Veränderung des Gegebenen zum Wohl, aber auch zum Schaden der Menschheit auswirken. Wie also ist die Utopie zu bewerten?

Der Nutzen der Utopie besteht für Tillich in dem Entwurf einer besseren Gesellschaftsordnung – freilich auf der Grundlage der geschichtlichen Möglichkeiten. Mit dieser Auffassung wendet er sich gegen einen reaktionären Konservatismus, „der die Utopie in ihrer Wahrheit mißversteht, sie verneint und die Bejahung des Gegenwärtigen, die Bindung ans Gegenwärtige auch im Politischen predigt."[116] Kritisiert wird an dieser Stelle die Einstellung des Luthertums nach dem ersten Weltkrieg, aber auch andere Formen der religiösen Askese und Weltverneinung, die durch ihren Verzicht auf eine Gestaltung des Diesseits den Weg für die totalitären Herrschaftsformen des 20. Jahrhunderts geebnet haben:

> Der religiöse Transzendentalismus, der die Utopie verneint, hat ganze Völker, teilweise auch das deutsche Volk, zu einer Passivität gegenüber geschichtsveränderndem und wirklichkeitsgestaltendem Handeln verurteilt, die zur Folge hatte, daß dann die revolutionär-utopischen Gewalten sich mit ungeheurer Macht dagegen stellten und, wie jetzt fast überall in der Welt, davon leben, daß Religionen in ihrem innersten Kern entweder ganz jenseits aller Utopie sind, wie die großen mystischen Religionen des Orients, oder zumindest eine transzendente Utopie haben, in der das Poli-

---

[113] Vgl. Jürgen Moltmann, Theologie der Hoffnung. Untersuchungen zur Begründung und zu den Konsequenzen einer christlichen Eschatologie, München 1964; Paul Tillich, »Kairos und Utopie« (1959), in: Gesammelte Werke, Bd. 6, a.a.O., S. 149.

[114] Tillich, »Politische Bedeutung der Utopie im Leben der Völker«, a.a.O., S. 159.

[115] Vgl. ebd., S. 200.

[116] Ebd., S. 206.

tische ausgeschaltet ist. Wo das der Fall ist, ist die aggressive Utopie eine fast unwiderstehliche Macht in dem Moment, wo Erschütterungen ökonomischer, politischer, geistiger Art die ruhenden Kräfte der Abwehr geschwächt haben und nun die Utopie revolutionär hereinbricht.[117]

Wenn man der Gefahr eines Machtmißbrauchs vorbeugen will, muß man das politische Engagement grundsätzlich hinterfragen. Man darf es nicht absolut setzen oder hypostasieren, wie dies in den Heilslehren des Kommunismus und Faschismus geschehen ist. Die Utopie muß sich ihrer Endlichkeit bewußt sein. Andernfalls besteht die Gefahr, daß sich der Mensch an eine endliche Ordnung verliert, besonders wenn sich diese als absolute Herrschaft definiert und bedingungslosen Gehorsam einfordert:

> Unter gewissen Bedingungen entsteht oft ein Fanatismus, der götzendienerisch etwas Endliches absolut setzt; diese Möglichkeit ist immer gegeben, weil die Menschen um der Sicherung ihrer Existenz willen nichts mehr lieben, als sich einem Endlichen ganz hingeben zu können, und wenn sie es tun, dann entwickelt sich aus dieser vollkommenen Hingabe eine Fülle kämpferischer Kräfte – der Wille zum Märtyrertum, die Bereitschaft zu völliger Unterordnung, vor allem aber das, was man Ideokratie nennen kann: die Herrschaft einer Idee, die göttliche Kraft bekommen hat, die einen Gott ersetzt und daher nicht mehr angezweifelt werden darf und daher Unbedingtheit fordert.[118]

Tillich unterscheidet zwischen einer horizontalen und einer vertikalen Utopie. Die horizontale Utopie bezieht sich auf die Endlichkeit des Menschen, es handelt sich um die Utopie im politischen und sozialen Sinn. Die vertikale Utopie verbürgt dagegen die Geltung christlicher Normen. Sie befriedigt das Bedürfnis des Menschen nach einer absoluten Bindung, die Orientierung und Halt verspricht. In der Endlichkeit des Menschen liegt für Tillich die Wurzel der Angst, die das Bedürfnis nach einem absoluten Bezugspunkt hervorruft. Deshalb muß sich die horizontale Utopie an der vertikalen Utopie orientieren. Die vertikale Utopie entzieht sich folglich dem Gestaltungsbereich des Menschen, sie bleibt dem Wirken einer höheren Macht vorbehalten:

> Man muß den *Gedanken zweier Ordnungen* im Sinn behalten: die eine Ordnung, die in der horizontalen Ebene liegt, die Ordnung der Endlichkeit, ihrer Möglichkeiten und Unmöglichkeiten, ihres Risikos, ihres Erfolges und ihres Scheiterns; und dann die andere Ordnung, für die das Wort nur noch symbolisch verwendet werden kann, für die die säkularen und religiösen Utopien vielleicht Symbole haben wie Reich Gottes, Reich der Himmel, Reich der Gerechtigkeit und so fort. Was immer diese Symbole bedeuten mögen, sie dürfen nicht ausgemalt werden, weil kein gegenständlicher Begriff eine sinnvolle Aussage über sie ergeben kann. Aber wir wis-

---

[117] Ebd.
[118] Ebd., S. 208.

sen um diese zweite Ordnung, weil beide Ordnungen gegenseitig aneinander teilnehmen.[119]

Diese Unterscheidung erlaubt es Tillich, einen utopischen Sozialismus zu begründen, der durch den Bezug auf eine höhere Ordnung enttäuschungsresistent gemacht wird. Durch das Zusammenwirken von horizontaler und vertikaler Utopie soll nicht nur die politische Entmündigung, sondern zugleich die metaphysische Enttäuschung des Menschen vermieden werden. Die innerweltliche Utopie muß sich an dem Reich Gottes orientieren. Vor allem in der Zeitwende, Tillich spricht auch von einem »Kairos«, können die Weichen zu einer menschenwürdigeren Zukunft gestellt werden.

Innerweltliche Utopie und Reich Gottes werden von Tillich sorgfältig getrennt, die jeweiligen Funktionen entsprechend übernommen. Autonomie und Heteronomie, Wissen und Glaube, Macht und Ohnmacht des Menschen lassen sich auf diese Weise verbinden. Allerdings stellt sich die Frage, inwiefern es sich bei der vertikalen Utopie überhaupt noch um eine Utopie handelt. Schließlich geht es hier um einen Bereich, der dem menschlichen Zugriff prinzipiell entzogen ist. Die vertikale Utopie entspricht dem Reich Gottes, das jenseits aller Geschichte liegt. Anschlußfähig ist diese Bestimmung nur dann, wenn man das Nirgendwo in einen übergeschichtlichen oder außerweltlichen Standort verlagert. Tillichs Beitrag zur Utopiediskussion ist exemplarisch für die Versuche anderer Theologen und Religionsphilosophen, aus der jüdisch-christlichen Eschatologie eine weltimmanente Zukunftsdimension zurückzugewinnen. Paul Ricœur sieht in der Verknüpfung von Utopie und Eschatologie sogar die Haupttendenz des gegenwärtigen Christentums: „une reconversion de l'eschatologie verticale à l'eschatologie horizontale."[120] Die Einsicht in die Grenzen der Utopie hat das Bedürfnis nach einer religiösen Bindung erneut wachgerufen, die metaphysische Enttäuschung ist im Grunde das Produkt einer fehlgeschlagenen Säkularisierung. So heißt es bei Ricœur:

> L'homme qui vit dans un monde sécularisé, est-ce qu'il vit ou est-ce qu'il survit? La profanité peut-elle être sans profanation? La transcription politique de l'absolu garde-t-elle encore à celui-ci une fonction de délivrance? Poser ces questions, c'est non seulement s'arracher à une oscillation mortelle, mais retrouver les raisons pour lesquelles la foi échappe à l'alternative de l'idéologie et de l'utopie et ruine ce que Hegel appelait la «causalité du destin ».[121]

Die Utopie wird auch bei Ricœur zu einem Leitbild des Handelns, das sich an christlichen Werten orientiert. Sie ermöglicht einen Zukunftsbezug, der die Religion aus ihrer passiven Haltung befreit und sie zugleich vor ideologischer Ver-

---

[119] Ebd., S. 209.

[120] Paul Ricœur, »L'herméneutique de la sécularisation. Foi, idéologie, utopie«, in: Enrico Castelli (Hg.), Herméneutique de la sécularisation, Paris 1976, S. 49–68, S. 63.

[121] Ebd., S. 60.

krustung bewahrt. Da sich das Konzept der vertikalen Utopie aber nicht mit unserer Definition des Utopischen deckt, wollen wir noch einmal die wesentlichen Unterschiede zwischen Utopie und Reich Gottes herausarbeiten, nicht zuletzt um an dieser Unterscheidung auch begrifflich festhalten zu können.

Utopische Entwürfe beziehen sich per definitionem auf den Bereich menschlicher Gestaltungsmöglichkeiten. Wenngleich sie des Öfteren als phantastisch oder wirklichkeitsfremd kritisiert werden, wäre es falsch, sie per se für unrealisierbar zu halten. Im Unterschied zur Eschatologie handeln sie von der Gestaltung des Diesseits, ihr Subjekt ist der Mensch, nicht Gott. Das Reich Gottes läßt sich dagegen nicht durch vernünftige Überlegungen verwirklichen, es beruht auf dem Glauben an die Offenbarung. Zudem bedeutet es einen endgeschichtlichen Zustand, die Vollendung der Schöpfung, nicht bloß die Verbesserung der bestehenden Verhältnisse. Das Reich Gottes hat kosmische Ausmaße.[122] Wo utopische Entwürfe einen solchen Anspruch geltend machen, verlieren sie sich in mystisch-religiösen Spekulationen, so bei Bloch, der mit seiner Philosophie letztendlich den Himmel auf Erden beschwört. Schließlich unterscheiden sich Utopie und Reich Gottes in der Darstellung der kommenden Ordnung. Während in der literarischen Utopie konkrete Verbesserungsvorschläge unterbreitet werden, vermeidet das Neue Testament anschauliche Beschreibungen des Reichs Gottes. Die Bilder von Hochzeitsfeiern, Festen und Gastmählern dürfen nicht als reale Zustände im Reich Gottes gedeutet werden, sondern als Hinweis auf die Gemeinschaft und Freude, die sich mit der Verwirklichung der Gottesherrschaft einstellen.[123] Die Zukunftserwartung kann im Neuen Testament an das Bilderverbot des Alten Testaments anknüpfen, wodurch sie sich zumindest von der literarischen Utopie unterscheidet. Adornos Säkularisierung des Bilderverbots hat jedoch gezeigt, daß dieses Unterscheidungsmerkmal für die gegenwärtige Gestalt der Utopie nicht immer zutrifft.

Wie gesagt, Utopie und Eschatologie bilden eine mögliche, keineswegs aber eine notwendige Einheit. Utopische Entwürfe sind ursprünglich am Diesseits orientiert, sie befassen sich nicht mit religiösen Fragen. Erst durch die fortschreitende Säkularisierung sind religiöse Motive in den Utopiebegriff eingegangen. Diese Tendenz scheint allerdings rückläufig. Eschatologische Merkmale sind in der gegenwärtigen Gestalt der Utopie kaum noch anzutreffen. Dazu hat vor allem die naturwissenschaftlich-technische Utopie beigetragen, mit der wir uns im nächsten Kapitel ausführlicher beschäftigen werden. Eine Verknüpfung von Utopie und Eschatologie findet sich noch in der Theologie und in der Religionsphilosophie, was aber nur durch die Gegenüberstellung zweier Ordnungen gelingt, die letztendlich unvereinbar sind. Die Utopie wird heute nicht mehr als säkulares Erlösungsbedürfnis wahrgenommen. Damit stellt sich zum Abschluß dieses Kapitels die Frage nach den Grenzen der Utopie.

---

[122] Vgl. Friedrich, Utopie und Reich Gottes, a.a.O., S. 19f.
[123] Vgl. ebd., S. 36ff.

5. Grenzen der Utopie

Daß sich utopische Entwürfe zu einer Ersatzreligion entwickeln können, heißt nicht, daß die Utopie grundsätzlich in den Bereich religiöser Heilsversprechen gehört. In der klassischen Utopie wird beschrieben, wie bestimmte Bereiche der Gesellschaft von der Vorherrschaft der Kirche befreit werden. Fragen der politischen, der rechtlichen und der wirtschaftlichen Gestaltung sind in Utopia nicht an religiöse Weisungen gebunden. Sie beziehen sich allenfalls auf einen Bereich der Transzendenz, der zuvor von der Religion kontrolliert wurde. Die Utopie hat sich in der abendländischen Geschichte immer wieder darum bemüht, in den Kompetenzbereich der Religion vorzudringen, was ihr zumindest dort gelungen ist, wo eine angeblich göttliche Ordnung als menschliche Setzung entlarvt werden konnte.[124] Die Transzendenz hat sich in diesen Fällen vom Jenseits ins Diesseits verschoben, wodurch allerdings die Stabilität früherer Epochen, in denen die Religion als einzige Sinngebungsinstanz auftritt, verloren geht.

In der modernen Gesellschaft wird die Möglichkeit einer einheitlichen Sinnstiftung verspielt. Diese Situation hat zu einem »freien Wettbewerb der geistigen Produktionsweisen« geführt, so die Formulierung von Karl Mannheim.[125] Die Religion konkurriert mit ideologischen und utopischen Entwürfen, die ebenso Sinnangebote zur Weltorientierung bereitstellen. Sie hat ihre Monopolstellung eingebüßt und muß sich nun auf dem freien Markt behaupten. Damit ist sie bisher erfolgreich gewesen. Die Religion ist nach wie vor wettbewerbsfähig, da sie sich auf Bereiche der Transzendenz spezialisiert hat, die ihren säkularen Mitstreitern bislang unzugänglich blieben. Ein Bedürfnis nach religiöser Bindung besteht heute wie damals, nur daß die Wahlmöglichkeiten zwischen verschiedenen Religionen und esoterischen Heilslehren inzwischen erheblich gestiegen sind, wohingegen die Konkurrenz zu außerreligiösen Bewegungen stark abgenommen hat.[126] Diese Entwicklung läßt vermuten, daß die Religion eine Funktion erfüllt, die von Utopie und Ideologie offensichtlich nicht übernommen werden kann.

---

[124] An dieser Stelle entzündet sich der Streit um den Begriff der Säkularisierung. Säkularisierung bedeutet ursprünglich »Verweltlichung«. Problematisch ist dieser Begriff insofern, als er die Vermutung nahelegt, es könne nur etwas verweltlicht werden, was seinem Ursprung nach außerweltlich ist. Will man den Begriff dennoch beibehalten, so empfiehlt es sich, den Prozeß der Säkularisierung als funktionale Umbesetzung zu interpretieren. In diesem Sinn läßt sich der als Säkularisierung gedeutete Vorgang, so Hans Blumenberg, „nicht als *Umsetzung* authentisch theologischer Gehalte in ihre säkulare Selbstentfremdung, sondern als *Umbesetzung* vakant gewordener Positionen von Antworten beschreiben, deren zugehörige Fragen nicht eliminiert werden konnten." Hans Blumenberg, Säkularisierung und Selbstbehauptung. Erweiterte und überarbeitete Neuausgabe von »Die Legitimität der Neuzeit«, erster und zweiter Teil, Frankfurt a.M. ²1983, S. 77.

[125] Vgl. Mannheim, Ideologie und Utopie, a.a.O., S. 12.

[126] Vgl. dazu Thomas Luckmann, Die unsichtbare Religion, Frankfurt a.M. 1991, S. 140ff.; Peter L. Berger, Zur Dialektik von Religion und Gesellschaft. Elemente einer soziologischen Theorie, Frankfurt a.M. 1973, S. 137ff.

Worin besteht nun die Funktion der Religion? Zunächst dient die Religion dem sozialen Zusammenhalt. In einfachen Gesellschaften stärkt sie die Solidarität der Stammesmitglieder, indem religiöse Zeremonien soziale Pflichten und Aufgaben des Einzelnen mitbestimmen. Auch Fragen der Arbeitsteilung und der Versorgung können durch die Religion sanktioniert werden. Die Stabilisierung der Gemeinschaft wird erreicht, indem die jeweils geltenden Normen durch eine religiöse Legitimation abgesichert werden. In der modernen Gesellschaft sind der integrativen Wirkung der Religion allerdings Grenzen gesetzt, da Religion hier zur Privatsache erklärt wird. Der einheitliche Zugang zu einem religiösen Kosmos ist nicht mehr gegeben, ebensowenig die uneingeschränkte Glaubwürdigkeit religiöser Legitimierungen. Die Rechte und Pflichten der Menschen werden in der modernen Gesellschaft weniger durch religiöse Vorschriften als durch Verfassung und Rechtsprechung geregelt. Auch der Glaube an die Gleichheit aller Menschen vor Gott kann durch das Postulat universaler Menschenrechte ersetzt werden. Zumindest in diesem Bereich wurden die Einflußmöglichkeiten der Religion erheblich zurückgedrängt.

Die zentrale Funktion der Religion besteht darin, den Umgang mit bedeutsamen Ereignissen des menschlichen Lebens zu regeln. In seinen ethnologischen Untersuchungen zeigt Bronislaw Malinowski, daß Empfängnis, Schwangerschaft, Geburt, Pubertät, Heirat und Tod den Kern zahlreicher Riten und Glaubenslehren bilden.[127] Auch im Christentum setzt sich diese Tradition fort. Einige der soeben genannten Lebensabschnitte werden durch die Sakramente nachdrücklich hervorgehoben. Während die Konfirmation in Ost-Deutschland aber ebenso gut durch die Jugendweihe ersetzt werden kann, scheint sich für den Umgang mit dem Tod keine säkulare Alternative anzubieten. Der Tod bleibt ein zentrales Problem jeder Religion. Das Wissen um den Tod nährt das Verlangen nach Unsterblichkeit, die Hoffnung auf ein Leben nach dem Tod, sei es in einem Paradies oder in einem anderen Zustand irdischer Entrückung. Die Religion pflegt solche Jenseitsvorstellungen, um den Gedanken an den Tod erträglicher zu machen. Sie besorgt den »Umgang mit dem Schicksalszufälligen«, wie es bei Odo Marquard heißt.[128] Hermann Lübbe sieht ihre Funktion in der Bewältigung absoluter, d.h. handlungssinntranszendenter Kontingenz: „Die Religion hat ihren lebenspraktischen Ort da, wo es ganz sinnlos wäre, im Bemühen, Kontingenz in Handlungssinn zu transformieren, auf unsere mannigfachen Vermögen, Wirklichkeiten handelnd zu verändern, zu rekurrieren. Kurz: in religiöser Lebenspraxis verhalten wir uns zu derjenigen Kontingenz, die sich der Transformation in Handlungssinn prinzipiell widersetzt."[129]

---

[127] Vgl. Bronislaw Malinowski, Magie, Wissenschaft und Religion. Und andere Schriften (engl. 1948), Frankfurt a.M. 1973, S. 23ff.

[128] Vgl. Odo Marquard, Zukunft braucht Herkunft. Philosophische Essays, Stuttgart 2003, S. 159.

[129] Hermann Lübbe, »Kontingenzerfahrung und Kontingenzbewältigung«, in: Kontingenz, hg. von Gerhart v. Graevenitz u.a., München 1998, S. 35–47, S. 41.

Die Religion kultiviert das Verhalten zum Unverfügbaren. Sie bezieht sich auf jene Bereiche, die sich dem menschlichen Zugriff prinzipiell entziehen, die sich weder unter Kontrolle bringen noch irgendwie planen lassen. Schicksalhafte, unvorhersehbare und unabänderliche Ereignisse, Lebenskrisen, Krankheit und Tod sollen durch Ritualisierung in relative Handlungssicherheit umgeformt werden. So erfahren die Angehörigen eines Verstorbenen in der Todeszeremonie nicht nur Trost und Beistand, sie erhalten zugleich eine Handlungsanleitung für den Umgang mit dem Tod. Freilich kann die Religion die Unverfügbarkeit des menschlichen Daseins nicht aufheben. Allerdings ermöglicht die Darstellung dieser Unverfügbarkeit in Form von Ritus und Gebet eine angemessene Reaktion auf jene Ereignisse, die außerhalb unserer Macht stehen. Mit anderen Worten: Die Funktion der Religion besteht in der Bestimmung des Unbestimmbaren.[130] In einfachen Gesellschaften umfaßt der Bereich des Unbestimmbaren auch die Nahrungsversorgung. Schädlinge und lange Dürrezeiten können den Ernteertrag erheblich reduzieren, weshalb die Erntezeremonien bei den Naturvölkern eine authentisch religiöse Bedeutung haben. Durch den Fortschritt in Technik und Wissenschaft wird die Befriedigung solcher Primärbedürfnisse allerdings unproblematisch. Die Nahrungsversorgung wird aus dem Bereich des Unbestimmbaren ausgegliedert, übrig bleiben die existentiellen Probleme: Lebenskrisen, Krankheit und Tod. Sofern die Möglichkeiten der Medizin oder anderer Heilverfahren ausgeschöpft sind, gibt es für den Menschen nur noch die Hoffnung auf Besserung oder den Glauben an ein Wunder.

In diesem Bereich liegen die Grenzen der Utopie. Existentielle Fragen, die nur unzureichend von weltlichen Einrichtungen beantwortet werden, fallen nach wie vor in den Kompetenzbereich der Religion. Das Christentum hat über Jahrhunderte das Erlösungsbedürfnis des Menschen befriedigt, eine Funktion, die die eschatologische Variante der Utopie bislang nicht erfüllen konnte. Der Niedergang des Fortschrittsglaubens geht mit einer Verdrängung seiner eschatologischen Inhalte einher. Die Irrtümer der Geschichtsphilosophie zeugen von der Endlichkeit des Menschen, seine Zukunftsentwürfe zerfließen im Strom der Geschichte. Säkulare Formen der Unsterblichkeit konnten sich als akzeptable Sinngebungen bisher auch nicht durchsetzen.[131] Der Hinweis auf das Fortleben des Individuums in der Gattung scheint das Problem des Todes nicht befriedigend beantworten zu können. Auch die Fortschritte im Gesundheitswesen können das Problem des Todes nicht lösen, wenngleich sich der Zeitpunkt des Sterbens immer weiter aufschieben läßt. Das menschliche Leben ist begrenzt, der Tod scheint sich dem Aktionsfeld utopischer Entwürfe prinzipiell zu entziehen. Der Unterschied zwischen utopischen Vorstellungen und religiösen Jenseitsverheißungen besteht kurz und knapp darin, daß es in der Utopie ein Leben *vor* dem Tod gibt. Das heißt natürlich nicht, daß die Religion keine diesseitigen

---

[130] Vgl. Niklas Luhmann, Die Religion der Gesellschaft, Frankfurt a.M. 2000, S. 127.
[131] Vgl. Hahn, Soziologie der Paradiesvorstellungen, a.a.O., S. 45f.

Aufgaben wahrnehmen würde. Schließlich wird der Umgang mit dem Tod nach wie vor von der Religion besorgt. Nicht der Verschiedene, sondern der Hinterbliebene soll Trost und Stärkung erfahren, damit er sein Leben wieder in den Griff bekommt.

Daß wir dieser religiösen Tradition immer noch verpflichtet sind, zeigt sich nicht zuletzt in der abschreckenden Wirkung, die Aldous Huxleys »Schöne neue Welt« diesbezüglich auf uns ausübt. Da sich das Sterben auch in der Schönen neuen Welt nicht vermeiden läßt, wird jedes Kind ab dem Alter von anderthalb Jahren auf den Tod genormt. Die Kinder verbringen zwei Vormittage in der Woche in einer Sterbeklinik, hier gibt es die schönsten Spielsachen und an Sterbetagen Schokoladencreme. Der Umgang mit dem Tod soll auf diese Weise „versüßt“ werden. Die Kinder sollen lernen, das Sterben als eine Selbstverständlichkeit hinzunehmen. Der Tod wird als rein physiologischer Vorgang betrachtet.[132] Unsere traditionelle Auffassung des Menschen scheint mit dieser Versachlichung des Sterbens unvereinbar, zumindest wenn es sich dabei um Personen handelt, die uns emotional nahestehen. Außerhalb der Sphäre persönlicher Beziehungen läßt sich diese Tendenz jedoch durchaus beobachten, wenn auch nicht in der grotesken Form, die ihr Huxley in seinem Roman verliehen hat.

6. Zusammenfassung

Die Verflechtung von Utopie und Religion scheint sich heute weitgehend aufgelöst zu haben. Eschatologische Inhalte haben sich aus dem Utopiebegriff verflüchtigt, der Anspruch auf eine Vollendung der Welt wird nicht mehr erhoben. Die Utopie hat sich als endlicher Entwurf entpuppt, sie kann das religiöse Bedürfnis des Menschen nicht dauerhaft befriedigen. Wenn die Forschungsliteratur wieder einmal das gegenwärtige Desinteresse am utopischen Denken diagnostiziert, wenn sie auf die allgemeine Resignation angesichts der Möglichkeit gesellschaftlicher Veränderungen zu sprechen kommt, dann sind die Ursachen für diesen Bedeutungsschwund der Utopie sicherlich auch in der metaphysischen Enttäuschung zu suchen, die man angesichts der geschichtlichen Ereignisse im 20. Jahrhundert erfahren hat.

Grenzüberschreitungen schaffen neue Freiräume, neue Chancen, aber auch neue Risiken. In der Utopie wird sich der Mensch seiner Gestaltungsmöglichkeiten bewußt. Er rechnet mit der Endlichkeit aller Kulturgebilde, die als willkürliche Setzungen erkannt werden. Daß sich diese Bewegung auch gegen die Religion richten kann, ist zumindest dort berechtigt, wo eine bestimmte Wirklichkeitsauffassung zu Unrecht als göttliche Ordnung verteidigt wird. Wo sich der Mensch aber als Gott gebärdet, wo er seine Endlichkeit verleugnet und eine

---

[132] Vgl. Aldous Huxley, Schöne neue Welt. Ein Roman der Zukunft (engl. 1932), übers. von Herberth E. Herlitschka, Frankfurt a.M. 1985, S. 146f.

Aufhebung der Religion verkündet, da ist die Utopie notwendig zum Scheitern verurteilt. Nun muß man das utopische Denken deshalb nicht gleich verabschieden. Neue Ideen können auch dann noch mit Begeisterung aufgenommen werden, wenn man sich ihrer Endlichkeit bewußt ist, wenn man weiß, daß sie einer konkreten historischen Situation entspringen und keinen Ewigkeitswert beanspruchen können. Schließlich ist die Utopie ursprünglich auf das Diesseits ausgerichtet, hier erfüllt sie ihre eigentliche Funktion. Fred L. Polak hat diesem Gedanken eine treffende Pointe gegeben: „Die Utopie ist stets die ideale Verkörperung dreier, für den sozialen Fortschritt unentbehrlicher Qualitäten gewesen: der Stärke zu akzeptieren, was unabänderlich ist; des Mutes zu ändern, was geändert werden sollte; und der Weisheit, zwischen beidem zu unterscheiden."[133]

---

[133] Polak, »Wandel und bleibende Aufgabe der Utopie«, a.a.O., S. 385.

III. Die naturwissenschaftlich-technische Utopie

Das utopische Denken beschränkt sich nicht auf den fiktiven Entwurf einer politischen Ordnung, noch auf den Versuch bestimmter Gruppen, die soziale Wirklichkeit neu zu gestalten. Haben wir uns bisher auf die Sozialutopie konzentriert, so soll nun eine andere Gestalt des utopischen Bewußtseins besprochen werden: die naturwissenschaftlich-technische Utopie, ohne die eine Geschichte des utopischen Denkens unvollständig bliebe.

In diesem Kapitel werden wir zunächst die Wesensmerkmale der naturwissenschaftlich-technischen Utopie bestimmen und versuchen, einen Anschluß an unsere Definition des Utopischen herzustellen. Zu diesem Zweck soll das Verhältnis von Naturwissenschaft, Technik und Utopie erläutert und am Begriff der utopischen Methode vertieft werden. Anschließend wollen wir die Auswirkungen der naturwissenschaftlich-technischen Denkweise auf die Welt- und Selbstauffassung des Menschen untersuchen, wobei wir an einige Überlegungen aus dem vorherigen Kapitel anknüpfen. Auch im Bereich der Natur hat sich die Transzendenz vom Jenseits ins Diesseits verschoben. Die moderne Kultur hat den Einflußbereich des Sakralen immer weiter zurückgedrängt. Wunschvorstellungen artikulieren sich nicht mehr in der magischen, sondern in der naturwissenschaftlich-technischen Denkweise, wodurch die Verbreitung der technischen Utopie erheblich beschleunigt wird. Die Dynamik der innerweltlichen Grenzüberschreitung hat allerdings dazu geführt, daß Naturwissenschaft und Technik nicht nur als Nutzbringer, sondern ebenso als Bedrohung und Entmündigung des Menschen interpretiert werden. Nicht nur das Verhältnis zwischen Mensch und Natur wird dadurch neu bestimmt, sondern ebenso das zwischen Mensch und Kultur. Entpersonalisierung und Versachlichung sind das Ergebnis einer solchen Entwicklung, die sich nicht zuletzt auf den Utopiebegriff ausgewirkt hat.

1. Zum Begriff der naturwissenschaftlich-technischen Utopie

Die Technik war schon immer ein zentraler Bestandteil des menschlichen Lebens. Der Mensch ist auf die Herstellung von Kleidung, Werkzeug und Waffen angewiesen. Es liegt in seinem Wesen, daß er die Welt nicht so beläßt, wie er sie vorfindet. Er muß sich in ihr einrichten, um überleben zu können. Dabei kann ihm sogar eine lebensfeindliche Umwelt wie der Polarkreis zur Heimat werden. Die Technik dient also zunächst der Bewältigung des menschlichen Alltags. Zugleich ist in ihr die Tendenz angelegt, die Daseinsbewältigung kontinuierlich zu erleichtern, wobei die Dynamik dieses Prozesses unterschiedliche Ausmaße annehmen kann. Durch die Symbiose von moderner Naturwissenschaft und Technik gelangt das abendländische Bewußtsein zu der Erkenntnis, daß die

Grenzen der Welt nicht ein für allemal festgelegt sind. Diese Horizonterweiterung ist für die Ausbildung des utopischen Bewußtseins von großer Bedeutung gewesen. Wir wollen zunächst das Verhältnis von Naturwissenschaft und Technik besprechen, anschließend soll der Zusammenhang zwischen der Utopie und der naturwissenschaftlich-technischen Denkweise erläutert werden.

Wenn man das Verhältnis von Naturwissenschaft und Technik einer näheren Betrachtung unterzieht, wird man feststellen, daß die Technik allzu oft als angewandte Naturwissenschaft interpretiert wird. Die rein theoretische Erkenntnis der Naturgesetze liegt nach diesem Verständnis jeder technischen Betätigung zugrunde. Diese Annahme beruht allerdings auf fragwürdigen Prämissen. Die Bestimmung der Technik als ancilla scientiarum läßt außer Acht, daß die theoretische Naturerkenntnis den praktischen Umgang mit der Natur immer schon voraussetzt. Erst wenn die praktischen Kenntnisse formalisiert, wenn sie unabhängig von der unmittelbaren Daseinsbewältigung verarbeitet werden, kann man von Wissenschaft sprechen. Dieser Zusammenhang zeigt sich bereits in einfachen Gesellschaften. So weist der Anthropologe Bronislaw Malinowski darauf hin, daß der Schiffsbauer unter den Eingeborenen des Trobriand-Archipels über grundlegende physikalische Kenntnisse verfügen muß, um seine Gehilfen in der Kunst des Kanubaus unterrichten zu können: „Der eingeborene Schiffsbauer kennt nicht nur praktisch das Tragvermögen, die Hebelwirkung und das Gleichgewicht, er hat diese Gesetze nicht nur auf dem Wasser zu beachten, sondern er muß diese Prinzipien beim Bau des Kanus im Kopf haben." Er erklärt seinen Gehilfen „mit seinen Händen, mit Holzstückchen und mit einem begrenzten technischen Vokabular auf einfache Weise einige allgemeine Gesetze der Hydrodynamik und des Gleichgewichts."[134] Diese Kenntnisse bilden das Anfangsstadium der Wissenschaft, ihnen liegt die Einsicht in objektive Naturzusammenhänge zugrunde. Wenn sie dennoch dem Bereich der Technik zugeordnet werden, so deshalb, weil sie letzten Endes auf ein praktisches Ziel bezogen bleiben.

In Anlehnung an Kant läßt sich sagen, daß wissenschaftliche Erkenntnis zwar nicht aus tätiger Praxis entspringt, daß sie aber mit ihr anhebt.[135] Naturwissenschaft und Technik sind unzertrennlich miteinander verbunden. Dennoch lassen sich prinzipielle Unterschiede feststellen. Das zentrale Unterscheidungsmerkmal zwischen Wissenschaft und Technik findet sich in der Seelenlehre des Aristoteles, der das rationale Element der Seele in zwei Teile untergliedert: „ein Teil, mit dem wir jene Formen des Seienden betrachten, deren Seinsgrund Veränderung nicht zuläßt, und ein Teil, mit dem wir veränderliches Sein betrach-

134 Malinowski, Magie, Wissenschaft und Religion, a.a.O., S. 20.

135 Kant bezieht sich an dieser Stelle auf den Unterschied zwischen reiner und empirischer Erkenntnis. Vgl. Immanuel Kant, Kritik der reinen Vernunft (1781), in: Werkausgabe, Bd. 3, hg. von W. Weischedel, Frankfurt a.M. 1968, S. 45 [B 1, 2].

ten."[136] Die wissenschaftliche Erkenntnis bezieht Aristoteles auf den Bereich des Unveränderlichen, was insofern verständlich ist, als die Wissenschaft die Welt nicht verändern, sondern erklären und beschreiben will. Neue Erkenntnisse bedeuten daher keine Veränderung der Welt, allenfalls eine veränderte Sichtweise auf die Welt. Der Gegenstand wissenschaftlicher Erkenntnis ist das ewige und ungewordene Sein. Im Unterschied dazu bezieht sich das praktische Können, wozu die Technik gehört, auf den Bereich des Veränderbaren: „Jedes praktische Können bewegt sich um ein Entstehen, und seine Ausübung ist ein Ausschauhalten, wie etwas entstehen könne, was da sein und auch nicht da sein kann und dessen Seinsgrund im Schaffenden liegt und nicht in dem, was geschaffen wird."[137] In der Technik wird die Welt durch den Menschen bearbeitet, in der Wissenschaft wird sie von ihm betrachtet. Diese Unterscheidung ist nach wie vor sinnvoll, auch wenn sich seit der Neuzeit eine Symbiose zwischen Naturwissenschaft und Technik vollzogen hat, die in der Antike allenfalls rudimentär vorhanden war. Ernst Cassirer kommt in seinem Aufsatz über die Technik zu dem gleichen Ergebnis:

> So belehrt uns die Technik fort und fort darüber, daß der Umkreis des »Objektiven«, des durch feste und allgemeine Gesetze Bestimmten, keineswegs mit dem Umkreis des Vorhandenen, des Sinnlich-Verwirklichten zusammenfällt. Auch die rein theoretische Naturwissenschaft kann freilich niemals das Wirkliche erkennen, ohne dabei beständig in das Reich des Möglichen, des rein Ideellen, hinauszugreifen. Aber ihr letztes Absehen scheint doch auf das Wirkliche allein gerichtet – scheint sich in der vollständigen und eindeutigen Beschreibung der tatsächlichen Vorgänge der Natur erschöpfen zu lassen. Technisches Schaffen aber bindet sich niemals an diese reine Faktizität, an das gegebene Gesicht der Gegenstände, sondern es steht unter dem Gesetz einer reinen Vorwegnahme, einer vorausschauenden Sicht, die in die Zukunft vorweggreift und eine neue Zukunft heraufführt.[138]

Die Natur wird von Cassirer nicht als etwas Fertiges oder Gesetztes, sondern als ein ständig Neuzusetzendes, als ein immer wieder zu Gestaltendes bestimmt. In Anlehnung an Kant begreift Cassirer den menschlichen Verstand als »Urheber der Natur«, womit gemeint ist, daß sich das Denken ein Bild von der Natur macht, das allerdings nicht notwendigerweise mit der natürlichen Ordnung der Dinge zusammenfällt. Zwar orientiert sich die Naturwissenschaft an der reinen Faktizität der Gegenstände und Vorgänge, doch bleibt diese Faktizität grundsätzlich deutungsabhängig. Andernfalls gäbe es keine Geschichte der Naturwissenschaft. Auch die Natur wird erst innerhalb eines geschichtlichen Bedeutungs-

---

[136] Aristoteles, Nikomachische Ethik. Buch VI, übers. von Franz Dirlmeier, Stuttgart 1997, S. 154 [1139a 1–22].

[137] Ebd., S. 158 [1140a 9–30].

[138] Ernst Cassirer, »Form und Technik« (1930), in: Gesammelte Werke, Bd. 17, Hamburg 2004, S. 176f.

horizontes erschlossen. Die Kultur bestimmt das Interesse und die Art der Fragestellung, mit der sich die Wissenschaft ihrem Untersuchungsgegenstand nähert, ohne ihn deshalb bereits in seiner Eigengesetzlichkeit auszudeterminiert zu haben.[139] Insofern ist es sinnvoll, zwischen der Natur und dem Bild, das sich der Mensch von der Natur macht, zu unterscheiden. Unabhängig von der Kultur ist die Natur lediglich als »Ding an sich« denkbar. In diesem Sinn betont Georg Simmel, „daß zwar alles Naturgeschehen unbedingt ausnahmslosen Gesetzen gehorcht, daß aber dieselben als *erkannte* fortwährender Korrektur unterliegen und die uns zugängigen *Inhalte* dieser Gesetzlichkeit immer historisch bedingt sind und jener Absolutheit ihres Allgemeinbegriffs entbehren."[140]

Daß alle Erkenntnis auf Konstruktion beruhen soll, ist zwar eine moderne Annahme, doch muß sie dem antiken Denken nicht notwendigerweise widersprechen. Wird in der Antike ein Bereich des ewigen und unveränderlichen Seins unterstellt, so ist damit nicht gesagt, daß dieser Bereich jemals vollständig erkannt werden kann. Die antike und die moderne Denkweise können sich durchaus ergänzen, was im Bereich der Technik ohnehin der Fall ist, da diese nicht auf bloßes Erkennen, sondern auf ein tätiges Hervorbringen abzielt, auf »poiesis«, wie es bei Aristoteles heißt. Die Technik hat dadurch einen Zukunftsbezug, den es in der Naturwissenschaft so nicht geben kann. Während man in der Naturwissenschaft versucht, bereits vorhandene Gegenstände und Vorgänge möglichst exakt zu berechnen, werden in der Technik neue Bereiche der Wirklichkeit erschlossen. Die Technik bezieht sich, wie Bloch sagen würde, auf eine »echte« Zukunft.

Naturwissenschaft und Technik stehen in einem engen Verhältnis zum utopischen Denken: „Die Utopie ist von Haus aus innerweltlich. Sie will mit ihrer Grenzüberschreitung nicht aus der Welt heraus, sie erwartet vielmehr, daß die Welt »dahinter« noch weitergeht."[141] Utopisches Denken bezieht sich per definitionem auf jene Bereiche, die Veränderung zulassen. Aristoteles unterscheidet diesbezüglich die Möglichkeit des Hervorbringens und die des Handelns, die beide der praktischen Philosophie zugeordnet werden.[142] Ersteres nennt er praktisches Können, was sich auf den Bereich der Technik bezieht, letzteres sittliche Einsicht, was den Bereich der Ethik und der Politik umfaßt. In der Literaturgeschichte kann man in diesem Sinn zwischen der technischen Utopie und der

---

[139] „Selbst die Wirklichkeit der Natur, die jeder Kultur als deren Grenzbegriff entgegengesetzt scheint, wird selbst zur Kultur. Das wird unter anderem dadurch forciert, daß gerade im Gefolge der Kantischen Erkenntnistheorie die Natur nur Natur ist als Thema der Natur-*wissenschaft*. Naturwissenschaft aber ist möglich, weil der Verstand (also ein menschliches Vermögen) der Natur die Gesetze vorschreibt. Der Naturbegriff ist keine Naturtatsache, sondern gehört in die Kultur selbst, so wie man in einer wissenschaftlich orientierten Welt von Natur nur noch im Rahmen der Naturwissenschaft sprechen kann, die selbst eine Kulturleistung ist." Orth, Was ist und was heißt »Kultur«?, a.a.O., S. 202.

[140] Georg Simmel, Philosophie des Geldes (1900), Frankfurt a.M. 2000, S. 97.

[141] Schwonke, Vom Staatsroman zur Science Fiction, a.a.O., S. 103.

[142] Vgl. Aristoteles, a.a.O., S. 157 [1139b 25–1140a 9].

Sozialutopie unterscheiden, wobei die technische Utopie auf die Ergebnisse der modernen Naturwissenschaft angewiesen bleibt und daher in einem engen Verhältnis zur naturwissenschaftlich-technischen Denkweise steht. Durch den Fortschritt in Naturwissenschaft und Technik hat sich das Aktionsfeld des Menschen erheblich vergrößert: „Jede Entdeckung, jedes neue Forschungsergebnis ist die Folge einer Grenzüberschreitung, ist ein »Vorstoß in Neuland«."[143] Das abendländische Bewußtsein gewinnt die Einsicht, daß die Welt nicht geschlossen ist, sondern durch den Menschen bearbeitet und verändert werden kann. Dieses Wissen hat die Verbreitung der literarischen Utopie begünstigt. Seit dem 19. Jahrhundert spielen wissenschaftliche und technische Aspekte im utopischen Denken eine immer größere Rolle:

> Die Technik ist wesentlicher Faktor, ja Voraussetzung der utopischen Gesellschaft, sie ist die konkrete Wirklichkeit, auf die sich die Zukunftshoffnungen stützen und berufen können. Die Gestalt der Wirklichkeit ist nicht endgültig festgelegt, die Schöpfung nicht abgeschlossen. Der Mensch führt sie weiter, er verändert, er verbessert sie. Die naturwissenschaftlich-technische Utopie gewinnt eine neue Dimension. Sie bringt die Erkenntnis der Philosophen, daß der Mensch eine »weltbildende Wirklichkeit« ist, daß er als »Zurechnungsobjekt seiner Kultur, als Schöpfer im Horizont seiner Geschichte« zu gelten habe, in die Form, in der sie das Bewußtsein des 19. Jahrhunderts aufnimmt.[144]

Das utopische Denken bleibt einerseits auf die Ergebnisse von Naturwissenschaft und Technik angewiesen. Zugleich schießt es über den bisherigen Wissensstand hinaus, indem es technische Erzeugnisse antizipiert, durch die der bisherige Handlungsspielraum des Menschen erheblich erweitert wird. Zahlreiche Gegenstände, etwa das Telefon oder der Fernseher, besitzen ihre Vorlage in der Literatur. Auch die Weltraumfahrt wurde als literarisches Thema bereits früh entdeckt. Gemeinsam sind dem Verfasser der Utopie, dem Naturforscher und dem Erfinder, daß ihre Aufmerksamkeit sich auf jene Bereiche richtet, die für den Menschen bisher unverfügbar waren. Sobald ein Teil dieser Bereiche erschlossen wurde, wendet sich die naturwissenschaftlich-technische Phantasie wieder neuen Herausforderungen zu. Das bisher Erreichte wird allenfalls verbessert, perfektioniert. Der utopische Impuls ist allerdings daraus gewichen. Damit sind die Möglichkeiten, die bisherigen Grenzen der Welt zu überschreiten, aber keineswegs erschöpft. Freilich läßt sich nicht alles verwirklichen, was utopische Literatur und Science-fiction bisher hervorgebracht haben. Gleichwohl kann das utopische Denken der Wissenschaft und Technik als Wegweiser dienen. Die Menschheit träumt noch immer den Traum von Unsterblichkeit und absoluter Erkenntnis, der Traum vom Fliegen wurde bereits verwirklicht. Diese Träume richten das utopische Denken auf bestimmte Motive aus, es setzt eine intentio-

---

143 Schwonke, Vom Staatsroman zur Science Fiction, a.a.O., S. 104.
144 Ebd., S. 94. Schwonke zitiert an den markierten Stellen die Schrift »Macht und menschliche Natur« von Helmuth Plessner.

nale Zuwendung ein, durch die wissenschaftliche Forschung überhaupt erst in Gang gebracht wird.

Zusammenfassend läßt sich sagen, daß Naturwissenschaft und Technik dem utopischen Bewußtsein neue Räume eröffnet haben. Das utopische Denken bildet wiederum den Antrieb zu neuen Forschungsergebnissen und Erfindungen. Darin besteht der innere Zusammenhang zwischen Naturwissenschaft, Technik und Utopie. Dieser Sachverhalt trifft ebenso auf die literarische Utopie zu, namentlich auf die Science-fiction. Auch hier werden Motive bereitgestellt, an denen sich die naturwissenschaftlich-technische Neugierde erproben kann. Man denke nur an die Entwicklung antriebsstarker Weltraumraketen, die in unzähligen Science-fiction-stories vorweggenommen wurde. Ein neueres Beispiel stammt aus der Quantenphysik, wo es einer Gruppe von Experimentatoren gelungen ist, den Quantenzustand eines Atoms zu teleportieren, d.h. sämtliche Eigenschaften eines Atoms auf ein anderes zu übertragen und so eine unverwechselbare Kopie zu erzeugen.[145] Dieses Verfahren dürfte Freunde der Sciencefiction Serie »Star Trek« an das Beamen von Materie erinnern. Dabei muß natürlich berücksichtigt werden, „daß die Voraussagen der Utopie, soweit sie sich bereits erfüllt haben, niemals eine einigermaßen zutreffende Beschreibung des vorausgesagten technischen Apparates geliefert haben. Nicht mit dem »Wie«, sondern mit dem »Daß« der Erfüllung des Wunschzieles hat die Utopie recht behalten."[146] Mit anderen Worten: Naturwissenschaft und Technik gewinnen neue Erkenntnisse, an denen sich wiederum die utopische Phantasie entzündet, wodurch der Erkenntnisprozeß immer weiter vorangetrieben wird. Diese Dialektik erzeugt ein Veränderungsdenken, das uns auf dem Gebiet von Wissenschaft und Technik fast schon selbstverständlich geworden ist. Neue Erfindungen fallen über uns herein, ohne daß zuvor ein gesellschaftlicher Bedarf oder eine utopische Vorwegnahme vorhanden gewesen wären. Mitunter scheint die Entwicklungsdynamik in Naturwissenschaft und Technik die Zeitspanne zwischen dem Aufkeimen einer utopischen Vorstellung und deren späterer Verwirklichung derart zu verkürzen, daß man glauben möchte, die Zukunft habe die Utopie bereits überholt.

2. Die utopische Methode

Der innere Zusammenhang zwischen Naturwissenschaft, Technik und Utopie hat nicht nur in der Literatur einen Ausdruck gefunden, sondern bezeichnet darüber hinaus eine Gestalt des utopischen Bewußtseins, die sich auf Grenzüberschreitungen im wissenschaftlich-technischen Bereich versteht, eine bestimmte Denkungsart, die auch die utopische Methode genannt wird. Diese Bezeichnung

---

[145] Vgl. Nature, Bd. 429, Nr. 6993.
[146] Schwonke, Vom Staatsroman zur Science Fiction, a.a.O., S. 118f.

geht auf Raymond Ruyer zurück, der unter dem »mode utopique« ein gedankliches Erproben anderer Möglichkeiten versteht:

> Le mode utopique appartient par nature à l'ordre de la théorie et de la spéculation. Mais, au lieu de chercher, comme la théorie proprement dite, la connaissance de qui est, il est exercice ou jeu sur les possibles latéraux à la réalité. L'intellect, dans le mode utopique, se fait «pouvoir d'exercice concret»; il s'amuse à essayer mentalement les possibles qu'il voit déborder le réel. Il est relatif au «comprendre»; il dépend d'une première compréhension du réel, et il aide à son tour à une compréhension meilleure.[147]

Das gemeinsame Prinzip aller Utopien besteht für Ruyer in der Verfahrensweise, eben in der utopischen Methode, die als ein spielerisches Überschreiten der unmittelbar gegebenen Wirklichkeit definiert wird. Die Utopie gerät durch diese formale Bestimmung in den Bereich der Wissenschaftstheorie, Ruyer vergleicht sie auch mit der Hypothese und mit dem Gedankenexperiment. Ferner wird die Gemeinsamkeit von utopischer Methode und Erfindergeist hervorgehoben: „Pour comparer le réel aux possibles qui l'encadrent, il faut nécessairement, de ce réel, une compréhension plus profonde, par détachement et «survol». L'exercice utopique, comme l'invention, implique une rupture des combinaisons habituelles."[148] Das utopische Bewußtsein bricht mit den bekannten Denkmustern. Es liefert alternative Erklärungsansätze, die vielleicht ebenso willkürlich gewählt sind wie die althergebrachten, die aber möglicherweise dazu beitragen, einen bestimmten Sachverhalt besser zu verstehen.

Die utopische Methode erfüllt die kritische Funktion, ein überkommenes Postulat durch ein neues zu ersetzen, was mitunter zu einem Wandel der bisherigen Wirklichkeitsauffassung führen kann. Diese Möglichkeit entspricht zugleich unserer Definition des Utopischen, die besagt, daß die Kritik der Utopie nicht auf einzelne Aspekte, sondern auf die zugrundeliegenden Prinzipien einer gegebenen Ordnung gerichtet ist. Zu diesem Schluß kommt übrigens auch Ruyer, wenn er darauf hinweist, daß in der Utopie ursprünglich eine Gegenwelt entworfen wird:

> En effet, ce serait évidemment faire une définition trop large de l'utopie que de la définir par le seul emploi du procédé utopique, et par le seul jeu sur des «possible latéraux». Ce serait définir l'œuvre de l'intelligence et même de la conscience en général. Certes, il y a quelque chose d'«utopique» dans toute démarche intelligente, même de détail. Seulement, il faut évidemment rétrécir la définition pour l'appliquer à l'utopie proprement dite. On passe du procédé, de l'exercice utopique à l'utopie proprement dite, quand l'exercice sur les possibles crée tout un monde. L'utopie doit au moins créer un monde en miniature, mais complet. Les îles jouent un grand rôle dans les utopies, justement parce qu'une île est un monde fermé, comme une planète. Nous retrouvons ainsi le premier caractère de l'utopie

---

[147] Ruyer, L'Utopie et les Utopies, a.a.O., S. 9.
[148] Ebd., S. 16f.

que nous avons dégagé : l'utopie porte sur un caractère de structure fondamental du monde, ou du moins de tout un monde humain et social.[149]

Freilich muß berücksichtigt werden, daß auch das utopische Gegenmodell keine Veränderung der Welt bewirkt, solange es auf ein bloßes Gedankenkonstrukt beschränkt bleibt. Dies gilt erst recht für die utopische Methode, die als rein theoretische Verfahrensweise allenfalls eine veränderte Deutung der Welt liefern kann. Eine tatsächliche Veränderung der Welt setzt aber voraus, daß das utopische Denken mit einer praktischen Gestaltung einhergeht, daß die Welt nicht nur in Gedanken, sondern in Wirklichkeit durch den Menschen bearbeitet und umgebildet wird. Diese Unterscheidung zwischen Theorie und Praxis wird von Ruyer allerdings nicht berücksichtigt. Für ihn kann bereits die bloße Methode eine Veränderung der Welt bewirken: „Le rejet d'un postulat, le changement de l'axiomatique, équivaut à un changement de monde, en géométrie comme en sociologie."[150]

Die Dialektik von Wissenschaft und Utopie wird von Ruyer als ein sich ständig erneuernder Prozeß der Weltgeschichte beschrieben. Zwar erlischt der utopische Impuls, sobald ein neuer Wirklichkeitsbereich durch die Wissenschaft erschlossen wurde, doch bleibt dem utopischen Bewußtsein weiterhin eine Vielzahl an Denk- und Aktionsmöglichkeiten, auf die es seine Aufmerksamkeit konzentrieren kann:

L'utopie implique une conscience encore tâtonnante sur les «possibles possibles», une conscience qui n'est pas encore parvenue à une limpidité systématique complète. (...) Mais nous sommes très loin du moment où la perfection de la science et de la conscience rendrait les utopies impossibles. Bien au contraire, nous en sommes encore à la surface, pour la compréhension des choses. Tout approfondissement ouvrira un champ nouveau à des utopies plus profondes. On est très loin d'avoir utilisé toutes les possibilités utopiques incluses dans les conceptions scientifiques et philosophiques nouvelles.[151]

Jede Grenzüberschreitung eröffnet dem utopischen Denken neue Ansatzmöglichkeiten. Zugleich hat das Kontingenzbewußtsein infolge der rasanten Entwicklung in Wissenschaft und Technik erheblich zugenommen. Das Wissen um die Vorläufigkeit aller Erkenntnis erschwert das Verharren auf dogmatischen Standpunkten. Bezeichnend ist diese Einsicht für die Wissenschaftstheorie, in der die Falsifizierbarkeit wissenschaftlicher Hypothesen von vornherein unterstellt wird, da die historische Erfahrung gezeigt hat, daß jegliche Verabsolutierung wissenschaftlicher Erkenntnis auf kurz oder lang zum Scheitern verurteilt ist. Auch der Trend zum Funktionalismus kann als Reaktion auf Kontingenzerfahrungen gedeutet werden. Die historische Dynamik erfordert in zunehmen-

---

[149] Ebd., S. 23.
[150] Ebd., S. 11.
[151] Ebd., S. 22.

dem Maße die Abstraktion von konkreten Einzelfällen, weshalb auf den Funktionsbegriff umgestellt wird. Diese Entwicklung läßt sich bereits bei Georg Simmel beobachten, ebenso die Einsicht, daß die menschliche Erkenntnis prinzipiell geschichtlich und damit endlich ist: „Irgendwo freilich mag das Erkennen seine absolute Basis haben; wo es sie aber hat, können wir nie unabänderlich feststellen, und müssen daher, um das Denken nicht dogmatisch abzuschließen, jeden zuletzt erreichten Punkt so behandeln, als ob es der vorletzte wäre."[152]

Daß die moderne Wissenschaft dem utopischen Denken neue Freiräume eröffnet, behauptet auch Ernst Bloch, der den Utopiebegriff ebenfalls auf die wissenschaftliche Phantasie überträgt. Der Gebrauch von Hypothese und wissenschaftlicher Fiktion, Gedankenexperiment und Idealtypus,[153] überhaupt die Bedeutung der Heuristik für die moderne Wissenschaft: all dies verdeutlicht, so Bloch, daß die menschliche Erkenntnis darauf angelegt ist, immer wieder in den Bereich des Utopischen vorzustoßen. Schließlich gäbe es ohne solche Annahmen „keinen Ansatz zum wissenschaftlichen Begreifen selber, ja, es gäbe keine neuen Forscher mehr, nur Wiederkäuer."[154] Der Bereich des Utopischen erschöpft sich für Bloch allerdings nicht in bloßen Denkmöglichkeiten, da es ihm im Unterschied zu Ruyer darum geht, das »wahre« Wesen von Mensch und Welt herauszubringen. Deshalb wird die Notwendigkeit einer normativ-praktischen Gestaltung von Anfang an ausdrücklich betont: *Philosophische* Vernunft ist keine durch Schaden klug gewordene Phantasie, dergestalt daß sie sich nur heuristisch gäbe und so gälte. Es gibt vielmehr einen Primat der »praktischen Vernunft«, also der konkreten *Humanisierung* aller Zustände und Verhältnisse der Welt, genau auch in der *Logik* der Philosophie."[155]

Ob das »wahre« Wesen von Mensch und Welt unserer Erkenntnis überhaupt zugänglich ist, sei hier dahingestellt. Nichtsdestotrotz weist Bloch an dieser Stelle zu recht darauf hin, daß die rein instrumentelle Bestimmung des utopischen Denkens grundsätzlich die Gefahr birgt, die normativen und praktischen Ansprüche der Utopie auszuklammern. Wenn die Utopie auf eine Verfahrensweise oder auf eine bestimmte Methode reduziert wird, wenn sich die normative Forderung zum wissenschaftlichen Begriff verflüchtigt, dann kann dieser Vorgang zu einer Entmündigung des utopischen Denkens führen, die zuweilen sogar beabsichtigt ist.[156] Schließlich kann der Hinweis auf die bloße Möglichkeit, daß etwas anders sein könnte, nicht die bewußte Entscheidung für eine bestimmte Wertvorstellung ersetzen. In Wissenschaft und Technik mag sich das utopische

---

[152] Simmel, Philosophie des Geldes, a.a.O., S. 96.

[153] Der Idealtypus wird übrigens auch von Max Weber als Utopie bezeichnet, da seine begriffliche Reinheit nirgends in der empirischen Wirklichkeit vorfindbar ist. Vgl. Max Weber, »Die Objektivität sozialwissenschaftlicher und sozialpolitischer Erkenntnis« (1904), in: ders., Schriften zur Wissenschaftslehre, Stuttgart 2002, S. 73f.

[154] Bloch, Tübinger Einleitung in die Philosophie, a.a.O., S. 105.

[155] Ebd., S. 114.

[156] Vgl. Neusüss, »Probleme einer Soziologie des utopischen Denkens«, a.a.O., S. 76ff.

Denken auf seine instrumentelle Funktion beschränken. Ob dies für die politische Gestaltung des Gemeinwesens ausreicht, bleibt indes fraglich. Immerhin haben wir es hier mit einer Ordnung zu tun, die nicht von Natur aus besteht, sondern erst vom Menschen hervorgebracht wird. Zwar gilt letzteres auch für die Technik, doch muß sich diese viel stärker an der äußeren Natur orientieren, als dies für ethische und politische Erwägungen der Fall ist. Daher muß man auch in der Erkenntnistheorie zwischen der Idee des Staates und der Idee des Baumes unterscheiden. Die Bestimmung des besten aller möglichen Staaten setzt immer schon gewisse Werturteile voraus, beispielsweise in der Frage nach dem Wesen der Gerechtigkeit. Der Begriff des Baumes kann dagegen wertfrei gebildet werden.

Nachdem wir die Wesensmerkmale der naturwissenschaftlich-technischen Utopie bestimmt haben, wollen wir nun auf deren Genese zu sprechen kommen. Die Dominanz von moderner Naturwissenschaft und Technik hat zu einer Verdrängung der magischen Weltsicht geführt, wodurch eine Ausdifferenzierung des Wunschdenkens in Gang gesetzt wurde. Im nächsten Abschnitt soll der Wunsch als gemeinsame Wurzel von Magie und technischer Utopie analysiert werden. Anschließend untersuchen wir das Verhältnis von Mensch und Natur, das durch die Vorherrschaft der instrumentellen Vernunft einen radikalen Wandel vollzogen hat.

3. Wunschdenken in Magie und Technik

Zu Anfang des Kapitels hatten wir darauf hingewiesen, daß es zum Wesen des Menschen gehört, die Natur mit Hilfe technischer Erzeugnisse umzugestalten und zu seinen Gunsten zu nutzen. Dieser Sachverhalt gilt für jede Kultur, unabhängig von ihrer spezifischen Geschichte und Gesellschaftsform. So beschreibt Malinowski, wie die Eingeborenen des Trobriand-Archipels ihre Bedürfnisse an die natürlichen Gegebenheiten der Umwelt anpassen, wie sie Wind, Wetter und Wellengang soweit wie möglich unter Kontrolle bringen. Die Eingeborenen wissen, worauf man beim Bau eines Kanus achten muß, wie man einen Acker bestellt und wann man die Ernte einbringt. Nun sind aber die Möglichkeiten der Technik beschränkt. Es könnte ein Sturm aufziehen, durch den das Kanu zum Kentern gebracht wird; es könnte eine Dürrezeit bevorstehen, wodurch die Saat verdürbe. Es gibt folglich Bereiche, die sich dem technischen Zugriff entziehen, die nicht auf rationale Art und Weise unter Kontrolle gebracht werden können. In solchen Fällen greift der Mensch zur Magie. Während die Technik auf rationalen Prinzipien beruht, sucht die Magie über Zauber und Beschwörung einen Einfluß auf die Dinge auszuüben, weshalb Malinowski die Technik dem profanen, die Magie dagegen dem sakralen Bereich zuordnet. Die Unterscheidung zwischen einem Bereich des Profanen und einem Bereich des Sakralen ergibt sich aber nicht nur für einen außenstehenden Beobachter. Wie Malinowski zeigt, wissen auch die Eingeborenen, in welchen Fällen sie auf Technik zurückgreifen und wann sie ein magisches Ritual praktizieren müssen:

> Wenn man einem Eingeborenen nahe legen würde, er solle seine Pflanzung vor allem durch Zauber bestellen und seine Arbeit vernachlässigen, würde er über solche Einfalt einfach lachen. Er weiß ebensogut wie wir, daß es natürliche Bedingungen und Ursachen gibt, und er weiß auch durch seine Beobachtungen, daß er diese natürlichen Kräfte durch geistige und körperliche Arbeit unter Kontrolle bringen kann. Sein Wissen ist ohne Zweifel begrenzt, aber soweit es reicht, ist es vernünftig und gegen Mystizismus gefeit. Wenn die Einzäunung niedergebrochen ist, wenn die Saat vernichtet, vertrocknet oder weggeschwemmt worden ist, nimmt er nicht bei der Magie seine Zuflucht, sondern bei seiner Arbeit, geleitet von seinem Wissen und seinem Verstand. Seine Erfahrung hat ihn andererseits auch gelehrt, daß außer all seiner Vorsorge und Anstrengung Kräfte wirksam sind, die in einem Jahr ungewöhnliche und unverdiente Fruchtbarkeit schenken, die bewirken, daß alles glatt und gut geht, Regen und Sonne im richtigen Maß wechseln, schädliche Insekten fernbleiben und der Ernteertrag überreichlich ist; und daß wieder in einem anderen Jahr dieselben Kräfte Unglück und Mißgeschick bringen, ihn ständig verfolgen und all seinen großen Anstrengungen und seinem aufs beste fundierten Wissen entgegenarbeiten. Um diese Einflüsse – und nur diese – unter Kontrolle zu bekommen, wendet er Magie an.[157]

Magie und Technik verfolgen das Ziel, Naturprozesse für menschliche Zwecke dienstbar zu machen. In beiden Fällen soll eine konkrete Handlung durch die Beeinflussung der Natur erfolgreich abgeschlossen werden. Von der Technik unterscheidet sich die Magie also nicht in der Zielsetzung, wohl aber in der Wahl der zum Ziel führenden Mittel. Nun kann man sich fragen, warum die Menschen früherer Epochen überhaupt an der Magie festhielten. Schließlich wußten auch sie, daß sich die erhoffte Wirkung nicht immer einstellt. Malinowski führt den Glauben an die Magie auf das hohe Ansehen des Magiers zurück, der auch bei Mißerfolg auf einen starken Rückhalt innerhalb seiner Gemeinschaft zählen kann. Ferner soll es in diesem Weltbild zu jedem Zauber einen Gegenzauber geben, weshalb ein Mißerfolg die Kompetenz des Magiers nicht notwendigerweise in Frage stellt. Man geht vielmehr davon aus, daß das gewünschte Ereignis deshalb ausblieb, weil jemand anders einen Fluch ausgestoßen hat, den es nun wiederum zu bannen gilt.[158] Die eigentliche Funktion des magischen Rituals besteht für Malinowski aber darin, daß der Mensch angesichts seiner Ohnmacht gegenüber den Naturgewalten zu einer Ersatzhandlung getrieben wird, die die Gefahr emotionaler Ausbrüche von vornherein unterbinden soll: „Die Funktion der Magie ist, den Optimismus des Menschen zu ritualisieren, seinen Glauben an den Sieg der Hoffnung über die Angst zu stärken."[159]

---

[157] Malinowski, a.a.O., S. 14.
[158] Vgl. ebd., S. 66f.; S. 69f.
[159] Ebd., S. 74.

Durch die fortschreitende Rationalisierung der Welt wird der Einflußbereich der Magie immer weiter zurückgedrängt. Die Technik stößt in Gebiete vor, die für den Menschen früherer Epochen unverfügbar waren. Sie verengt den Bereich des Sakralen durch das Auffinden natürlicher Ursachen, auf die Annahme magischer Kräfte kann letztendlich verzichtet werden. Auch in der Natur hat sich die Transzendenz vom Jenseits ins Diesseits verschoben. Technik und Naturwissenschaft erschließen Bereiche, die zuvor von Magie und Religion verwaltet wurden. Eine Sonnenfinsternis wird heutzutage nicht mehr als Zeichen Gottes gedeutet, da das Wissen um diesen Naturvorgang den Menschen zur Verfügung steht und jede andere Erklärung in den Bereich des Aberglaubens verwiesen würde. In der modernen Technik werden feindliche Einflüsse nicht mehr durch Gebete oder Rituale abgewehrt. Ungünstige klimatische Bedingungen können in der heutigen Landwirtschaft durch technische Hilfsmittel kompensiert werden. Die Felder werden künstlich bewässert, Schädlinge durch Insektenvernichtungsmittel erfolgreich bekämpft. Schließlich kann der Ernteertrag durch künstlichen Dünger um ein Vielfaches erhöht werden. Mit anderen Worten: die Handlungsmöglichkeiten des Menschen verlagern sich durch den technischen Fortschritt immer stärker in den profanen Bereich. Die magische Weltauffassung verliert dagegen an Bedeutung, eine These, die ausdrücklich von Arnold Gehlen vertreten wird:

> Der Glaube an die Lenkbarkeit der Natur in der Verlängerung unserer Bedürfnisse ist wahrscheinlich ein instinktives *Apriori* und die gemeinsame Wurzel der uralten Magie wie der modernen Naturwissenschaft und Technik. Nach unserer Auffassung ist die rationale Technik so alt wie die Magie und sind beide so alt wie der Mensch, und die Technik ist in sehr langer Entwicklung in den Raum hineingewachsen, den früher, als die Technik nur Werkzeugtechnik war, die Magie beherrschte, nämlich den Raum, der das, was wir durch unmittelbares Handeln in der Macht haben, von dem trennt, was an Erfolgen und Mißerfolgen nicht mehr in der Macht des Menschen stand. Die magische Formel war sozusagen das Werkzeug für räumliche und zeitliche Distanzen. Diesen Raum hat die neuere Technik entschieden verengt.[160]

Das magische Denken wird allerdings nicht gänzlich beseitigt. Unter bestimmten Umständen kann es sich auch heute noch artikulieren, beispielsweise in Form eines Stoßgebets, sofern man sich in Not befindet oder einem unkontrollierbaren Ereignis ausgesetzt ist. Auf eine gesamtgesellschaftliche Legitimation kann sich die Magie aber nicht mehr stützen.

Stehen sich die magische und die naturwissenschaftlich-technische Weltsicht auch diametral gegenüber, so besitzen Magie und Utopie ein gemeinsames Merkmal, mit dem wir uns bereits im ersten Kapitel dieser Arbeit befaßt haben: das Wünschen. Utopisches Denken fixiert Wunschvorstellungen, die sich nicht

---

[160] Arnold Gehlen, »Die Technik in der Sichtweise der Anthropologie« (1953), in: Gesamtausgabe, Bd. 6, Frankfurt a.M. 2004, S. 155.

auf die Gestaltung der sozialen Wirklichkeit beschränken, sondern ebenso in den Bereich von Naturwissenschaft und Technik vorstoßen. Während sich das utopische Denken aber an den Gestaltungsmöglichkeiten des Menschen orientiert, werden zukünftige Ereignisse im magischen Ritual lediglich herbeigewünscht. Die Magie bemüht sich nicht um ein sachliches Verständnis der natürlichen Ordnung. Sie hofft vielmehr, die Natur mit Hilfe bestimmter Praktiken und Riten nach ihren Wünschen lenken zu können. So heißt es bei Cassirer:

> Der magische Mensch, der »*homo divinans*«, glaubt im gewissen Sinne an die Allmacht des Ich: Aber diese Allmacht stellt sich ihm lediglich in der Kraft des *Wunsches* dar. Dem Wunsch in seiner höchsten Steigerung und Potenzierung vermag sich zuletzt die Wirklichkeit nicht zu entziehen; sie wird ihm gefügig und untertan. Der Erfolg eines bestimmten Tuns wird daran geknüpft, daß das Ziel dieses Tuns in der Vorstellung aufs genaueste vorweggenommen wird, und daß das Bild dieses Zieles in höchster Intensivierung herausgearbeitet und festgehalten wird. Alle »realen« Handlungen bedürfen, wenn sie glücken sollen, einer solchen magischen Vorbereitung und Vorwegnahme; ein Kriegs- oder Beutezug, ein Fischfang oder eine Jagd können nur gelingen, wenn jede Einzelphase von ihnen in der rechten Weise magisch-antizipiert und gleichsam »vorgeübt« ist. Schon in der magischen Weltansicht reißt sich somit der Mensch von der unmittelbaren Gegenwart der Dinge los und richtet sich ein eigenes Reich auf, mit dem er in die Zukunft hinausgreift. Aber wenn er damit im gewissen Sinne von der Macht der unmittelbaren Empfindung frei wird, so hat er an ihrer Stelle nur die Unmittelbarkeit des Begehrens eingetauscht. In ihr glaubt er die Wirklichkeit direkt ergreifen und bezwingen zu können. Die Gesamtheit der magischen Praktiken ist gewissermaßen nur die Auseinanderlegung, die fortschreitende Entfaltung des Wunschbildes, das der Geist von dem zu erreichenden Ziele in sich trägt.[161]

Das Wünschen wird in der Magie kanalisiert, die Magie entscheidet, zu welchem Anlaß ein bestimmtes Ritual praktiziert wird. Die vorgeschriebenen Regeln müssen dabei genauestens befolgt werden. Vom bloßen Wunschdenken unterscheidet sich die Magie durch den Versuch, in Form von Zauber und Beschwörung auf die Natur einzuwirken. Freilich wird man der Magie deshalb keine Einflußnahme auf den Naturlauf unterstellen dürfen. Schließlich „wird die erfahrbare Wirklichkeit nicht in *ihren* Ordnungen und Regeln gesehen, sondern sie wird dichter und dichter in einen bloßen Wunschtraum eingehüllt, der ihre eigene Form verdeckt."[162]

In Naturwissenschaft und Technik wird eine wahrhafte Auseinandersetzung zwischen Mensch und Natur ausdrücklich gefordert. Die Macht des bloßen Wunsches wird durch die Macht des Willens ersetzt, dieser soll sich den objektiven Gesetzen der Natur fügen. So heißt es bei Bacon: „Man beherrscht die Natur

---

161 Cassirer, a.a.O., S. 155f.
162 Ebd., S. 156.

nur, indem man sich ihren Gesetzen unterwirft."[163] Während die Magie den Bereich des Unverfügbaren durch bestimmte Riten und Praktiken zu beeinflussen versucht, erschließen Naturwissenschaft und Technik neue Wirklichkeiten, die fortan unter die Herrschaft des Menschen gestellt werden. Die Grenze zwischen dem Bereich des Profanen und dem Bereich des Sakralen wird durch die fortschreitende Rationalisierung der Welt immer wieder überschritten. Dennoch ist die Verdrängung der Magie keineswegs mit einer Verdrängung des Wunschdenkens gleichzusetzen. Das Wissen um die Grenzüberschreitung in Naturwissenschaft und Technik eröffnet eine Fülle ungeahnter Möglichkeiten, durch die der Wunschproduktion ein neuer Rahmen bereitgestellt wird. Es handelt sich gewissermaßen um eine Ausdifferenzierung der Phantasie, die nun auch in den naturwissenschaftlich-technischen Bereich vorgestoßen ist. Martin Schwonke vertritt sogar die These, daß die Kombination von Wunschdenken und naturwissenschaftlich-technischer Denkweise die wesentliche Voraussetzung für die Ausbildung des utopischen Bewußtseins darstellt:

> Zu den Bedingungen der Gestalt und des Wandels des utopischen Bewußtseins und damit des abendländischen Denkens überhaupt gehört das Zusammentreffen der Wunschkomponente mit den spezifisch wissenschaftlich-technischen Denkweisen. Durch Wissenschaft und Technik werden »Irrealwünsche« erfüllbar. Die fiktive Wunscherfüllung, die die Utopie ausmalt, gibt nicht wie im Märchen schon durch die Formel »Es war einmal« den Anspruch auf, für das konkret-gegenwärtige Leben gültig zu sein, sondern wird zum Gegenstand berechtigter Hoffnungen für die Zukunft.[164]

In der Literaturgeschichte gewinnt die technische Utopie allerdings erst spät an Bedeutung. Das utopische Denken konzentriert sich zunächst auf den Entwurf einer politischen und sozialen Ordnung. Wissenschaft und Technik nehmen lediglich bei Bacon und Campanella einen höheren Stellenwert ein. Erst mit der raschen Verbreitung der Science-fiction verliert der klassische Staatsroman seine frühere Bedeutung.

Die naturwissenschaftlich-technische Utopie gibt dem Menschen ein Wunschbild vor, auf dessen Realisierung er seine Kräfte verwenden kann. Naturwissenschaft und Technik sind jedoch nicht in der Lage, selber Neues hervorzubringen. Sie bleiben auf die Phantasie und das Erkenntnisstreben des Menschen angewiesen. Die Entdeckung und Verwirklichung neuer Möglichkeiten setzt allerdings voraus, daß der Wunschüberschuß im utopischen Denken zugunsten rationaler Überlegungen abgebaut wird: „Das Wünschen selbst ist wissenschaftsfremd, unter gewissen Umständen sogar wissenschaftsfeindlich. Gewinnt es in der Utopie den beherrschenden Einfluß, dann kann die passive

---

[163] Francis Bacon, Novum Organon (1620), übers. von Anton Theobald Brück, Darmstadt ²1962, S. 96.

[164] Schwonke, Vom Staatsroman zur Science Fiction, a.a.O., S. 118.

Wunschhaltung über die expansiven und dynamischen Tendenzen Sieger bleiben.“[165] In der Literatur sind die Übergänge zwischen Wunschdenken und Utopie fließend. In der Science-fiction überwiegt in der Regel der Wunschüberschuß, da man hier das Sensationsbedürfnis des Lesers durch technische Phantasien jenseits der Vorstellungskraft zu befriedigen versucht. Beliebte Motive sind die Zeitreise, Unsterblichkeit oder die Erschaffung von Leben, die nicht nur in der Literatur, sondern auch in Film und Fernsehen weitverbreitet sind. Die Kulturindustrie liefert ein Potpourri aus mythischen, wissenschaftlichen und technischen Vorstellungen, das nicht selten mit einer Annäherung an das magische Denken einhergeht.[166] Oftmals wird das Wunschdenken durch das Spiel mit virtuellen Realitäten in einen wissenschaftlich-rationalen Kontext gestellt. Ein bekanntes Beispiel dafür bietet das »Holodeck« auf dem Raumschiff Enterprise. Freilich dient die Science-fiction in erster Linie der Unterhaltung, nicht der Darstellung utopischer Zustände, was aber nicht heißt, daß sie nicht auch die utopische Phantasie des Lesers oder Zuschauers entzünden könnte.[167]

Wenngleich sich nicht alle Wünsche erfüllen lassen, setzen Grenzüberschreitungen eine offene und damit gestaltbare Welt voraus. Dieser Gedanke findet sich auch bei Cassirer. Durch den Fortschritt in Wissenschaft und Technik wird der Raum des Möglichen zwar erschlossen, doch niemals vollends erschöpft:

> Denn die Wirklichkeit selbst erweist sich, unbeschadet ihrer strengen und unaufheblichen Gesetzlichkeit, nicht als ein schlechthin starres Dasein, sondern als ein modifizierbarer, als ein bildsamer Stoff. Ihre Gestalt ist nicht fertig und endgültig, sondern sie bietet dem Wollen und dem Tun des Menschen einen Spielraum von unübersehbarer Weite. Indem er sich in diesem Spielraum bewegt – im Ganzen dessen, was durch seine Arbeit zu leisten ist und was durch diese seine Arbeit erst möglich wird –, baut der Mensch sich *seine* Welt, seinen Horizont der »Objekte« und seine Anschauung des eigenen Wesens fortschreitend auf. Aus jenem Zauberreich der *unmittelbaren* Wunscherfüllung, das die Magie lockend vor ihn hinstellte, sieht er sich nun freilich vertrieben – er ist auf einen an sich grenzenlosen Weg des Schaffens verwiesen, der ihm kein schlechthin endgültiges Ziel, keinen letzten Halt- und Ruhepunkt mehr verspricht.[168]

Naturwissenschaft und Technik orientieren sich an objektiven Möglichkeiten, durch die der Mensch einen Rahmen erhält, in dem sich das utopische Bewußtsein artikulieren kann. Erst hier gelingt der Übergang vom bloßen Wunschden-

---

[165] Ebd., S. 119.
[166] Vgl. ebd., S. 133ff.
[167] Vgl. dazu das Werk des US-Physikers Lawrence M. Krauss, Die Physik von Star Trek, München 1996; ders., Jenseits von Star Trek. Die Physik hinter den Ideen der Science Fiction, München 2002; Kai-Uwe Hellmann/Arne Klein (Hg.), »Unendliche Weiten …« Star Trek zwischen Unterhaltung und Utopie, Frankfurt a.M. 1997.
[168] Cassirer, a.a.O., S. 163f.

ken zum utopischen Entwurf, erst hier erfährt der Mensch einen Widerstand, der ihm Kompromisse mit der Wirklichkeit abnötigt. Daß sich das Naturbild des Menschen durch diesen Prozeß verändert, liegt auf der Hand. Die Genese der naturwissenschaftlich-technischen Utopie geht mit einer Verdrängung der magischen Weltsicht einher, die Welt- und Selbstdeutung des Menschen hat sich seitdem radikal gewandelt.

4. Zum Verhältnis von Mensch und Natur

Die Grenzüberschreitungen der modernen Naturwissenschaft und Technik haben das Naturbild des Menschen grundlegend verändert. Indem der Bereich des Sakralen immer weiter zurückgedrängt wird, gewinnt der Mensch ein Freiheitsbewußtsein gegenüber der Natur, das dem magischen Denken fremd ist. Solange die Technik auf Werkzeugtechnik beschränkt bleibt, wie dies in einfachen Gesellschaften der Fall ist, fühlt sich der Mensch in die Natur eingebunden. Er verehrt sie, weil sie ihm Nahrung und Leben schenkt. Im Ackerbau läßt er den natürlichen Wachstumsprozessen lediglich eine besondere Pflege zukommen. Wenngleich er den Boden mit technischen Hilfsmitteln bearbeitet, ist er sich seiner Abhängigkeit von der schöpferischen Fülle der Natur durchaus bewußt. Entsprechend bescheiden ist die Einschätzung der Technik auf dieser Stufe der kulturellen Entwicklung. Haben sich technische Erzeugnisse bewährt, so gehen sie in den Wissensbestand einer kulturellen Gemeinschaft ein. Technik wird zur Tradition, zu einem unhinterfragten Bestandteil der menschlichen Lebenswelt. Daß sie die Grenzen des bisher Bekannten überschreitet, ist dem Menschen erst sehr spät bewußt geworden. Die Technik definiert sich durch die Veränderung und Neuschöpfung der vorhandenen Natur, wie sich bereits in der Herstellung einfacher Gebrauchsgegenstände zeigt. Pfeil und Bogen besitzen keine Vorlage in der Natur, ebensowenig das Rad, von den Produkten der modernen Technik ganz zu schweigen. Dennoch bleibt die Schöpferkraft des Menschen lange Zeit verborgen. Erst die abendländische Symbiose von moderner Naturwissenschaft und Technik eröffnet den Blick auf die Offenheit und Gestaltbarkeit der Welt. Wie sich dieser Prozeß auf das Verhältnis von Mensch und Natur auswirkt, soll zunächst anhand der klassischen Utopie gezeigt werden.

In der Renaissance wird die gegenseitige Befruchtung von Wissenschaft und Technik ausdrücklich gefordert. Die Technik soll sich nicht nur der wissenschaftlichen Erkenntnis bedienen, sondern diese zugleich erweitern oder modifizieren. Die Entdeckung der Natur ist nicht bloß ein Werk des Naturforschers, sondern ebenso ein Werk des Erfinders.[169] Die Natur bildet den Maßstab, an dem sich Wissenschaft und Technik zu bewähren haben. Francis Bacon erhebt die programmatische Forderung, daß alle Erkenntnis von der Natur und nicht

---

[169] Vgl. ebd., S. 174.

von irgendwelchen scholastischen Doktrinen auszugehen habe. Es müsse eine tüchtige Naturgeschichte geschaffen und durch Experimente begründet werden: „Mit dem Faseln und Speculiren ist nichts geholfen; man muß wissen, wie die Natur es macht!"[170] Dieses Erkenntnisstreben ist bei Bacon, wie bei den meisten seiner Zeitgenossen, religiös motiviert. Man begreift die Natur als Werk Gottes und verspricht sich von der Naturwissenschaft eine Verbesserung der menschlichen Lebensbedingungen. Zugleich dient die Forschungstätigkeit dem Ziel, die Herrschaft über die Natur, die dem Menschen von Gott ursprünglich zugedacht war, wiederzuerlangen: „Denn der Mensch ist durch den Sündenfall um seine Unschuld und um seine Herrschaft über die Natur gekommen; beides kann aber im Leben gewissermaßen wiedergewonnen werden; das erste durch religiösen Glauben, das letzte durch Kunst und Wissenschaft."[171]

Diese Gedanken bilden den geistigen Nährboden für die Entstehung und Verbreitung der technischen Utopie. Durch den Fortschritt in Wissenschaft und Technik erhofft man sich eine vertiefte Einsicht in die Schöpfung Gottes. So heißt es von dem Haus Salomon, einer Art wissenschaftliches Forschungsinstitut, das Bacon in seiner Utopie »Neu-Atlantis« beschreibt, daß es sich der Erkenntnis und Betrachtung des wahren und inneren Wesens aller Dinge widme, „damit Gott als ihr Schöpfer um so größeren Ruhm ob ihres Baues empfange, die Menschen aber in ihrer Auswertung um so reichere Früchte ernteten (...)."[172] Die Ausweitung der menschlichen Herrschaft über die Natur ist bei Bacon noch mit dem frommen Glauben an das Werk Gottes verbunden, weshalb Herrschaft hier nicht als Ausbeutung, sondern als Nutzbarmachung für den Menschen interpretiert werden muß. Auch in Campanellas »Sonnenstaat« tritt die religiöse Grundeinstellung des Naturforschers deutlich zutage:

> Wer aber den Aufbau der Welt betrachte und die Anatomie des Menschen, die sie selbst an den zum Tode Verurteilten erlernen, und der Planeten und der Tiere und den Nutzen und Zweck ihrer Teile und Teilchen, wird gezwungen, die Weisheit und Vorsehung Gottes mit lauter Stimme zu preisen. Daher müsse sich der Mensch ganz der Religion hingeben und stets seinen eigenen Schöpfer verehren. Dies aber könne er nicht vollkommen oder nicht so leicht tun, wenn er nicht Gottes Werke erforsche und erkenne, seine Gesetze beobachte und die Lehren der Philosophie in seinen Taten befolge.[173]

Eine religiöse Begründung der Naturwissenschaft ist nicht nur aus heutiger Sicht ungewöhnlich. Schließlich wurde die Wißbegierde lange Zeit als Frevel und Sünde an der von Gott festgelegten Ordnung gebrandmarkt, als Vermessenheit des Menschen gegenüber den traditionellen Denkweisen seiner Gemeinschaft. Diese Einstellung wandelt sich zu Beginn der Neuzeit. Forscherdrang und Erfinder-

---

170 Bacon, Novum Organon, a.a.O., S. 107.
171 Ebd., S. 236.
172 Francis Bacon, Nova Atlantis (1627), übers. und hg. von Heinisch, a.a.O., S. 194.
173 Campanella, Civitas Solis, a.a.O., S. 161. Vgl. auch Morus, Utopia, a.a.O., S. 100.

geist können sich seit der Renaissance immer freier entfalten, sie werden durch religiöse oder traditionelle Vorgaben kaum noch gebremst. Daß sich dadurch auch die Einstellung zur Natur verändert, liegt auf der Hand. Arnold Gehlen vertritt sogar die These, die Entzauberung der Welt sei durch den abendländischen Monotheismus beschleunigt worden: „erst mußte die Außenwelt magisch neutralisiert, von daseienden Göttern entleert sein, ehe sich auf dieses jetzt freigewordene Feld das rationale Erkennenwollen ohne innere Hemmungen werfen konnte."[174] Im Weltbild einfacher Gesellschaften werden der Natur noch bestimmte Wesenheiten zugeschrieben, die Natur ist beseelt und wirkt auf den Menschen verpflichtend. Zahlreiche Naturvorgänge entziehen sich der menschlichen Kenntnis und Kontrolle. Sie sind unverfügbar, weshalb sie dem Bereich des Sakralen zugeordnet werden:

> Die Natur hat dort noch viel von dem anthropologisch Fundamentalen eines »Überraschungsfeldes«, in das die erfolgreiche Praxis sozusagen Inseln des Neutralisierten und Gewohnheitssicheren eingebaut hat, wobei aber diese Praxis selbst wieder stereotypisiert, traditionell und rechtlich geordnet ist. Ganz fehlt die uns geläufige Vorstellung, die nur der verwissenschaftlichten Industriekultur zukommt, daß jener Bereich der Praxis selbst dynamisch sein muß, daß er immer wieder neu aufgebrochen, umkonstruiert, uminterpretiert, neu verteilt werden muß, womit die Kultur selbst wesentlich Bewegung, Unruhe, »schöpferische Zerstörung«, Fortschritt wird.[175]

Die moderne Wissenschaft betrachtet die Natur als Operationsfeld, dem keinerlei Verpflichtungsqualitäten zukommen. Mit der zunehmenden Abstraktheit wissenschaftlicher Annahmen und technischer Erzeugnisse entfernt sich der Mensch immer weiter von den natürlichen Grenzen seiner Welt. Die ursprüngliche Beseelung der Natur, wie man sie in der magischen Denkweise oder im Animismus vorfindet, weicht in der Neuzeit einem mechanistischen Modell. Die Naturabläufe werden auf rationale Prinzipien zurückgeführt, sie lassen sich durch mathematisch-naturwissenschaftliche Determinanten beschreiben. Die Welt wird durch den Menschen neu gestaltet, was sich in der Herstellung synthetischer Stoffe, in der Energiegewinnung oder im Maschinenbau besonders deutlich zeigt. Die Erzeugnisse des Menschen werden immer künstlicher, weshalb die Utopie von Ruyer dem Bereich der Gegennatur zugeordnet wird:

> L'utopie est du côté de l'Anti-nature, de l'*Anti-physis*. Le Règne humain est, en effet, créateur d'une véritable Contre-nature, tirée de la nature par la technique, mais independante et rivale. Ainsi, les colorants, les parfums artificiels de la chimie organique, les aliments, les textiles et les étoffes syn-

---

[174] Arnold Gehlen, Urmensch und Spätkultur. Philosophische Ergebnisse und Aussagen, Bonn 1956, S. 110f.
[175] Ebd., S. 112.

thétiques. Les corps fabriqués par la chimie sont bien conformes aux lois de la nature, mais ils n'en sont pas moins artificiels.[176]

Die utopische Überschreitung der Natur ist grundsätzlich möglich, was aber nicht heißt, daß sich der Mensch nach freiem Belieben über die Naturordnung hinwegsetzen kann. Auch wenn er neue Wirklichkeiten erschließt und dabei in naturfremde Gebiete vorstößt, muß er sich stets an objektiven Möglichkeiten orientieren. Nicht nur die Natur, sondern auch die Kultur gehorcht einer eigenen Logik, die das Aktionsfeld des Menschen zwar nicht vollends determiniert, aber immerhin eingrenzt. Für Naturwissenschaft und Technik bildet die natürliche Ordnung den Ausgangspunkt einer jeden Erkenntnis. Erst aus den vielfältigen Kombinationsmöglichkeiten des bereits gesicherten Wissens baut sich allmählich eine neue Welt auf.

Durch die anhaltenden Erfolge in Naturwissenschaft und Technik wird das Verhältnis von Mensch und Natur neu bestimmt. Die religiösen Implikationen des Erkenntnisfortschritts gehen dabei allmählich verloren, die Machbarkeit der Dinge befördert eher die menschliche Hybris als den Glauben an Gott. Der Mensch erhebt sich über die Natur mit dem Anspruch, diese verbessern oder gar vollenden zu können. Die Natur wird als unvollkommen betrachtet, das Werk Gottes soll durch den Menschen fortgeführt werden.[177] Solange der Mensch den Naturgewalten ohnmächtig gegenübersteht, flößt die Natur ihm Respekt und Ehrfurcht ein. Mit der zunehmenden Beherrschbarkeit der Natur fühlt sich der Mensch diesen Zwängen allerdings enthoben. Er betrachtet sich nicht nur als Geschöpf, sondern zugleich als Schöpfer, der gottähnliche Werke vollbringen kann. Deshalb muß die Bestimmung der modernen Technik nicht nur das Konzept der Naturbeherrschung, sondern ebenso die Idee des Schöpfertums berücksichtigen. Dazu heißt es bei Schwonke:

> Will der Mensch »Herr der Natur« sein, dann befindet er sich im Einklang mit christlich-religiösem Denken, denn er erstrebt damit nur die Stellung, die Gott dem Menschen im Schöpfungsplan zugewiesen hat. Es bedeutet

---

[176] Ruyer, a.a.O., S. 46.

[177] Freilich muß die Fortsetzung der Schöpfung durch den Menschen nicht notwendigerweise als Abfall von Gott interpretiert werden, auch wenn diese Deutung heutzutage überwiegt. So heißt es bei Friedrich Dessauer, einem Pionier der Technikphilosophie: „Gott hat seine Schöpfung den Menschen nicht fertig übergeben. Die Schöpfung geht weiter, und Gott bedient sich der Menschen, um nach seinem eigenen Plan sein Werk zu entfalten. Und wahrhaftig sind auch die Siege über Raum und Zeit, das Sprechen und Sehen über Weltteile, die Eroberung der Luft, das Eindringen in die Sternenwelt, die Verwandlung der Elemente, die Besiegung der Krankheiten durch machterfüllte Zweckformen, also technische Gestalten, Bereicherungen der Schöpfungswelt. Sie sind so wirklich wie die Gegenstände der Natur. Aber sie sind ja geistig, final geordnet, dem Dienst am Mitmenschen gewidmet und dadurch erhöht. Von dieser Anteilnahme am fortfahrenden Schöpfungswerk geht eine Weihe aus für den technischen Beruf. Selbst der letzte Diener der Technik kann hiervon die Würde seines Berufes empfangen, wenn er erkennt, an welcher Mission er beteiligt ist." Friedrich Dessauer, Streit um die Technik, Frankfurt a.M. 1956, S. 240.

soviel, daß der Mensch sich der naturgegebenen Dinge, der Tiere, Pflanzen und der Naturkräfte für seine Zwecke bedienen kann. Er darf sich also die Tiere zu Haustieren machen, die Pflanzen zu seiner Nahrung gebrauchen und die »natürlichen« Kräfte Wind und Wasser dazu benutzen, seine Schiffe und Wasserräder zu treiben. Das technische Denken will jedoch die Naturdinge nicht bloß hinnehmen, es will sich seine Diener (die Maschine) selber schaffen, es will die Kräfte, die es gebrauchen will, selber erzeugen: den Dampf, die Elektrizität, die Atomkraft. Wollte der Mensch nur herrschen, dann hätte er sein letztes Ziel erreicht, wenn er sich alles, was es gibt, verfügbar gemacht hätte. Das Veränderungsdenken will etwas anderes. Für es ist die Natur nicht in erster Linie der Diener seines Herrschaftsstrebens, sondern das Material seines Schaffens. Die »Macht über die Natur«, nach der es strebt, ist nicht die Macht des Herrschens, sondern primär die Macht des Machens. Das Ziel, dem es zustrebt, ist nicht die Herrschaft über die Schöpfung, sondern das Schöpfertum selbst.[178]

Die Einsicht in die verändernde und schöpferische Macht des Menschen weckt neue Wünsche und Hoffnungen. Man verspricht sich von Wissenschaft und Technik nicht nur eine Erweiterung der Naturkenntnis, sondern zugleich eine Erleichterung der Daseinsbewältigung, eine Förderung des allgemeinen menschlichen Wohls. Maschinen sollen den Menschen von der Arbeit entlasten, Krankheiten und Seuchen durch den Erkenntnisfortschritt in der Medizin beseitigt werden. Mit der gesteigerten Machbarkeit der Dinge wächst aber zugleich die Furcht vor einem möglichen Machtmißbrauch. Die Dämonisierung der Technik beruht nicht zuletzt auf der Erfahrung, daß der Mensch seinen göttlichen Auftrag verfehlen kann, daß er seine Endlichkeit ignoriert oder sogar versucht, Gottes Platz einzunehmen.

Die Furcht vor einem Machtmißbrauch des Menschen findet ihren literarischen Ausdruck in der Dystopie: „Mit dem Vorwurf der Hybris, des Sakrilegs, der Versündigung an der Schöpfung Gottes oder der »Natur« will die Gegenutopie die verändernde, umgestaltende, schöpferische Intention von Utopie und Technik treffen, während die Gegenseite sich immer unverhüllter zum Ziele setzt, den »Götterzustand des Menschen zu vollenden«."[179] Warnte Mary Shelley in ihrem Roman »Frankenstein« noch vor der Hybris des Menschen, sich die Schöpferrolle Gottes anzumaßen,[180] so dringt die moderne Genetik durch embryonale Stammzellenforschung und Präimplantationsdiagnostik immer weiter in die Geheimnisse des menschlichen Lebens ein. Auch hier steht ein möglicher

---

178 Schwonke, Vom Staatsroman zur Science Fiction, a.a.O., S. 111.
179 Ebd.
180 Bezeichnend für die antiutopische Einstellung dieses Romans sind die ständigen Ermahnungen Frankensteins, die Grenzen der Natur zu respektieren: „Learn from me, if not by my precepts, at least by my example, how dangerous is the acquirement of knowledge, and how much happier that man is who believes his native town to be the world, than he who aspires to become greater than his nature will allow." Mary Shelley, Frankenstein or The Modern Prometheus (1818), Wordsworth Classics 1993, S. 46.

Nutzen der medizinischen Forschung einem möglichen Machtmißbrauch gegenüber. Was einstmals als heilig galt, ist heute durch den Fortschritt in Wissenschaft und Technik gefährdet. Diese Gefährdung betrifft auch den Menschen, der ja immerhin ein Teil der Natur ist. Die fortschreitende Säkularisierung der Natur kann zu seiner Verdinglichung führen, zum Verlust seiner Würde und Unantastbarkeit. Vor dieser Tendenz will die Dystopie warnen, darin besteht ihre eigentliche Funktion.

Die Vorherrschaft von Naturwissenschaft und Technik hat sich nicht nur auf das Verhältnis von Mensch und Natur ausgewirkt. Hat der moderne Mensch auch ein Freiheitsbewußtsein gegenüber der Natur gewonnen, so sieht er sich nun einer anderen, überpersönlichen Macht gegenüber, einer Macht, die er selbst hervorgebracht hat und die eine Eigendynamik entwickelt, die dem Menschen unter Umständen zum Verhängnis werden kann. Die Objektivität seiner eigenen Entwürfe, die Logik der Kultur, kann dazu führen, daß der Mensch sich seinen Produkten immer stärker entfremdet, eine Entwicklung, die sich vor allem auf dem Gebiet von Wissenschaft und Technik abzeichnet.[181]

5. Entpersonalisierung und Versachlichung

In seinem Rundfunk-Hörspiel »Professor Tarantogas Sprechstunde«[182] erzählt Stanislaw Lem von den seltsamen Begegnungen des Professors Tarantoga, der in seiner Sprechstunde diversen Erfindern und Entdeckern die Gelegenheit bietet, über ihre kuriosen Einfälle zu berichten. Unter den Besuchern befindet sich auch ein »Zudecker«, jemand, der neue Entdeckungen und Erfindungen verhindert, bevor aus diesen ein Gefahrenpotential erwächst, das der Menschheit bedrohlich werden könnte. Das Wissen um die Gefahr solcher Entdeckungen gewinnt der Zudecker aus der historischen Erfahrung, konkret bezieht er sich auf die Energieformel von Albert Einstein. Sein Einfall besteht nun darin, mit Hilfe einer Zeitmaschine in die Vergangenheit zu reisen, um die Geburt berühmter Entdecker und Erfinder zu verhindern, indem man zuvor ihre Eltern auseinanderbringt. Problematisch ist an diesem Projekt allerdings, daß die Zeitmaschine noch gar nicht erfunden wurde, was der Zudecker auch gar nicht als seine Aufgabe betrachtet, da er bereits den Einfall geliefert habe und sich schließlich nicht um alles kümmern könne. Der Professor sei für die Erfindung von Maschinen zuständig, nur so könne man ins Geschäft kommen. Professor Tarantoga weist diesen absurden Vorschlag aus verständlichen Gründen zurück. Unabhängig davon weist er jedoch darauf hin, daß dieser Einfall auch bei Erfüllung der Vor-

---

[181] Diese These stammt ursprünglich von Georg Simmel. Vgl. dazu seinen berühmten Aufsatz »Der Begriff und die Tragödie der Kultur«, in: Georg Simmel, Philosophische Kultur. Über das Abenteuer, die Geschlechter und die Krise der Moderne (1911), Berlin 1998, S. 195–219.

[182] Vgl. Stanislaw Lem, Mondnacht. Hör- und Fernsehspiele, Frankfurt a.M. ²1981, S. 157ff.

aussetzungen sinnlos wäre, da jemand anders die Formel irgendwann entdeckt hätte. Der Zudecker verläßt daraufhin das Arbeitszimmer, nicht ohne die Drohung auszusprechen, den Professor mangels Kooperation seiner Existenz zu berauben, sobald die Zeitmaschine erfunden worden ist.

Diese Geschichte enthält einen Gedanken, mit dem wir uns in diesem Abschnitt näher befassen wollen: die Entpersonalisierung in Wissenschaft und Technik. Professor Tarantoga äußert die Vermutung, daß jemand anders die Äquivalenz von Energie und Materie entdeckt hätte, wäre Albert Einstein niemals geboren worden. Dies mag zunächst verwundern, ist die Formel $E = mc^2$ doch unzertrennlich mit dem Namen Einstein verbunden. Bei näherem Hinsehen zeigt sich allerdings, daß der Gedanke des Professors eine hohe Plausibilität besitzt. Wir wissen heute, daß auch andere Forscher kurz davor waren, die spezielle Relativitätstheorie zu entdecken. Der französische Mathematiker und Physiker Henri Poincaré gelangte zu demselben Ergebnis wie Einstein, war jedoch nicht bereit, aus seiner Einsicht die radikalen Konsequenzen zu ziehen, die schließlich das Weltbild der modernen Physik geprägt haben. Gleichwohl hielt auch er die Lösung des Problems in seinen Händen. Diese Übereinstimmung verweist auf grundlegende Probleme der Erkenntnistheorie, die wir im Folgenden kurz erörtern wollen.

Wenn sich zwei Forscher mit einer bestimmten Frage befassen und diesbezüglich zu demselben Ergebnis gelangen, so mag sich dieser Umstand mit hoher Wahrscheinlichkeit aus der Vermutung herleiten, daß der Gegenstand der Untersuchung eine objektive Struktur aufweist, die unabhängig von dem Erkenntniszugang des einzelnen Forschers besteht. Die objektive Beschaffenheit eines Gegenstandes bildet den Leitfaden, an dem sich die naturwissenschaftliche Forschung orientieren muß. Andererseits wissen wir seit Kant, daß kein Gegenstand der Erkenntnis jemals in seinem An-sich vollständig erfaßt werden kann, da er prinzipiell durch die Erkenntnisstruktur des Subjekts gebrochen wird und insofern lediglich als Erscheinung gegeben ist. Der Erkenntnisprozeß beschreibt eine Vermittlung zwischen Subjekt und Objekt, die prinzipiell unhintergehbar ist, die aber dennoch objektive Ergebnisse liefern kann, auch wenn das Wissen des Menschen stets fragmentarisch bleibt, da es sich immer nur auf Ausschnitte und niemals auf die Wirklichkeit an sich bezieht. Die Notwendigkeit dieser Vermittlung bildet den tieferen Grund für die Geschichtlichkeit jeder Erkenntnis. Nur weil der Spalt zwischen Subjekt und Objekt nicht dauerhaft überbrückt werden kann, variieren die Deutungsmodelle des Menschen, gibt es überhaupt erst eine Geschichte der Wissenschaft, durch die dem Erkenntnisprozeß eine bestimmte Richtung aufgeprägt wird. Auch die Naturwissenschaft entfaltet sich in einem geschichtlichen Bedeutungshorizont, durch den die Reichweite jeder neuen Erkenntnis mitbestimmt wird.

Der Wissensstand einer Gesellschaft legt den Möglichkeitsbereich und damit die Realisierbarkeit utopischer Entwürfe von vornherein fest. Die Zeitspanne zwischen dem Aufkeimen einer utopischen Vorstellung und deren möglicher Verwirklichung hängt von der sozialen, technischen und wissenschaftlichen Entwicklung einer Gesellschaft ab. Jede Utopie wird an dem Erwartungshorizont ihrer Epoche gemessen. Der Gedanke, mit einer Rakete auf den Mond zu fliegen, konnte in der Antike oder im Mittelalter noch gar nicht geäußert werden, weil er die Herstellung von modernem Treibstoff voraussetzt. Auch die Entdeckung der Relativitätstheorie setzt eine wissenschaftliche Entwicklung voraus, ohne die Einsteins Revolution der Physik nicht möglich gewesen wäre. Aus diesem Grund hat Niklas Luhmann vorgeschlagen, das Wissen nicht auf den Menschen, sondern auf die Wissenschaft der Gesellschaft zuzurechnen, auf ein soziales System also, das den bisherigen Wissensbestand verwaltet, das sämtliche Erkenntnisse nach systeminternen Kriterien sammelt und auswertet.[183] Eine solche Anonymisierung der Forschung trifft man vor allem in der Naturwissenschaft an, hier besitzt das Wissen seine Geltung unabhängig von dem Entdeckungszusammenhang, der sich dem Zufall oder den biographischen Besonderheiten einer Person verdankt. Durch die fortschreitende Institutionalisierung der Wissenschaft müssen sich individuelle Überlegungen Sachzwängen fügen, die für Luhmann nicht im Untersuchungsgegenstand selbst, sondern in der methodischen Herangehensweise einer Disziplin begründet liegen. Der Zugang bestimmt das Ergebnis, die Art der Fragestellung entscheidet über die Antwort. Da es sich hierbei um überpersönliche Vorgaben handelt, verliert die individuelle Leistung des Forschers an Bedeutung. Die Leistungen des einzelnen Forschers werden, so Luhmann, überschätzt: „Es kommt im Zuge der Ausdifferenzierung von innovationsgerichteter wissenschaftlicher Forschung zur Konstruktion von Geistesheroen und wissenschaftlichen Genies, zur Rekonstruktion der Geschichte eines Fachs als Sequenz individueller Leistungen."[184] Offenbar gilt diese Ansicht auch für wissenschaftliche Revolutionen, in denen das bisherige Weltbild einer Epoche von Grund auf neu bestimmt wird. Wir wollen diesen Gesichtspunkt später diskutieren. Zunächst soll gezeigt werden, daß sich Entpersonalisierung und Versachlichung nicht auf den Bereich der Wissenschaft beschränken, sondern ganz allgemein ein Phänomen der modernen Kultur beschreiben. Diese Entwicklung zeichnet sich auf dem Gebiet der Technik besonders deutlich ab.

Das Unbehagen gegenüber der Technik vermischt sich oftmals mit einem Gefühl der Entmündigung, dessen Wurzel in der fortschreitenden Entpersonalisierung der Technik vermutet werden kann. Diese Entwicklung läßt sich bereits im modernen Arbeitsprozeß beobachten. Die Automatisierung der Technik beschleunigt nicht nur die Verfahrensabläufe, sie verändert ebenso den Produktionsprozeß. Die Mitwirkung des Menschen wird in vielen Fällen entbehrlich, das Produkt nicht mehr von Einzelnen, sondern von einer Vielzahl von Spezialisten hergestellt. Dadurch wird die gegenseitige Abhängigkeit der Produktions-

---

[183] Vgl. Niklas Luhmann, Die Wissenschaft der Gesellschaft, Frankfurt a.M. 1992, S. 11ff.
[184] Ebd., S. 571.

faktoren erheblich gesteigert, der Einzelne kann den Prozeß kaum noch überblicken, geschweige denn alleine gestalten. Die moderne Technik beruht auf nüchternem Kalkül, sie beruft sich wie die Wissenschaft auf eine objektive, überpersönliche Ordnung. Die Versachlichung und Entpersonalisierung der technischen Abläufe wird geradezu gefordert, was nicht selten als Ausdruck für die Entfremdung des Menschen gedeutet wird. So beklagt die traditionelle Technikkritik eine durch die Technik erzwungene Veräußerlichung des Menschen. Sie befürchtet einen Verlust an Innerlichkeit und Ehrfurcht vor tradierten Normen, sie spricht von einer Sinnkrise und warnt vor einer Gleichschaltung der Persönlichkeit, vor der Reduzierung des Individuums auf die Rolle eines Funktionsträgers. Was auch immer man von dieser Kritik halten mag: sie macht auf eine Erscheinung aufmerksam, die geradezu schicksalhaft aus der Dynamik der modernen Kultur hervorzugehen scheint, weshalb Simmel auch von der »Tragödie der Kultur« spricht. Ernst Cassirer greift diesen Gedanken auf und überträgt ihn auf das Gebiet der Technik:

> *Simmel* sieht den eigentlichen Grund für das, was er die »Tragödie der modernen Kultur« nennt, in dem Umstand, daß alle schöpferische Kultur in zunehmendem Maße bestimmte Sachordnungen aus sich herausstellt, die in ihrem objektiven Sein und Sosein der Welt des Ich gegenübertreten. Das Ich, die freie Subjektivität, hat diese Sachordnungen geschaffen; aber es weiß sie nicht mehr zu umspannen und nicht mehr mit sich selbst zu durchdringen. Die Bewegung des Ich bricht sich an seinen eigenen Schöpfungen; sein ursprünglicher Lebensstrom verebbt, je größer der Umfang und je stärker die Macht dieser Schöpfungen wird. Nirgends vielleicht tritt dieser tragische Einschlag aller Kulturentwicklung mit so unerbittlicher Deutlichkeit hervor als in der Entwicklung, die die moderne Technik genommen hat.[185]

Hatte die Technik ursprünglich die Funktion, dem Menschen zu dienen, so scheint sie ihm in ihrer modernen Gestalt neue Zwänge aufzuerlegen. Glaubte sich der Mensch früherer Epochen übernatürlichen Mächten untergeordnet, so wiederholt sich diese Ohnmacht nun gegenüber seiner eigenen Schöpfung: der Kultur.

Entmündigung und Ohnmacht des Menschen bewirken eine Dämonisierung der Technik. Die historische Erfahrung hat gezeigt, daß technische Innovationen nicht notwendigerweise zum Wohl der Menschheit beitragen, sondern ebenso erheblichen Schaden verursachen können. So liefert die Formel $E = mc^2$ neue Möglichkeiten der Energiegewinnung, zugleich bildet sie die energetische Grundlage der Atombombe. Am Anfang steht immer die Einsicht in einen bestimmten Sachverhalt, später kann die praktische Anwendung dieser Erkenntnis unter Umständen den Fortbestand der Menschheit gefährden. Natürlich gilt diese dramatische Entwicklung nicht für jede Entdeckung oder Erfindung. Gleichwohl läßt sich nicht leugnen, daß der Mensch die Tragweite seiner Hand-

---

[185] Cassirer, a.a.O., S. 171f.

lungen und Entscheidungen längst nicht mehr überblicken kann. Jedes Kultur-produkt birgt Anschlußmöglichkeiten und potentielle Sinnverschiebungen, die sein Urheber nicht vorhersehen konnte. Die Dynamik der modernen Kultur hat diesen Prozeß erheblich beschleunigt und damit ein Bewußtsein für die vom Menschen unabhängige Sachordnung der Kulturgüter geschaffen. Die ursprüng-liche Zwecksetzung verschiebt sich nicht nur durch den jeweiligen Gebrauch der Güter, sondern ebenso durch deren Neubestimmung und Fortbildung, die sich stets an einem Bestand objektiver Möglichkeiten orientieren muß. In Anlehnung an Wilhelm Wundt kann man auch von einer »Heterogonie der Zwecke« auf dem Gebiet der Kultur sprechen. Jedenfalls bewirkt die moderne Fortschrittsdyna-mik, daß sich der Mensch in zunehmendem Maße der Macht anonymer Prozesse ausliefert, eine Entwicklung, die auf dem Gebiet von Wissenschaft und Technik ihren dramatischen Höhepunkt längst überschritten hat. So heißt es bei Georg Picht: „Wir sind Romanfiguren jenes Romans, den die Begründer der modernen Wissenschaft, teils ahnungslos, teils ahnungsvoll, zu entwerfen und zu schreiben begonnen haben."[186]

Die moderne Kultur entwickelt eine Eigendynamik, auf die der Einzelne kaum noch Einfluß nehmen kann. Der Aktionsradius des Menschen wird durch den institutionellen Rahmen beschränkt, die Sachzwänge wachsen proportional zur gesellschaftlichen Ausdifferenzierung. Diese Tendenz hat sich auch auf das utopische Denken ausgewirkt. So vermutet Martin Schwonke, daß der Bedeu-tungsschwund der Utopie nicht zuletzt auf die zunehmende Komplexität der modernen Gesellschaft zurückzuführen ist:

> Die kompliziert gewordene Struktur der modernen Gesellschaft erfordert umfangreiche Regulierungen, die zwar ohne Zweifel vom Menschen vor-genommen werden, denen gegenüber der Einzelne sich jedoch genau so hilflos fühlt wie der Primitive gegenüber den Naturgewalten. Der uto-pisch-dynamische Schwung, die »Verhältnisse« ändern zu wollen, ist dar-um in der westlichen Welt spürbar erlahmt. Das ist nicht nur eine Folge der Unübersehbarkeit der gesellschaftlichen Zusammenhänge, sondern auch der Einsicht, daß jeder Eingriff in die politisch-sozialen Verhältnisse eine Kette von Zwangsläufigkeiten nach sich zieht.[187]

Eine ähnliche Auffassung findet sich bei Arnold Gehlen, der davon ausgeht, daß in der Moderne nicht mehr mit großen Sinnentwürfen zu rechnen sei, daß die begeisternde Erwartung, in neue Räume vorzudringen, einer allgemeinen Ernüchterung gewichen sei. Die fortschreitende Rationalisierung und Versach-lichung der gesellschaftlichen Bereiche habe sogar zu einem Zustand geführt, in dem alle Möglichkeiten in ihren grundsätzlichen Beständen vorhanden sind, was Gehlen als »kulturelle Kristallisation« bezeichnet.[188] Die Strukturen seien bereits

---

[186] Picht, »Prognose, Utopie, Planung«, a.a.O., S. 7.
[187] Schwonke, Vom Staatsroman zur Science Fiction, a.a.O., S. 130.
[188] Vgl. Arnold Gehlen, »Über kulturelle Kristallisation« (1961), in: Gesamtausgabe, Bd. 6, a.a.O., S. 298ff.

entwickelt, Veränderungen spielten sich allenfalls an der Oberfläche ab. Durch die zunehmende Spezialisierung komme lediglich ein Detailfortschritt zustande, die großen Umbrüche gehören für Gehlen dagegen der Geschichte an. Tatsächlich scheint die fortschreitende Bürokratisierung der Gesellschaft den Bereich des Utopischen zu verkleinern. Zu diesem Schluß kommt auch Karl Mannheim, wenn er zu bedenken gibt, „daß eine absolute Ideologie- und Utopielosigkeit prinzipiell zwar möglich ist in einer Welt, die gleichsam mit sich fertig geworden ist und sich stets nur reproduziert, daß aber die völlige Destruktion der Seinstranszendenz in unserer Welt zu einer Sachlichkeit führt, an der der menschliche Wille zugrunde geht."[189] Das Verschwinden der Utopie hätte zur Folge, „daß der Mensch, der nach einer so langen opfervollen und heroischen Entwicklung die höchste Stufe der Bewußtheit erreicht hat – in der bereits Geschichte nicht blindes Schicksal, sondern eigene Schöpfung wird –, mit dem Aufgehen der verschiedenen Gestalten der Utopie den Willen zur Geschichte und damit den Blick in die Geschichte verliert."[190]

Wie ist diese Diagnose zu beurteilen? Sollte sich tatsächlich ein Zustand denken lassen, in dem das Verhältnis von Mensch und Welt gleichsam erstarrt ist, in dem die Geschichte ein für allemal still steht? Die Antwort auf diese Frage bedarf einer anthropologischen Begründung, die wir erst im zweiten Teil der Arbeit folgen lassen. An dieser Stelle soll der Hinweis genügen, daß der bisherige Geschichtsverlauf keineswegs für die angebliche Endgültigkeit der bisher ausgebildeten Strukturen spricht. Zwar kann die fortgeschrittene Rationalisierung der modernen Gesellschaft nicht geleugnet werden, doch erlaubt der bloße Nachweis gesellschaftlicher Mechanismen keine Vorhersage der konkreten Geschichte. Auch in der jüngsten Vergangenheit hat es kulturelle Umbrüche gegeben, die weiterhin unabsehbare Folgen in sich bergen. Wenn sich die Utopie gegen die zugrundeliegenden Prinzipien einer bestimmten Ordnung richtet, kann die kulturelle Kristallisation nicht das letzte Wort behalten. Diese bildet vielmehr einen notwendigen Gegenhalt, auf den auch das utopische Denken angewiesen bleibt, sofern es sich nicht in bloßer Dauerreflexion erschöpfen will. Nach der Verwirklichung einer utopischen Vorstellung muß ein Prozeß der kulturellen Kristallisation erfolgen, damit die neuen Gedanken und Anschauungen institutionalisiert werden, bis sie irgendwann wieder durch neue Utopien abgelöst werden. Überträgt man diesen Prozeß auf die Wissenschaftstheorie, so entspricht er der Struktur wissenschaftlicher Revolutionen, wie sie von Thomas S. Kuhn beschrieben wird.[191] Das bisherige Weltbild wird durch ein neues ersetzt, man denke nur an den Übergang der klassischen zur modernen Physik. Die Überwindung eines Paradigmas führt zu einer Desinstitutionalisierung, die mit dem Auffinden neuer Prinzipien allmählich wieder in eine geschlossene Form, in ein neues Paradigma

---

[189] Mannheim, Ideologie und Utopie, a.a.O., S. 224f.
[190] Ebd., S. 225.
[191] Vgl. Thomas S. Kuhn, Die Struktur wissenschaftlicher Revolutionen (engl. 1962), Frankfurt a.M. ²1976.

übergeht. Dabei muß allerdings berücksichtigt werden, daß sich eine rein wissenschaftliche Revolution von unserer Bestimmung des Utopischen darin unterscheidet, daß sie keinen Praxisbezug voraussetzt.

Entpersonalisierung und Versachlichung zeigen an, welche Bedeutung dem Subjekt in der modernen Kultur zugestanden wird. Daß der Mensch nur einen begrenzten Einfluß auf die anonymen Mächte ausübt, die ihm in Form objektiver Gebilde gegenübertreten, hat zu einer Subjektverdrossenheit geführt, die zuweilen in der Auffassung gipfelt, menschliche Akteure seien lediglich ein Spielball gesellschaftlicher Funktionszusammenhänge. Dieser Eindruck wird nicht zuletzt durch Sprachgewohnheiten verstärkt. Sagt man von der Wissenschaft oder von der Technik, sie habe den Menschen seinem Wesen entfremdet, so bringt man damit zwar die überpersönliche Geltung solcher Gebilde zum Ausdruck, setzt sich aber der Gefahr aus, ihnen durch die Wortwahl eine autonome Handlungsfähigkeit zu unterstellen. Institutionen definieren sich durch bestimmte Zielsetzungen, Handlungsweisen und Wertvorstellungen, die aus einer Vielzahl kollektiver Prozesse zu objektiver Gestalt geronnen sind. Wenngleich sie auf den Menschen einen prägenden Einfluß ausüben, können sie nicht unabhängig von ihm existieren. Die Ausblendung der Motive und Handlungen einzelner Subjekte mag aus heuristischen Gründen gerechtfertigt sein. Gleichwohl muß berücksichtigt werden, daß Institutionen oder soziale Systeme stets an den Menschen bzw. an dessen Bewußtsein gekoppelt sind. Mensch und Institution bleiben grundsätzlich aufeinander angewiesen. Wie dieses Verhältnis im Einzelnen bestimmt wird, variiert freilich mit dem historischen Kontext.

Das Subjekt hat in der modernen Gesellschaft ohne jeden Zweifel einen Bedeutungswandel vollzogen. Die weltgestaltende Macht, die man dem Menschen noch bis ins 19. Jahrhundert unterstellt, weicht dem Eindruck einer Vorherrschaft überpersönlicher Sachzwänge. Die Aufbruchsstimmung der Renaissance ist verflogen, die Entpersonalisierung der modernen Kultur bezeichnend für die gegenwärtige Situation. Gleichwohl werden immer wieder neue Bereiche erschlossen, vor allem in Naturwissenschaft und Technik spielt die utopische Phantasie eine ausgezeichnete Rolle. Wird die Entdeckung eines neuen Sachverhalts dabei nach wie vor dem Subjekt zugerechnet, so deshalb, weil es sich bei Eigenschaften wie Kreativität, Phantasie oder Imagination um Bewußtseinsleistungen handelt, die für die Evolution der Wissenschaft eine unverzichtbare Voraussetzung bilden. Auch die Utopie gehört als seinstranszendentes Denken in diesen Bereich. Besonders deutlich zeigt sich dies auf dem Gebiet der Technik, ist doch jede neue Erfindung eine schöpferische Leistung, durch die man über den bisherigen Bestand der Dinge hinausgeht. Dazu noch eine Anmerkung: Die Verwirklichung einer technischen Utopie muß nicht notwendigerweise gegen den bisherigen Erkenntnisstand verstoßen, sie muß nicht mit einer wissenschaftlichen Revolution einhergehen. Daß sich die Sozialutopie per definitionem gegen die zugrundeliegenden Prinzipien einer gegebenen Ordnung richtet, muß nicht unbedingt für die technische Utopie gelten.

6. Zusammenfassung

Damit sind wir am Ende des Kapitels angelangt. Wir haben gesehen, daß das utopische Denken durch Naturwissenschaft und Technik zentrale Impulse erhält, daß sich durch diesen Einfluß nicht nur der Begriff der Utopie, sondern ebenso die Welt- und Selbstdeutung des Menschen verändern. Dabei hat sich das wachsende Unbehagen gegenüber der wissenschaftlich-technischen Denkweise auch auf die gegenwärtige Beurteilung des utopischen Denkens ausgewirkt. Das Gefahrenpotential der technischen Erzeugnisse, der Verlust der Normen und Sinnziele für ihren Gebrauch, nicht zuletzt die Entmündigung des Menschen durch Entpersonalisierung und Versachlichung – all das hat die Skepsis gegenüber dieser Form der Grenzüberschreitung kontinuierlich genährt. Wurde die Technik in der klassischen Utopie noch zum Heilsversprechen stilisiert, so konzentriert sich die Dystopie auf die Darstellung ihrer negativen und unmenschlichen Züge. Naturwissenschaft und Technik erhalten in der Neuzeit eine religiöse Weihe, der sie auf Dauer nicht gerecht werden können. Hier bestätigt sich ein anthropologischer Befund, den wir im vorherigen Kapitel bereits angesprochen hatten: der Gratifikationsverschleiß der menschlichen Bedürfnisse. Die Erfolge der Technik oder der Medizin gelten zwar unbestritten, doch verlieren sie für die nachfolgenden Generationen an Bedeutung. Gesundheitsvorsorge und lebensverlängernde Maßnahmen sind heutzutage reine Dienstleistungen, man verspricht sich von einer Impfung keine religiöse Erfüllung. Die Technik eignet sich nicht als Religionsersatz. Zwar vereinfacht sie die tägliche Daseinsbewältigung des Menschen, doch kann sie sein metaphysisches Bedürfnis nicht langfristig befriedigen. Auch in diesem Bereich stößt die Utopie an ihre Grenzen. Die Hoffnungen, die man der Wissenschaft und Technik einst entgegenbrachte, schlagen in Enttäuschung, zuweilen sogar in Feindschaft um. Neue Erkenntnisse oder Erfindungen werden früher oder später trivial, der Fortschritt der modernen Wissenschaft und Technik hat seine Bedeutung als heilsrelevantes Wissen längst eingebüßt.[192] Daher zeigt sich auch für die naturwissenschaftlich-technische Utopie, daß sich ihre eschatologischen Inhalte allmählich verflüchtigt haben.

---

[192] Vgl. Friedrich H. Tenbruck, »Der Fortschritt der Wissenschaft als Trivialisierung«, in: Nico Stehr/René König (Hg.), Wissenschaftssoziologische Studien und Materialien. Sonderheft 18 der Kölner Zeitschrift für Soziologie und Sozialpsychologie, Opladen 1976, S. 19–47; Alois Hahn, »Soziologische Aspekte des Fortschrittsglaubens«, in: ders., Konstruktionen des Selbst, der Welt und der Geschichte. Aufsätze zur Kultursoziologie, Frankfurt a.M. 2000, S. 315–334.

Zweiter Teil

I. Ernst Blochs ontologische Fundierung der Utopie

Utopie findet nicht im Nirgendwo statt. Utopisches Denken ist nicht nur als Bewußtseinsinhalt gegeben, es bedarf außerdem einer objektiven Fundierung in der Welt. Auch Tagträume und Wunschvorstellungen gehen von der äußeren Wirklichkeit aus, wenngleich sie diese völlig willkürlich nach den Bedürfnissen des Menschen umgestalten. Utopische Entwürfe müssen sich dagegen an der vorhandenen Wirklichkeit orientieren, zumindest nach der von uns zugrundegelegten Definition, die voraussetzt, daß sich die Utopie auf den Bereich menschlicher Gestaltungsmöglichkeiten bezieht. Utopie kann es folglich nur in einer Welt geben, die dem Menschen die Möglichkeit neuer Bedürfnisse und Einsichten offen hält, die durch ihn bearbeitet und verändert werden kann.

Die ontologische Fundierung der Utopie bildet den Dreh- und Angelpunkt in der Philosophie von Ernst Bloch, mit der wir uns in diesem Kapitel ausführlicher befassen werden. Nachdem wir verschiedene Gestalten des utopischen Bewußtseins skizziert haben, wollen wir nun zu einer anthropologischen Grundlegung der Utopie fortschreiten. Dabei orientieren wir uns an dem Verhältnis von Mensch und Welt, das zunächst auf Blochs Anthropologie bezogen wird. Anschließend soll die »Ontologie des Noch-Nicht-Seins« besprochen werden, sodann das Verhältnis von Utopie und Tradition, schließlich das Konzept der konkreten Allianztechnik. Blochs Entwurf einer Vermittlung zwischen Mensch und Natur verdeutlicht, daß sich sein Utopiebegriff nicht auf Kultur und Geschichte beschränkt, sondern ebenso die Natur, ja den ganzen Kosmos umschließt. Gegen Ende des Kapitels wollen wir dann versuchen, einen Anschluß an unsere Definition des Utopischen herzustellen.

1. Der Mensch als Mängelwesen

Der Mensch ist nach seiner Geburt unfertig, unspezialisiert, nackt und bedürftig. Seine natürliche Ausstattung sichert ihm keinen Überlebensvorteil. „Wir sind als Menschen Mangelwesen par excellence", schreibt Bloch in Anlehnung an Herder. „Wir haben eine nur uns eigene Lebensnot, die uns Nacktgeborenen angestammt ist, und die die Tiere trotz ihres angstvoll unglücklichen Daseins in dieser Weise nicht kennen, weil sie viel besser ausgerüstet sind."[193] Der Mensch kompensiert seine physischen Mängel, indem er sich in der Welt einrichtet. Da die Natur ihm die Freiheit geschenkt hat, muß er für sein Leben vorsorgen. Diese Vorsorge dokumentiert sich in der Herstellung von Kleidung, Werkzeug oder

---

[193] Ernst Bloch, Abschied von der Utopie?, Frankfurt a.M. 1980, S. 101f.

Waffen, kurz: in all jenen Erzeugnissen, Handlungsweisen und Gedanken, die wir unter den Begriff der »Kultur« fassen. Kultur beruht auf der Fähigkeit des Menschen, Sachverhalte zu antizipieren. Der Mensch kann sich von den unmittelbaren Zwängen der Natur befreien, indem er das Resultat eines Prozesses gedanklich vorwegnimmt, indem er für die Zukunft, *seine* Zukunft plant. Dadurch unterscheidet er sich vom Tier, das prinzipiell an das Hier und Jetzt seiner Umwelt gebunden bleibt: „Kraft der Vor-stellung gibt es also ein Protendiertes, nicht nur Intendiertes, auf diese Weise Antizipiertes, und das macht erst den letzten menschlichen Topos aus bei alldem, nämlich den Topos des Utopischen, den nur die Menschen bewohnen, in dem sie, bei Strafe des Untergangs, sich anzusiedeln haben."[194]

Die Fähigkeit zur Antizipation eignet ausschließlich dem Menschen. Sie beschränkt sich nicht auf die Wiederholung bereits eingewöhnter Handlungs- und Herstellungsweisen, sondern umfaßt ebenso den Bereich der echten Zukunft. Echte Zukunft bedeutet Innovation, die Möglichkeit, Verhältnisse zu ändern, was freilich auch Risiken birgt. Bloch spricht nicht ohne Grund von der Strafe des Untergangs, die an die prekäre Situation des Menschen erinnert. Die Verwirklichung einer utopischen Vorstellung deckt sich nicht immer mit dessen Bedürfnisstruktur. Sie kann eine Eigendynamik entwickeln, die unter Umständen lebensbedrohlich wird. Tiere leben dagegen in einem stabileren Gleichgewicht. Ihr Verhalten wird in der Regel instinktiv gesteuert. Alles ist vorprogrammiert, auch die Zukunft, weshalb Bloch den Tieren lediglich eine unechte Zukunft zuspricht: „Eiablage, Nestbau, Wanderung werden durch den Instinkt vollzogen, als bestünde genaues »Wissen« der Zukunft, doch eben diese ist eine, worin nur die jahrmillionenalten Schicksale der Art geschehen. Sie ist eine inhaltlich alte, automatische Zukunft, folglich, da in ihr nichts Neues geschieht, die erwähnte unechte."[195] Echte Zukunft impliziert die Möglichkeit ihrer Gestaltung durch den Menschen. Davon kann bei Tieren und Pflanzen nicht die Rede sein. Freilich entläßt die Materie immer wieder neue Gestalten, es gibt Veränderung und Mutation, insofern auch Offenheit. Allerdings haben die organischen und

---

[194] Ebd., S. 106. Empfehlenswerte Sekundärliteratur zur Philosophie von Ernst Bloch: Hans Heinz Holz, Logos Spermatikos. Ernst Blochs Philosophie der unfertigen Welt, Darmstadt/Neuwied 1975; Peter Zudeick, Die Welt als Wirklichkeit und Möglichkeit. Die Rechtfertigungsproblematik der Utopie in der Philosophie Ernst Blochs, Bonn 1980; Ralf Becker, Sinn und Zeitlichkeit. Vergleichende Studien zum Problem der Konstitution von Sinn durch die Zeit bei Husserl, Heidegger und Bloch, Würzburg 2003. Von zentraler Bedeutung für den zweiten Teil dieser Arbeit ist der Aufsatz von Helmut Fahrenbach, »Der Mensch – ein utopisches Wesen? Die anthropologische Frage in der Philosophie Ernst Blochs«, in: Laboratorium Salutis. Beiträge zu Weg, Werk und Wirkung des Philosophen Ernst Bloch (1885–1977), Akademie der Diözese Rottenburg-Stuttgart 1985, S. 27–51. Als allgemeine Einführung in die Thematik empfiehlt sich der Aufsatz von Peter J. Brenner, »Aspekte und Probleme der neueren Utopiediskussion in der Philosophie«, in: Voßkamp, a.a.O., Bd. 1, S. 11–63.

[195] Bloch, Das Prinzip Hoffnung, a.a.O., S. 162.

anorganischen Gestalten der Natur keinen Einfluß auf diese Ereignisse, geschweige denn ein Wissen darüber. Nur der Mensch kann seine Stellung in der Natur reflektieren und zugleich mitgestalten, weshalb er von Bloch als archimedischer Punkt des Weltprozesses bestimmt wird: „Mit uns wachen die Dinge auf, völlig jenseits ihrer gerade zuständlichen Regel und treiben in der betreibbaren Möglichkeit. *Wir aber tragen diesen Funken des Endes durch den Gang, und der ist noch offen, voll unbeliebiger objektiver Phantasie.*"[196]

Utopie bleibt in Blochs Philosophie nicht auf das antizipierende Bewußtsein beschränkt. Sie setzt eine Welt voraus, die dem Menschen die Möglichkeit von Grenzüberschreitungen prinzipiell offenhält. Von »objektiver Phantasie« kann daher nur gesprochen werden, wenn utopische Entwürfe sich an den Gestaltungsmöglichkeiten des Menschen orientieren, wenn sie in der Welt objektiv fundiert sind. Blochs Utopiebegriff bezieht sich nicht nur auf den Menschen – er umschließt die Welt, den Kosmos, ja die ganze Materie. Bloch verwendet einen kosmologischen Utopiebegriff, er vertritt eine »Ontologie des Noch-Nicht-Seins«. Gleichwohl nimmt der Mensch darin eine besondere Stellung ein, da er allein in der Lage ist, das utopische Wesen der Welt zu erkennen. Ferner besitzt nur der Mensch ein höheres Maß an Freiheit und Gestaltungsmöglichkeiten, was ihn für Bloch gegenüber allen anderen Lebewesen auszeichnet:

> Der Mensch allein also ist hier das späte und doch erstgeborene Wesen, nur er hat die bei den Tieren so lange festgelegte Gattung durchbrochen, überstiegen. Er wurde, bei Strafe des Untergangs, das Werkzeug machende, das Umwege machende Tier, kam darum auch mit eingeborenen Reflexen, bisherigen Signalen kaum aus. Je länger, je mehr ist er auf bewußte Planung angewiesen, im Nesterbauen und was damit zusammenhängt; künstlich durchaus und doch vorn an der Front.[197]

Der Mensch verfügt nicht über die Instinktsicherheit der Tiere. Er ist ein künstliches, eben auf Kultur angelegtes Wesen. Der Mensch ist das Umwege machende Tier, wie Bloch in Anlehnung an Simmel schreibt. Seine Gedanken und Handlungen erschöpfen sich nicht in unmittelbarer Bedürfnisbefriedigung. Sie lassen sich verschiedenen Zwecken zuordnen und sind dadurch grundsätzlich aufschiebbar. Die Kultur beschreibt eine Vielfalt von Umwegen, die der Mensch einschlägt, um die unterschiedlichsten Bedürfnisse zu erfüllen. Dazu muß er sich immer wieder in den Bereich des Utopischen vorwagen, an die »Front«, wie es bei Bloch gelegentlich heißt. Offen bleibt jedoch die Frage, ob sich das Wesen der Kultur in einer unendlichen Vielfalt von Umwegen erschöpft oder ob es dem Menschen jemals möglich sein sollte, an ein Endziel zu gelangen, möglicherweise einen Zustand einzunehmen, den das Tier bereits auf einer früheren Stufe innehat.

---

[196] Ernst Bloch, Geist der Utopie. Bearbeitete Neuauflage der zweiten Fassung von 1923, in: Gesamtausgabe, Bd. 3, Frankfurt a.M. 1964, S. 286.

[197] Ebd., S. 292.

Die Beantwortung dieser Frage führt uns in das Zentrum von Blochs Philosophie, die als eine Ontologie des Utopischen angelegt ist. Utopie bedeutet den Entwurf einer besseren Welt, womit zugleich gesagt ist, daß sich die gegenwärtige Welt in einem Zustand des Mangels befindet. Der Mangel ist für Bloch nicht nur ein Wesensmerkmal des Menschen, sondern der ganzen Welt. Empfunden wird er aber nur in der organischen Natur. Alles Lebendige verspürt eine Bedürftigkeit, einen Hunger, der nach Sättigung verlangt. So heißt es zu Beginn der Tübinger Einleitung:

> Alles was lebt, muß auf etwas aus sein oder muß sich bewegen und zu etwas unterwegs sein, die unruhige Leere sättigt draußen ihr Bedürfnis, das von ihr kommt. Dergleichen kann dann auf kurze Zeit befriedigen, als wäre keine Frage, Nachfrage gewesen. Lange hält die Befriedigung aber niemals vor, Not meldet sich wieder, es muß mit Vorsorge an sie gedacht werden und vor allem so, daß sie verschwinden könne, zwar nicht als Hunger und Mangel schlechthin, doch als Mangel am Nötigsten.[198]

Hunger und Mangel treiben nicht nur das Tier an, sie sind auch der Motor der kulturellen Entwicklung: „Not lehrte zuerst das Denken."[199] Allerdings erschöpft sich die Vorsorge des Menschen nicht in der Sicherung seiner Primärbedürfnisse. Während das Tier seinen Hunger unmittelbar befriedigt, entwickelt der Mensch immer wieder neue Bedürfnisse, die ihm eine endgültige Erfüllung zu verweigern scheinen. Aus diesem Grund ist der Mensch für Bloch das Mängelwesen par excellence. Nicht nur seine physische Ausstattung, sondern auch seine offene Bedürfnisstruktur läßt ihn den Mangel besonders deutlich empfinden. Der Zielpunkt von Blochs Philosophie besteht nun in der Überwindung des Mangels, in der Herstellung eines endgültigen Gelungenseins, eines »Alles« durch den Menschen. Da dieser Zustand noch aussteht, befinden sich Mensch und Welt in einem offenen Prozeß, der sowohl gelingen als auch scheitern kann. Die Affekte werden von Bloch ontologisch fundiert, auch die Welt wird als ein Zustand des Mangels, der Not und des »Nicht« interpretiert. Dabei zeigt sich für Bloch,

> daß kategoriale Grundbegriffe (Gründlichkeiten) einzig durch die Affektlehre hindurch zugänglich gemacht werden. Denn nur die Affekte, nicht die affektlosen, vielmehr affektlos gemachten Gedanken reichen so tief in die ontische Wurzel, daß an sich so abstrakt scheinende Begriffe wie Nicht, Nichts, Alles samt ihren Unterscheidungen mit Hunger, Verzweiflung (Vernichtung), Zuversicht (Rettung) synonym werden. Diese Begriffe erhellen so die Grundaffekte, wie die Grundaffekte die ontologischen Grundbegriffe, indem sie ihnen den intensiven Stoff kenntlich machen, dem sie entspringen, durch den sie brennen, und den sie erhellen.[200]

---

[198] Bloch, Tübinger Einleitung in die Philosophie, a.a.O., S. 14f.
[199] Ebd., S. 15.
[200] Das Prinzip Hoffnung, a.a.O., S. 357.

Hoffnung, Zuversicht, Verzweiflung und Angst bilden insofern Grundaffekte, als sie kategorialen Grundbegriffen entsprechen, die auf ein mögliches Ende des Weltprozesses gerichtet sind. In Blochs Philosophie ist aufgrund dieser ontologischen Fundierung eine Hermeneutik der Affekte angelegt. Blochs Bestimmung des Menschen geht zunächst von der Trieb- und Bedürfnisstruktur aus, seiner Philosophie liegt eine Anthropologie zugrunde.

2. Hermeneutik der Affekte

Als Zugang zu Blochs Anthropologie empfiehlt sich der zweite Teil seines Hauptwerks »Das Prinzip Hoffnung«, in dem Bloch seiner Philosophie eine Affektlehre des Menschen zugrundelegt. Ausgangspunkt seiner Überlegungen ist der Begriff des Lebens. Alles Lebendige verspürt in sich, so Bloch, ein unnachgiebiges Drängen, ein zielloses Streben, hinter das nicht weiter zurückgefragt werden kann. Zu Beginn des Kapitels heißt es:

> Wer treibt in uns an? Wir regen uns, sind warm und scharf. Was lebt, ist
> erregt, und zwar zuerst durch sich selbst. Es atmet, solange es ist, und reizt
> uns auf. Um immer wieder zu kochen, von unten her. Daß man lebt, ist
> nicht zu empfinden. Das Daß, das uns als lebendig setzt, kommt selber
> nicht hervor. Es liegt tief unten, dort, wo wir anfangen, leibhaft zu sein.
> Dieser Stoß in uns ist gemeint, wenn man sagt, der Mensch lebe nicht, um
> zu leben, sondern »weil« er lebt. Keiner hat sich diesen drängenden
> Zustand ausgesucht, er ist mit uns, seit wir sind und indem wir sind. Leer
> und daher gierig, strebend und daher unruhig geht es in unserem unmittel-
> baren Sein her. Aber all dies empfindet sich nicht, es muß dazu erst aus
> sich herausgehen. Dann spürt es sich als »Drang«, als ganz vagen und
> unbestimmten. Vom Daß des Drängens kommt kein Lebender los, so
> müde er auch davon geworden sein mag. Dieser Durst meldet sich stets
> und nennt sich nicht.[201]

Unter »Drang« versteht Bloch eine weitgehend unbewußte, empfindungs- und vorstellungslose Kraft. Die Ähnlichkeit zu Max Scheler, der seine Anthropologie ebenfalls mit dem »Gefühlsdrang« einleitet, ist kaum zu übersehen, bleibt jedoch unerwähnt. Der Gefühlsdrang hat für Scheler eine fundamentale Bedeutung, da er die notwendige Triebenergie für sämtliche Lebenserscheinungen bereitstellt.[202] Damit will Scheler sagen, daß bereits die menschlichen Triebe und Affekte als Artikulationen des Gefühlsdrangs zu verstehen sind, eine Auffassung, die auch Bloch seiner Affektlehre zugrunde legt. Der Drang ist zunächst gänzlich unbestimmt. Bloch vergleicht ihn mit einem blinden und leer schweifenden Suchen, das in alle Richtungen zugleich ausschlägt und keinerlei Zweckbestimmung

---

201 Ebd., S. 49.
202 Vgl. Max Scheler, »Die Stellung des Menschen im Kosmos« (1928), in: Gesammelte Werke, Bd. 9, Bern/München 1976, S. 16.

kennt. Erst wenn der Drang in ein gezieltes Treiben umschlägt, erst wenn er auf etwas gerichtet ist, kann von einem Trieb gesprochen werden. Dabei macht es einen Unterschied, ob der Trieb empfunden wird oder nicht. Wird er bewußt wahrgenommen, „so ist der *gefühlte Trieb* nun das Besondere von jeweils einzelnen »Leidenschaften«, »Affekten«."[203]

Während sich ein Großteil der menschlichen Triebe erst ausbildet, indem das Drängen auf konkrete Gegenstände bezogen wird, sind Triebgegenstand und Triebabfuhr beim Tier instinktiv festgelegt. Das muß nicht heißen, daß das Verhalten des Tieres immer automatisch abläuft. Schließlich gibt es auch Tiere, die lernfähig sind. Der allgemeine Ablauf einer Handlungskette, das Reiz-Reaktions-Schema, wird allerdings vererbt, weshalb sich das Verhalten der gesamten Gattung durch den Begriff des Instinkts zutreffend beschreiben läßt. Beim Menschen kann man allenfalls von Instinktresiduen sprechen. Seine Triebstruktur ist zu unbestimmt, als daß er auf vorgeprägte Verhaltensmuster zurückgreifen könnte. Dadurch ist er in der Lage, sich in gleichen Situationen unterschiedlich zu verhalten. Er kann aus Erfahrungen lernen, er kann sein Verhalten überdenken und gegebenenfalls korrigieren. Zwischen Trieb und Erfüllung verbleibt ein Raum, in den das Bewußtsein eintreten kann. Der Mensch entwickelt Vorstellungen, die über seine unmittelbare Daseinsbewältigung hinausweisen. Dadurch werden nicht nur lebensnotwendige Maßnahmen wie Planung und Vorsorge möglich, sondern auch Bewußtseinsphänomene wie das Wünschen, das keinen biologischen Zweck zu erfüllen scheint:

> Das Tier bezieht sich auf das Ziel in der Art seiner jeweiligen Begierde selbst, der Mensch malt es sich auch noch aus. Daher kann der Mensch nicht nur begehren, sondern wünschen. Letzteres ist weiter, setzt mehr Farbe an als das Begehren. Denn das »Wünschen« ist auf eine Vorstellung hin gespannt, in der die Begierde das Ihre sich ausmalen läßt. Das Begehren ist gewiß viel älter als das Vorstellen des Etwas, das begehrt wird. Doch eben indem das Begehren zum Wünschen übergeht, legt es sich die mehr oder minder bestimmte Vorstellung seines Etwas zu, und zwar als eines *besseren* Etwas. Das Verlangen des Wunsches steigt gerade mit der Vorstellung des Besseren, gar Vollkommenen seines erfüllenden Etwas. So daß zwar nicht fürs Begehren, wohl aber fürs Verlangen des Wunsches gesagt werden darf: Wünschen geht, wenn auch aus Vorstellungen nicht hervor, so doch erst mit ihnen auf.[204]

Der Wunsch ist immer schon mit einer bestimmten Vorstellung verknüpft, doch wäre dies nicht möglich, wenn nicht zuvor die triebhafte Aufmerksamkeit für das Denken ins Bessere durch das Begehren bereitgestellt würde. Die kognitiven Leistungen sind für Bloch folglich in der Triebstruktur des Menschen fundiert.

Der primäre Weltbezug des Menschen wird für Bloch über die Affekte gesteuert. Schon in seinem Frühwerk vertritt er die These, daß „alles tiefere Er-

---

[203] Bloch, Das Prinzip Hoffnung, a.a.O., S. 50.
[204] Ebd., S. 50f.

kennen, soll es Erkenntnis des allein Erkenntniswürdigen, ja des allein noch Erkennbaren bringen, emotional anheben" muß.[205] Bevor ein spezifischer Gegenstandsbezug zustande kommt, sind die Affekte in Form eines halb unmittelbaren Selbstgefühls gegeben. Dieser diffuse Zustand beeinflußt das Befinden und die Stimmungen. Auch die Unterscheidung der Affekte in verschiedene Temperamente, etwa in das sanguinische oder in das melancholische, fällt für Bloch in die Kategorie der »intransitiven« Gemütsbewegungen, also jener Affekte, die noch nicht deutlich auf äußere Gegenstände bezogen sind. Erst wenn sich diese Affekte mit Empfindungs- und Vorstellungsinhalten füllen, kommt es zu einer spezifischen Gegenstandszuwendung:

> Je mehr freilich Empfindungs- und Vorstellungsinhalte hinzutreten, desto deutlicher werden diese intransitiven Vorgänge auch gegenstandsbezogen und transitiv: wie das vage Begehren durch Vorstellungen seines Etwas zu Wünschen mit Wunschinhalt übergeht, so regiert erst recht nun in der Affektwelt Liebe zu etwas, Hoffnung auf etwas, Freude an etwas. Ohnehin gäbe es ja gar keine Verabscheuungen oder Begehrungen ohne das äußere Etwas, das sie hervorruft; nur eben: dieses äußere Etwas muß nicht von vornherein deutlich sein.[206]

Die Ausdifferenzierung des vagen Begehrens wird erreicht, indem die Triebimpulse des Menschen an bestimmte Vorstellungen gekoppelt werden, indem das ganze Drumherum des täglichen Lebens emotional besetzt wird. Affekte wie Liebe, Freude oder Hoffnung können sich nur dann spezifizieren, wenn sie auf bestimmte Gegenstände, Sachverhalte oder Personen intentional bezogen sind. Bleibt der Begriff der Intention bei Brentano noch auf das Vorstellen und Denken beschränkt, so überträgt ihn Bloch ausdrücklich auf die Triebstruktur des Menschen. Die Affekte erhalten sogar den Vorzug gegenüber reinen Bewußtseinsleistungen: „sie sind sich zuständlich-intensiv gegeben, weil sie vorzüglich von dem Streben, dem Trieb, dem Intendieren bewegt sind, das allen Intentionsakten, auch den vorstellenden und denkend-urteilenden, zugrunde liegt. Das »Interesse« liegt ihnen letzthin zugrunde und ist dasjenige, das die Menschen wirklich am nächsten berührt."[207]

Das Interesse des Subjekts geht von der Bedürfnisstruktur aus. Die Affekte werden dem Geist vorgeordnet, was allerdings nicht heißt, daß Bloch es bei einem bloßen Irrationalismus bewenden läßt. Die Erkenntnis hebt zwar emotional an, doch muß sie mit intellektueller Berührung einhergehen, soll sie eine geordnete und nachvollziehbare Erkenntnis werden.[208] Die Triebstruktur des Menschen wird seinen kognitiven Fähigkeiten folglich nicht entgegengesetzt.

---

[205] Geist der Utopie, a.a.O., S. 258.
[206] Das Prinzip Hoffnung, a.a.O., S. 78.
[207] Ebd., S. 79.
[208] Vgl. ebd., S. 80.

Natur und Geist sind immer schon verknüpft, sie lassen sich nur methodisch trennen.

Bloch betont in seiner Anthropologie die Notwendigkeit einer äußeren Zuwendung der Triebe, in der die Geschichtlichkeit aller Bedürfnisse begründet liegt. Seine Überlegungen sind aber zunächst rein formaler Natur. Bloch unterscheidet zwischen Drang, Trieb und Affekt, weiterhin zwischen intransitiven und transitiven Gemütsbewegungen. Die Triebstruktur des Menschen wird ferner in gefüllte Affekte und Erwartungsaffekte unterteilt:

> Gefüllte Affekte (wie Neid, Habsucht, Verehrung) sind solche, deren Triebintention kurzsinnig ist, deren Triebgegenstand bereit liegt, wenn nicht in der jeweiligen individuellen Erreichbarkeit, so doch in der bereits zurhandenen Welt. *Erwartungsaffekte* (wie Angst, Furcht, Hoffnung, Glaube) dagegen sind solche, deren Triebintention weitsinnig ist, deren Triebgegenstand nicht bloß in der jeweiligen individuellen Erreichbarkeit, sondern auch in der bereits zurhandenen Welt noch nicht bereit liegt, mithin noch am Zweifel des Ausgangs oder des Eintritts statthat.[209]

Erwartungsaffekte und gefüllte Affekte beruhen auf der Instinktentbundenheit des Menschen. Zwischen Trieb und Erfüllung verbleibt ein Raum, in den das Bewußtsein eintreten kann. Die gefüllten Affekte verengen diesen Raum, indem sie das Bewußtsein verdrängen, wodurch der Zyklus von Trieb und Erfüllung gleichsam automatisiert wird. Die Erwartungsaffekte bilden sich dagegen erst aus, indem der Mensch den Raum zwischen Trieb und Erfüllung durch Träume, Wünsche oder utopische Vorstellungen erweitert. Erwartungsaffekte beschreiben eine triebhafte Aufmerksamkeit, die sich auf ein noch Ausstehendes, Unverwirklichtes richtet. Dennoch unterscheiden sie sich von dem, was üblicherweise unter Erwartung verstanden wird. Zwar haben Erwartungen stets einen Zukunftsbezug, doch müssen sie nicht notwendig auf etwas Neues gerichtet sein. Schließlich definieren sie sich in der Regel eher dadurch, daß in ihnen *nicht* mit Überraschungen gerechnet wird. Insofern können sie sich auch auf eine unechte Zukunft beziehen, ebenso wie sich Furcht oder Hoffnung auf eine unechte Zukunft beziehen können, sofern sie nämlich eine banale Erfüllung intendieren – etwa die Hoffnung, einen bestimmten Termin einhalten zu können, oder die Befürchtung, den Zug zu verpassen. Erwartungsaffekte heißen für Bloch aber nur diejenigen Affekte, die sich auf eine echte Zukunft beziehen: „während die gefüllten Affekte nur eine unechte Zukunft haben, nämlich eine solche, worin objektiv nichts Neues geschieht, implizieren die Erwartungsaffekte wesentlich eine echte Zukunft; eben die des Noch-Nicht, des objektiv so noch nicht Dagewesenen."[210]

Unter den Erwartungsaffekten hebt Bloch besonders die Hoffnung hervor. Sie bildet das affektive Pendant zu jeder utopischen Überschreitung, sie kann die

---

[209] Ebd., S. 82f.
[210] Ebd., S. 83.

Antriebsenergie für alle produktiven Handlungs- und Denkweisen bereitstellen, die sich auf eine echte Zukunft beziehen. Bloch will die Hoffnung als religiöse Jenseitsvertröstung aus ihrer Passivität befreien und für die Handlungsmöglichkeiten des Menschen zurückgewinnen. Darin besteht ihr Vorzug gegenüber den negativen Erwartungsaffekten, die das Handeln zwar auch motivieren können, die der echten Zukunft aber eher ablehnend gegenüberstehen. Schließlich ist echte Zukunft mit einer Ungewißheit verbunden, die ebenso Angst oder Furcht hervorrufen kann. Die Hoffnung ist als positiver Erwartungsaffekt dagegen optimistisch eingestellt. Ferner ist sie „fähig zu logisch-konkreter Berichtigung und Schärfung."[211] Das unterscheidet sie nicht zuletzt von den Stimmungen, die als solche diffus und ungerichtet bleiben. Bloch entwickelt also einen Begriff von Hoffnung, der an der Triebstruktur des Menschen ansetzt, dem aber zugleich eine utopische Funktion zukommt: die Hoffnung wird *„nicht nur als Affekt* genommen, (...) sondern *wesentlicher als Richtungsakt kognitiver Art* (...).“[212] Blochs Philosophie enthält insofern irrationale Züge, als der emotional-affektive Unterbau zum Motor aller Erkenntnis bestimmt wird. Irrational bedeutet hier aber nicht *wider* die ratio, sondern *außerhalb* der ratio, bezieht sich also auf die Affektstruktur des Menschen, die durchaus mit rationalen Erwägungen einhergehen kann. Bloch spricht auch von der »docta spes«. Das Hoffen will gelernt sein, es muß sich an den geschichtlichen Möglichkeiten orientieren und darf nicht in blindes Zutrauen oder Wunschdenken umschlagen: „Erst wenn Vernunft zu sprechen beginnt, fängt die Hoffnung, an der kein Falsch ist, wieder an zu blühen."[213] Die Hoffnung hat ihren Ort in der Welt. Sie ist nicht bloß als Bewußtseinsinhalt gegeben, sondern als Grundaffekt, der ontologisch fundiert ist, weshalb Bloch auch von dem »Prinzip Hoffnung« spricht.[214]

Die Plastizität der menschlichen Triebe verdeutlicht, warum die Bedürfnisstruktur des Menschen nicht als eine isolierbare Triebschicht aufgefaßt oder auf eine solche reduziert werden darf.[215] Worauf sich die Aufmerksamkeit des Menschen richtet und als was für ein Bedürfnis sie interpretiert wird, entscheidet sich erst innerhalb eines historischen Bedeutungshorizonts. Aus diesem Grund unterscheidet Bloch den formalen Triebbegriff von seinen inhaltlichen Ausprägungen, die mit dem historischen Kontext variieren: „Der formale Triebbegriff ist somit eine Abstraktion der realen, geschichtlichen Sachverhalte und empirisch nie auffindbar. In geschichtlich-gesellschaftlichen Situationen lassen sich nur bestimmte Konkretisierungen des formalen Agens beobachten, die nicht zu ahistorischen, inhaltlich bestimmten Triebkonstanten verewigt werden dür-

---

[211] Ebd., S. 126.
[212] Ebd., S. 10.
[213] Ebd., S. 163.
[214] Utopie und Hoffnung werden allerdings nicht immer eindeutig abgegrenzt. Mitunter spricht Bloch auch von dem »utopischen Prinzip«. Vgl. ebd., S. 6.
[215] Vgl. Fahrenbach, »Der Mensch – ein utopisches Wesen?«, a.a.O., S. 36.

fen."[216] Bloch nennt als Beispiele den Erwerbstrieb, den Rekordtrieb, den Todestrieb und den religiösen Trieb.[217] Allerdings ist diese Möglichkeit einer geschichtlichen Überformung der Triebe nicht mit freier Beliebigkeit gleichzusetzen. Zumindest diejenigen Triebe, die man gemeinhin als Instinktresiduen bezeichnet, bewahren eine begrenzte Selbständigkeit. Dazu gehören der Aggressionstrieb, der Geschlechtstrieb und der Selbsterhaltungstrieb. Für Bloch ist der Selbsterhaltungstrieb sogar der durchgängigste Grundtrieb, da er das Prius der ökonomischen Wirkkräfte zum Ausdruck bringt.[218] Gleichwohl wird auch der Selbsterhaltungstrieb des Menschen kulturell genormt, zuweilen sogar außer Kraft gesetzt. Wie die historische Erfahrung zeigt, kann der Mensch sein Leben für einen Ehrenkodex oder eine religiöse Überzeugung opfern. Auch der Aggressions- und der Geschlechtstrieb werden kulturell überformt. Die Haßobjekte wechseln mit der Zeit ebenso wie die Objekte erotischer Zuneigung.

Die menschlichen Triebe sind nicht ein für allemal an bestimmte Vorstellungsinhalte gebunden, noch als angebliche Triebkonstanten unveränderlich vorgegeben, weshalb sich die Affekte und Leidenschaften des Menschen nur hermeneutisch ergründen lassen. Auch Bloch betreibt eine Hermeneutik der Affekte,[219] die allerdings auf eine Überwindung der Geschichte angelegt ist. Die formale Anthropologie sagt nichts über die Bestimmung des Menschen aus, ebensowenig der Nachweis, daß seine Affekte und Leidenschaften historisch variieren. So schreibt Bloch:

> Wie kein Trieb starr bleibt, so auch das nicht, was ihn trägt. Ein für allemal gesetzt ist hier gar nichts, etwa am Anfang, sondern gerade unser Selbst ist uns nicht vorgegeben. Indem es einen geschichtlichen Wechsel der Leidenschaften gibt, neue mit neu gesetzten Zielen entspringen, verändert sich auch der subjektive Herd, auf dem sie alle kochen.[220]

Die Geschichtlichkeit von Trieb und Träger behält für Bloch nicht das letzte Wort. Die offene Bedürfnisstruktur des Menschen wird auf ein Endziel bezogen, auf das »eigentliche« Wesen von Mensch und Welt, das in geschichtlicher Praxis verwirklicht werden soll. Dieser Gedanke wird bereits im Frühwerk anthropologisch fundiert. Dort heißt es: „die Instinkte des Geschlechts oder der Selbsterhaltung oder des Machtwillens bilden bloße Enklaven, bloße trübe, verkleidete, unfreie, automatische Vorspiele unseres »echten«, »richtigen«, »menschenhaften«, »geistlichen« Willens und Instinkts."[221] Nicht die Selbsterhaltung, sondern die Selbsterweiterung des Menschen bringt die Dinge in Bewegung. Nur der Mensch besitzt die Fähigkeit, den Weltprozeß mitzugestalten und einem gelun-

---

[216] Peter Widmer, Die Anthropologie Ernst Blochs, Frankfurt a.M. 1974, S. 25.
[217] Vgl. Bloch, Das Prinzip Hoffnung, a.a.O., S. 54f.
[218] Vgl. ebd., S. 74.
[219] Vgl. ebd., S. 1257.
[220] Ebd., S. 74.
[221] Geist der Utopie, a.a.O., S. 239.

genen Ende entgegenzuführen. Dazu muß er sich aber an den objektiven Möglichkeiten in der Welt orientieren, weshalb Bloch seine Anthropologie in einer Ontologie des Noch-Nicht-Seins fundiert.

3. Zur Ontologie des Noch-Nicht-Seins

Platon hat gesagt, daß das Staunen die Wurzel der Philosophie sei. Staunen kann nur ein Lebewesen, das in seiner Umwelt nicht unmittelbar aufgeht. Aus diesem Grund ist das Verhältnis von Mensch und Welt kein fraglos gegebenes, sondern ein hintergründig offenes. Die bloße Tatsache des Fragen-Könnens unterscheidet den Menschen vom Tier. Der Mensch muß sich seine Welt erschließen, sie ist ihm nicht gegeben, sondern aufgegeben. Die Zugänge zur Welt stehen nicht ein für allemal fest. Daß eine bestimmte Auffassung oder Weltsicht in Frage gestellt werden kann, liegt für Bloch im utopischen Wesen des Menschen begründet. Solange der Mensch noch Fragen stellt, andere Antworten sucht, weil die gegenwärtigen ihn nicht zufrieden stellen, solange ist sein Verhältnis zur Welt als unabgeschlossener Prozeß zu begreifen. „Wir werden als Philosophen geboren", schreibt Bloch, „aber dies ursprüngliche wird uns sehr rasch abgewöhnt, weil Fragen auch unbequem sein kann. Und doch: damit geht es an, geht das Nachdenken an, geht die menschliche Kultur an."[222] Jede Kultur gibt Antworten, die auf Dauer unbefriedigend sind. Daß sich der Mensch an Dingen stößt, daß er über sie erstaunen und sie für fragwürdig befinden kann, macht sein Verhältnis zur Welt aus. Das fragende Staunen ist für Bloch im Mangel und Nicht-Haben des Menschen fundiert, es „bleibt auch, wenn es entspannt, gesättigt zu sein scheint, unruhig, hat immer wieder sein erstes Fragen in sich."[223] Das Staunen geht über empirische Fragestellungen hinaus, es ist für Bloch „nicht auf Gewordenes letzthin bezogen, sondern auf ein Fragen selber, das ungeworden und ungelöst durch die Welt geht."[224] Das Verhältnis von Mensch und Welt beschreibt Bloch als einen Prozeß gegenseitiger Bestimmung. Die Frage, was der Mensch sei, läßt sich nicht unabhängig von der Welt stellen. Ebensowenig läßt sich die Frage, was die Welt sei, unabhängig vom Menschen stellen.[225] Mensch und Welt sind korrelativ aufeinander bezogen; sie sind nicht endgültig festgelegt, sondern offen für Veränderungen.

Die prinzipielle Fragwürdigkeit von Mensch und Welt wird bei Bloch in das Konzept einer »Ontologie des Noch-Nicht-Seins« eingebaut. Den Ausgangspunkt dieses Konzepts bildet das Wechselverhältnis von Sein und Bewußtsein, das sich bereits bei Karl Mannheim findet, der ja utopisches Bewußtsein als seinstranszendent bestimmt, was voraussetzt, daß es erst mit einem gegebenen

---

[222] Abschied von der Utopie?, a.a.O., S. 120.
[223] Tübinger Einleitung in die Philosophie, a.a.O., S. 16.
[224] Ebd., S. 18.
[225] Vgl. ebd., S. 54; Das Prinzip Hoffnung, a.a.O., S. 1577.

Sein anheben kann. Das utopische Bewußtsein umfaßt für Bloch Akte und Inhalte, die zwar vom Subjekt vollzogen werden, die sich aber nur in Wechselwirkung mit dem sie umgebenden Sein konkretisieren können. Utopischen Vorstellungen geht ein Prozeß der Bewußtwerdung voraus, an dessen Anfang das »Noch-Nicht-Bewußte« steht:

> Das Noch-Nicht-Bewußte ist so einzig das Vorbewußte des Kommenden, der psychische Geburtsort des Neuen. Und es hält sich vor allem deshalb vorbewußt, weil eben in ihm selber ein noch nicht ganz manifest gewordener, ein aus der Zukunft erst heraufdämmernder Bewußtseinsinhalt vorliegt. Gegebenenfalls sogar ein erst objektiv in der Welt entstehender; so in allen produktiven Zuständen, die mit nie Dagewesenem in Geburt stehen.[226]

Das Noch-Nicht-Bewußte ist auf einen objektiven Gegenhalt angewiesen, der sich für Bloch in zwei Grundelementen der Wirklichkeit findet: „in ihrer *Tendenz*, als der Spannung des verhindert Fälligen, in ihrer *Latenz*, als dem Korrelat der noch nicht verwirklichten objektiv-realen Möglichkeiten in der Welt."[227] Bloch spricht auch von Spuren und Chiffren, die auf ein noch Ausstehendes, die auf das »Noch-Nicht-Gewordene« in der Welt deuten. Tendenz und Latenz liegen oftmals unterhalb der Bewußtseinsschwelle des Menschen, können aber, je nach Richtung und Stärke seiner Aufmerksamkeitszuwendung, bewußt gemacht werden. Das Noch-Nicht-Bewußte bezeichnet insofern eine neue Bewußtseinsklasse, die dem utopischen Potential des Menschen Rechnung trägt, einen Raum für neue Gedanken und Ideen, die allerdings erst durch das Wechselverhältnis zur Welt schärfere Konturen gewinnen. Wenn sie schließlich bewußt werden, ist der Zeitpunkt des genialen Einfalls gekommen, der Gedankenblitz oder das Heureka treten ein. Indem der Mensch diese Tendenzen erkennt, kann er Sachverhalte antizipieren, die über sein bisheriges Wirklichkeitsverständnis hinausgehen.

Will man den Menschen als utopisches Wesen bestimmen, so muß man eine unfertige Welt voraussetzen: „In einer geschlossenen, in einer fertigen Welt ist jedes Utopikum heimatlos."[228] Aus diesem Grund distanziert sich Bloch ausdrücklich von Platons Ideenlehre, insbesondere von dem Begriff der »Anamnesis«, den Bloch als Verurteilung des Menschen zu einer statischen Welt interpretiert. Anamnesis bedeutet Erinnerung an die ewigen und unveränderlichen Ideen, was Bloch in der Tradition platonistischer Lesart als bloße Rezeptivität fixierter

---

[226] Das Prinzip Hoffnung, a.a.O., S. 132.

[227] Ebd., S. 727. Neben »Tendenz« und »Latenz« umfaßt Blochs Ontologie des Noch-Nicht-Seins ebenso die Kategorien »Ursprung«, »Novum« und »Front«, die hier jedoch vernachlässigt werden, da sie für unsere Untersuchung keine neuen Ergebnisse bringen. Eine Erweiterung der Kategorienlehre hat Bloch in seinem Spätwerk vorgelegt. Vgl. Ernst Bloch, Experimentum Mundi. Frage, Kategorien des Herausbringens, Praxis, in: Gesamtausgabe, Bd. 15, Frankfurt a.M. 1975.

[228] Abschied von der Utopie?, a.a.O., S. 107.

Wesenheiten deutet.[229] In Blochs Philosophie entwickelt sich das Denken dagegen korrelativ zu einer Welt, die offen und gestaltbar ist: *„Das Sein, das das Bewußtsein bedingt, wie das Bewußtsein, das das Sein bearbeitet, versteht sich letzthin nur aus dem und in dem, woher und wonach es tendiert.* Wesen ist nicht Gewesenheit; konträr: das Wesen der Welt liegt selber an der Front."[230] Das Wesen der Welt steht noch aus, die Verwirklichung bleibt der Zukunft vorbehalten. Bloch versteht unter Wesen folglich nicht die *Bestimmung* der Welt, sondern die *Bestimmbarkeit*, die dem Menschen aufgegeben ist. Utopische Vorstellungen beschränken sich daher nicht auf die Erkenntnismöglichkeiten des Menschen, sie gehören ebenso in den Bereich der Praxis. Blochs Philosophie konzentriert sich auf das Fortbilden, nicht auf das bloße Abbilden der Dinge.[231] Mensch und Welt befinden sich in einem offenen, unabgeschlossenen Prozeß mit gegenseitiger Einwirkung:

> Freilich ginge auch inwendig nichts um, wäre das Auswendige völlig dicht. Draußen aber ist das Leben so wenig fertig wie im Ich, das an diesem Draußen arbeitet. Kein Ding ließe sich wunschgemäß umarbeiten, wenn die Welt geschlossen, voll fixer, gar vollendeter Tatsachen wäre. Statt ihrer gibt es lediglich Prozesse, das heißt dynamische Beziehungen, in denen das Gewordene nicht völlig gesiegt hat.[232]

In Blochs Philosophie finden sich unterschiedliche Weltbegriffe.[233] Unter Welt versteht Bloch einerseits das Seiende, die Welt der vorhandenen Dinge einschließlich ihrer Bedeutsamkeiten und Sinnbezüge. Kurzum: die Welt als Wirklichkeit, die den Ausgangspunkt aller weiteren Bestimmungen bildet, die den Rahmen vorgibt, innerhalb dessen der Mensch mit Gestaltungsmöglichkeiten experimentieren kann. Die Welt ist für Bloch nicht unbegrenzt offen, ebensowenig ist sie in jeglicher Hinsicht dem menschlichen Gestaltungswillen unterworfen. Utopische Vorstellungen müssen sich an der Wirklichkeit orientieren. Auch die Hoffnung muß mit dem Gang der Dinge vermittelt sein, ansonsten wird sie zur blinden Hoffnung. Daher die Notwendigkeit einer Analyse der

---

[229] Gelegentlich findet sich eine differenziertere Interpretation der Philosophie Platons, wie die folgende Stelle aus dem Spätwerk zeigt: „Gerade Platon hat gezeigt, daß die Ideen nicht still zu bleiben brauchen, indem er, hierin wenig kontemplativ, gar schaulustig, vielmehr seine Schau durchbrechend und sie praktisch besiegelnd, dreimal nach Syrakus fuhr, um die Utopie seines vorletzten Dialogs Politeia wirklich zu machen. Und genau dieser stärkste Idealist sah eine ihn aufrufende Spannung zwischen Erscheinung in der Realität und seinen sogenannten reinen Ideen, wie sie, statt die Realität einzuklammern, eine volle Parusie, Beiwohnung des Gesolltseins in ihr zu betreiben suchte." Experimentum Mundi, a.a.O., S. 163.

[230] Das Prinzip Hoffnung, a.a.O., S. 17f.

[231] Vgl. Tübinger Einleitung in die Philosophie, a.a.O., S. 154ff.

[232] Das Prinzip Hoffnung, a.a.O., S. 225.

[233] Vgl. Hans-Peter Hempel, »Das Sein- und Zeit-Verständnis Ernst Blochs«, in: Bloch-Almanach 6 (1986), hg. vom Ernst-Bloch-Archiv der Stadtbibliothek Ludwigshafen, S. 11–29, S. 15ff.

gesellschaftlichen Entwicklung und ihrer Triebkräfte, deren Aufgabe für Bloch ja darin besteht, die Bedingungen einer möglichen Verwirklichung utopischer Entwürfe aufzudecken. Utopisches Denken muß folglich an die vorhandene Welt anknüpfen, darf andererseits aber nicht bei ihr stehen bleiben. Die Welt des Seienden muß deshalb auf eine noch nicht herausgebrachte, zukünftige Welt bezogen werden, auf eine Welt im metaphysischen Sinn: die Welt als Möglichkeit. Diese Welt bildet den Maßstab aller anderen Welten, ihr Wesen, welches von Bloch aber nicht platonistisch gedeutet wird. Das Wesen der Welt wird nicht überzeitlich fixiert, ebensowenig bleibt es dem Menschen als »Ding an sich« prinzipiell unzugänglich.[234] Die Welt befindet sich vielmehr in einem offenen Prozeß, den der Mensch, so Bloch, einem glücklichen Ende entgegenführen kann.

Das Fundament der Utopie liegt für Bloch im größten Nenner, in der Materie, die alles Organische wie Unorganische umfaßt. Die Materie ist das unfertige, immanente Substrat der Welt, aus dem immer wieder neue Gestalten hervorgehen, wobei diese schöpferische Fülle nicht durch eine außerhalb der Materie gelegene Kraft verursacht wird, sondern als »natura naturans« in der Materie selber liegt.[235] Blochs Philosophie hat insofern einen ganzheitlichen Anspruch. Im Unterschied zu Mannheim beschränkt sich Blochs Utopiebegriff nicht auf ein konkret-historisches Sein. Nicht nur Geschichte und Kultur, sondern auch Natur und Materie werden als utopisch bestimmt. Der Mensch ist in die ihn tragende, ihn kosmisch umgebende Natur eingeschlossen, wobei er eine besondere Stellung einnimmt, da er die Welt in geschichtlicher Praxis dechiffrieren und ihrem noch ungewordenen Wesen entgegenführen kann. Spuren und Chiffren gibt es für Bloch aber nur, *„weil der Weltprozeß selber eine utopische Funktion ist, mit der Materie des objektiv Möglichen als Substanz.* Die utopische Funktion der menschlich bewußten Planung und Veränderung stellt hierbei nur den vorgeschobensten, aktivsten Posten der in der Welt umgehenden Aurora-Funktion dar: des nächtlichen Tags, worin alle Real-Chiffern, das heißt Prozeßgestalten noch geschehen und sich befinden.“[236] Blochs Philosophie verbindet Anthropologie und Kosmologie zu einer Ontologie des Noch-Nicht-Seins, die das Noch-Nicht-Bewußte und das Noch-Nicht-Gewordene gleichermaßen umfaßt:

> Diese offene Ontologie fordert eine offene Anthropologie, die letzthin fundiert ist auf die Akte und Aktinhalte des Bedürfnisses, der Intention und der gesellschaftlichen Tendenz. Sie fordert im gleichen Zug eine offene Kosmologie, eine nicht vermenschlichte, aber zu den menschlichen Angelegenheiten auch nicht mechanistisch au fond disparate.[237]

---

234 Vgl. Ernst Bloch, Philosophische Aufsätze zur objektiven Phantasie, in: Gesamtausgabe, Bd. 10, Frankfurt a.M. 1969, S. 157f.
235 Vgl. Tübinger Einleitung in die Philosophie, a.a.O., S. 227ff.
236 Das Prinzip Hoffnung, a.a.O., S. 203.
237 Tübinger Einleitung in die Philosophie, a.a.O., S. 299.

Nur eine offene Welt kann den Menschen als utopisches Wesen aus sich hervorgehen lassen. Echte Zukunft gibt es nur „in einem Weltsubstrat noch offener, disponibler, latenter Eigenschaften; Prozeß überhaupt wäre ohne solch utopisch beschaffene Materie nicht möglich."[238]

Unter Ontologie versteht man gemeinhin die Lehre vom Sein, weshalb die Bezeichnung »Ontologie des Noch-Nicht-Seins« zunächst etwas eigenartig klingt. Im Gegensatz zur herkömmlichen Ontologie steht das Wesen der Welt für Bloch allerdings noch nicht fest. Gleichwohl kündigt es sich bereits in Spuren und Chiffren, in Tendenz und Latenz an – insofern ist es auch für Bloch ontologisch fundiert. Blochs Ontologiebegriff liegt eine Dialektik von Sein und Noch-Nicht-Sein, von Bestimmung und Bestimmbarkeit der Welt, aber auch des Menschen, zugrunde. Es handelt sich um eine Ontologie des Utopischen.[239] Utopie bedeutet also keine freie Beliebigkeit, sondern tendenzielle, seinsvermittelte Bestimmbarkeit. Die Welt ist für Bloch keine unendlich formbare Substanz. Sie kann bestenfalls entschlüsselt und zu ihrer noch ausstehenden Gestalt befördert werden: „*das Inwendige* [der Mensch, E.Z.] *ist und bleibt der Schlüssel zum Auswendigen* [der Welt, E.Z.], *doch der Schlüssel ist nicht die Substanz, sondern die Substanz auch des Schlüsselhaften ist in dem noch so wenig fertigen Objekthaus Welt.*"[240] Die Möglichkeit zu einer Vollendung der Welt liegt für Bloch in den Händen des Menschen. Das Experiment Welt kann scheitern, wenn der Mensch seiner Verantwortung nicht gerecht wird. Es kann aber ebenso glücken, sofern er über die Befolgung der Spuren und Chiffren zu einer endgültigen Identität fortschreitet:

> Zuletzt also bleibt die wendbare Alternative zwischen absolutem Nichts und absolutem Alles: das absolute Nichts ist die besiegelte Vereitlung der Utopie; das absolute Alles – in der Vor-Erscheinung des Reichs der Freiheit – ist die besiegelte Erfüllung der Utopie oder das Sein wie Utopie. Triumph des Nichts am Ende ist mythologisch als Hölle, Triumph des Alles am Ende als Himmel gedacht gewesen: in Wahrheit ist *das Alles selber nichts als Identität des zu sich gekommenen Menschen mit seiner für ihn gelungenen Welt.*[241]

Blochs Utopiebegriff scheint sich damit am Ende selber aufzuheben. Utopie wäre demzufolge nur solange ein Wesensmerkmal des Menschen, wie dieser noch nicht zu einer Identität mit sich und der Welt gefunden hat, zu einem »Sein wie Utopie«, was immer das heißen mag:

> Nichts widerstrebt derart gerade utopischem Gewissen mehr als Utopie mit unbegrenzter Reise; Unendlichkeit des Strebens ist Schwindel, Hölle. Wie statt der immer wieder vorüberfliegenden Augenblicke oder bloßen

---

[238] Ebd., S. 209.
[239] „Noch-nicht = Utopie". Ebd., S. 220.
[240] Ebd., S. 44.
[241] Das Prinzip Hoffnung, a.a.O., S. 364.

Schmeckpunkte ein Anhalt sein soll, so soll auch statt der Utopie Gegenwart sein und in der Utopie wenigstens Gegenwart in spe oder utopisches Präsens; es soll zu guter Letzt, wenn keine Utopie mehr nötig ist, Sein wie Utopie sein.[242]

Die metaphysische Annahme eines solchen Endzustands entzieht sich jeder rationalen Beurteilung. Blochs Philosophie offenbart an dieser Stelle ihr religiösspekulatives Erbe, sie orientiert sich an eschatologischen Gedanken, die man glauben kann oder nicht. Problematisch ist jedenfalls, daß ein Sein wie Utopie einen Erfüllungszustand außerhalb von Zeit und Geschichte suggeriert. Dies müsse aber, so Fahrenbach, „als eine notwendig »abstrakte Utopie« angesehen werden, deren metaphysische Voraussetzungen und Annahmen in eher verdeckkender als vertiefender Spannung zur anthropologisch-praktischen und konkretutopischen Substanz von Blochs Denken stehen."[243] Das eschatologische Erbe in Blochs Philosophie widerspricht letztendlich einer rein anthropologischen Bestimmung der Utopie, da diese nicht grundsätzlich, sondern nur vorübergehend als Wesensmerkmal des Menschen definiert wird. Indes vermag ein Sein wie Utopie nicht zu überzeugen, auch wenn man Blochs Einzelanalysen zum Utopiebegriff durchaus zustimmen kann – sofern man eben von der teleologischen Ausrichtung seines Denkens absieht. Vor allem die Kulturphilosophie enthält wichtige Hinweise auf das utopische Potential in Natur und Geschichte. Das wird zunächst am Verhältnis von Utopie und Tradition zu zeigen sein. Anschließend besprechen wir Blochs Konzept der konkreten Allianztechnik.

4. Utopie und Tradition

Weil die Welt nicht geschlossen und fertig ist, stehen dem Menschen immer wieder neue Gestaltungsmöglichkeiten offen, was vor dem Hintergrund der geschichtlichen Verhältnisse allerdings mit unterschiedlicher Deutlichkeit zutage tritt. In Epochen, die eine große Geschlossenheit und Stabilität aufweisen, vollzieht sich das Leben in festen Bahnen. In Zeiten der Krise ist die bisherige Wertordnung dagegen fragwürdig geworden. Es stehen Umbrüche bevor, die dem utopischen Denken neue Impulse geben können: „Der Mensch dieser Zeit versteht sich durchaus auf Grenzexistenz außerhalb des bisherigen Erwartungszusammenhangs von Gewordenheit. Er sieht sich nicht mehr von scheinbar vollendeten Tatsachen umgeben und hält diese nicht mehr für das einzig Reale."[244] Bloch spricht auch von der Zeitwende, in der sich der Mensch als »nicht festgestelltes« Wesen[245] fühlt, „als eines, das zusammen mit seiner Umwelt eine Auf-

---

[242] Ebd., S. 366.

[243] Fahrenbach, »Der Mensch – ein utopisches Wesen?«, a.a.O., S. 51.

[244] Bloch, Das Prinzip Hoffnung, a.a.O., S. 226.

[245] Vgl. Friedrich Nietzsche, Jenseits von Gut und Böse (1886), in: Werke. Kritische Gesamtausgabe, Bd. 6.2, hg. von G. Colli und M. Montinari, Berlin 1986, S. 79.

gabe ist und ein riesiger Behälter voll Zukunft."[246] Der Mensch wird sich seiner Gestaltungsmöglichkeiten bewußt. Er schafft Neues, verändert oder beseitigt Altes. Dies gelingt ihm aber auch in Zeiten des Umbruchs nur vor dem Hintergrund einer immer schon erschlossenen Welt: „Alle Möglichkeiten kommen erst innerhalb der Geschichte zur Möglichkeit; auch das Neue ist historisch."[247]

In Blochs Philosophie erhalten Mensch und Kultur einen besonderen Stellenwert: der Mensch als das Wesen, das die Kultur hervorbringt, indem es die Welt umbildet; die Kultur als Ausdruck dieses schöpferischen Prozesses, durch den der Mensch eine Geschichte hat, an der er sich orientieren kann. Die Kultur ist ein Sinnbild für das utopische Wesen des Menschen. Seine Unbestimmtheit drängt ihn immer wieder zu einer Entäußerung, die den Kulturprozeß vorantreibt. Bloch beschreibt, um eine treffende Formulierung aufzugreifen, die „Geburt der Kultur aus dem Geist der Utopie".[248] Utopische Vorstellungen sind aber zugleich auf einen kulturellen Rahmen angewiesen. Konkret werden sie erst, wenn sie die Tendenzen und Latenzen ihrer Zeit wahrnehmen, wenn sie geschichtlich vermittelt sind und auf eine mögliche Verwirklichung hinarbeiten: „Utopien sind also nicht nur abstraktes wishful thinking, sondern sie haben einen Fahrplan; sie geben einen Vorgeschmack oder ein versuchtes Vorgemälde von Tendenzen und Latenzen in der gegenwärtigen Gesellschaft."[249] Kultur und Geschichte bedeuten keine Einschränkung des utopischen Potentials, sondern erst die Möglichkeit seiner Entfaltung. Kein Fortschritt könnte unabhängig von Tradition und Herkunft erfolgen: „Das gute Neue ist niemals ganz neu. Es kommt nicht aus der hohlen Hand oder aus einem scheinbar freischwebenden Kopf."[250] Utopische Entwürfe müssen deshalb an Vergangenes anknüpfen, Sein und Noch-Nicht-Sein eine dialektische Einheit bilden. Konkrete Utopie setzt voraus, daß „der darin intendierte Fortschritt nicht nur durch Treue zur revolutionären Vergangenheit aktuell belebt und vermittelt ist, sondern ebenso durch andere traditionelle Verpflichtung, Gedächtnis, das heißt hier: durch Eingedenken des in der Zukunft möglicherweise Vorleuchtenden final belichtet ist."[251]

Traditionelle Verpflichtung bezieht sich für Bloch auf den kulturellen Überbau, also auf Literatur, Musik, Kunst, Philosophie, Politik, Recht und Religion. Im Gegensatz zum Vulgärmarxismus erschöpft sich der Überbau für Bloch nicht in bloßer Ideologie. Vielmehr enthält er Tendenzen, die den Prozeß einer Annäherung zwischen Mensch und Welt befördern können. Die einseitige Wirkung der ökonomischen Basis auf den Überbau lehnt Bloch ab, ebenso die einseitige Auslegung der These, daß das Sein das Bewußtsein bestimme:

---

[246] Bloch, Das Prinzip Hoffnung, a.a.O., S. 135.
[247] Ebd., S. 556.
[248] Becker, a.a.O., S. 233.
[249] Bloch, Abschied von der Utopie?, a.a.O., S. 70.
[250] Tübinger Einleitung in die Philosophie, a.a.O., S. 147.
[251] Ebd., S. 153.

Unterbau-Überbau insgesamt: es gibt zwischen ihnen dauernd Vermittlungen, wie sie ohne ein relatives Eigenleben des Überbaus überhaupt nicht möglich wären. Es sind Vermittlungen, die aber nicht nur die scheinhafte Autarkie des Überbaus aufheben, sondern ebenso die isolierte der Basis. Überall gibt es hier Zwischenglieder, Wechselwirkungen, nirgends steht ein ideologisches Dach direkt auf dem Boden der Wirtschaft, und nirgends auch ist eine Wirtschaftsweise feudalistisch, kapitalistisch, sozialistisch umgesprungen, ohne daß psychisch-ideologische Veränderungen und Ideen vom Überbau her am neuen ökonomischen Unterbau mitgewirkt haben.[252]

In Anlehnung an Leibniz stellt Bloch diesen Sachverhalt auch wie folgt dar: „nichts mag im Überbau sein, was nicht im wirtschaftlichen Unterbau war – mit Ausnahme des Überbaus selber."[253] Der Überbau wird von Bloch nicht als bloße Ideologie verworfen. Er kann auf die sozioökonomische Basis zurückwirken, ebenso wie das Bewußtsein auf das Sein zurückwirken kann. So haben die Ideen der Aufklärung durchaus zum Ausbruch der französischen Revolution beigetragen, so hat der Import des Marxismus in der Sowjetunion eine tiefgreifende Umwälzung der damaligen Wirtschaftsweise verursacht. Schließlich ist auch die Reformation etwas mehr gewesen als »der ideologische Ausdruck tiefgehender Veränderungen auf dem europäischen Wollmarkt«,[254] wie Bloch gegenüber einem Vertreter des Vulgärmaterialismus bemerkt. Die Vielfalt kultureller Leistungen ausschließlich aus den ökonomischen Verhältnissen ableiten zu wollen, betrachtet Bloch als fahrlässigen Reduktionismus, auch wenn er an der Auffassung festhält, daß die Erkenntnis- und Handlungsmöglichkeiten des Menschen *in erster Linie*, aber eben nicht *ausschließlich* durch die sozioökonomischen Bedingungen determiniert werden.[255]

---

[252] Ebd., S. 200. Vgl. Das Prinzip Hoffnung, a.a.O., S. 300.

[253] Das Prinzip Hoffnung, a.a.O., S. 1530.

[254] Vgl. Tübinger Einleitung in die Philosophie, a.a.O., S. 200.

[255] Vgl. ebd. Blochs Interpretation von Basis und Überbau kann sich übrigens durchaus auf Marx und Engels berufen. Vor allem Engels hat sich bemüht, die Basis-Überbau-Theorie von den einseitigen Darstellungen jüngerer Marxisten abzugrenzen. So schreibt er in einem Brief an J. Bloch: „Nach materialistischer Geschichtsauffassung ist das in *letzter Instanz* bestimmende Moment in der Geschichte die Produktion und Reproduktion des wirklichen Lebens. Mehr hat weder Marx noch ich je behauptet. Wenn nun jemand das dahin verdreht, das ökonomische Moment sei das *einzig* bestimmende, so verwandelt er jenen Satz in eine nichtssagende, abstrakte, absurde Phrase. Die ökonomische Lage ist die Basis, aber die verschiedenen Momente des Überbaus – politische Formen des Klassenkampfs und seine Resultate – Verfassungen, nach gewonnener Schlacht durch die siegende Klasse festgestellt usw. – Rechtsformen und nun gar die Reflexe aller dieser wirklichen Kämpfe im Gehirn der Beteiligten, politische, juristische, philosophische Theorien, religiöse Anschauungen und deren Weiterentwicklung zu Dogmensystemen üben auch ihre Einwirkung auf den Verlauf der geschichtlichen Kämpfe aus und bestimmen in vielen Fällen vorwiegend deren *Form*. Es ist eine Wechselwirkung aller dieser Momente, worin schließlich durch alle die unendliche Menge von Zufälligkeiten (...) als Notwendiges die ökonomische Bewegung sich durchsetzt." Friedrich Engels, »Briefe über materialistische Geschichtsinterpretation«, in:

Alles, was der Mensch erschaffen hat, geht für Bloch ursprünglich aus einem utopischen Entwurf hervor, der mit seiner Verwirklichung nicht zwangsläufig erstarrt, sondern andere Möglichkeiten offen hält. Auch die Kultur besitzt ein utopisches Potential. In den Werken vergangener Epochen findet sich Unabgegoltenes, das für die Gestaltung der Zukunft fruchtbar gemacht werden kann. In diesem Sinn gibt es für Bloch eine Zukunft in der Vergangenheit, ein Kulturerbe, das gepflegt und fortgeführt werden muß:

> Einleuchtend wirkt hier ein »kultureller Überschuß« über die zeitgenössische Ideologie, und nur er trägt sich auch über zerfallender Basis und Ideologie über die Zeiten, macht so das Substrat späterer Nachreife und Erbbarkeit aus. Dies Substrat aber ist utopischer Natur, und kein anderer als der utopisch-konkrete Begriff wird ihm gerecht (...).[256]

Der kulturelle Überbau wird von Bloch nicht nur als ein eigenständiger Bereich betrachtet. Er kann darüber hinaus als Orientierungshilfe für die Daseinsgestaltung und den damit verbundenen Prozeß der Menschwerdung dienen, zumal die Kulturwerke artikulierter und nachvollziehbarer auf das utopische Totum deuten als der Weltprozeß im Ganzen.[257] Das endgültige »Alles« kann verwirklicht werden, indem der Mensch zwischen Vergangenheit und Zukunft, zwischen Tradition und Utopie vermittelt. Kultur begreift Bloch als einen Prozeß der Annäherung, der als solcher gar nicht möglich wäre,

> wenn das Daß des Nicht-Habens, das das Prozessieren dauernd anstößt und treibt, schon manifestiert, gar mit seinem gut realisierten Inhalt gesättigt wäre. Wenn das Unerfüllte in den bisherigen Manifestierungen von Geschichte, anders von Natur, nicht immer wieder, immer noch sich entfremdet wäre, dergestalt daß gewiß ist: es gäbe gar keinen Prozeß, wenn nicht etwas wäre, das nicht sein sollte und auch das so nicht sein sollte. Es gäbe kein Heraufkommen in Zukunft, wenn das Latente schon erschienen wäre, und es gäbe ebenso kein Vergehen in Vergangenheit, wenn das in ihr Erschienene, bereits zur Erscheinung Gelöste dem Überhaupt in der Tendenz entspräche. Der entscheidende Akt aber, das Welt-Seiende bis zur Kenntlichkeit seines Seins wachsend verändernd, ist der menschlichen Arbeit anheimgegeben – als Grenzbegriff ihrer Aufgabe. Aufs endlich aufgedeckte Angesicht unseres und alles Existere geht – in tausenden von Hemmungen, Versuchen, Etappen, Fragmenten – die menschliche Kultur, mit dem riesigen Schein ihrer Werkinseln, der, wo er »bedeutend« ist, ebendeshalb am wenigsten Illusion, sondern Vor-Schein einer möglichen Gelungenheit ist.[258]

Studienausgabe in 5 Bänden, a.a.O., Bd. 1, S. 239. Vgl. dazu Alois Hahn, »Basis und Überbau«, in: ders., Konstruktionen des Selbst, der Welt und der Geschichte, a.a.O., S. 263–293.

[256] Bloch, Tübinger Einleitung in die Philosophie, a.a.O., S. 101.
[257] Vgl. ebd., S. 277.
[258] Ebd., S. 221.

Blochs Philosophie orientiert sich ausdrücklich an Werten. Sie folgt einer Richtungsbestimmung, einem utopischen Leitbild. Tendenz und Latenz beschreiben nicht nur objektive Möglichkeiten innerhalb der Geschichte. Sie beruhen zugleich auf einer selektiven Wahrnehmung, auf einer Standortgebundenheit, der bestimmte Wertvorstellungen zugrunde liegen. So beerbt Bloch das Naturrecht, den Humanismus und die jüdisch-christliche Religion, um das »wahre« Wesen von Mensch und Welt zu beleuchten. Die Werte erschöpfen sich also nicht in ihrer geschichtlichen Erscheinung, sie bilden für Bloch vielmehr die Vorwegnahme einer endgültigen Erfüllung. Auch wenn dieser Zustand noch gar nicht aussagbar ist, kann das utopische Leitbild als Maßstab für die gegenwärtige Ordnung dienen: „Um so schlimmer für die Tatsachen, wenn sie mit dieser Wahrheit nicht übereinstimmen."[259] Es geht Bloch nicht darum, was der Mensch ist, sondern darum, was er sein könnte. Blochs Wesensbestimmung ist normativ-praktisch orientiert. Daß es überhaupt andere Möglichkeiten gibt, daß die Welt nicht geschlossen und fertig ist, steht für Bloch außer Frage. Von größerer Wichtigkeit ist aber die Entscheidung, welche Möglichkeiten wahr gemacht werden, nach welchen Kriterien nicht nur das eigene Leben, sondern auch die Welt gestaltet werden soll.

Dabei stellt sich das Problem, wie die Auswahl dieser Kriterien begründet wird. Immerhin muß man damit rechnen, daß auch Blochs Philosophie auf einer Standortgebundenheit beruht, die keine absolute Geltung beanspruchen kann. Ist eine Vollendung der Welt überhaupt möglich und muß sie zwangsläufig über die Diktatur des Proletariats erfolgen? Freilich behauptet Bloch nicht, absolutes Wissen zu besitzen. Irrtümer können nicht ausgeschlossen werden. Gleichwohl setzt er eine absolute Ordnung als Maßstab voraus, auch wenn diese stets durch die geschichtlichen Verhältnisse verzerrt wird und daher noch nicht vollkommen zugänglich ist. Wird sie es aber irgendwann einmal sein? Natürlich läßt sich diese Frage nicht empirisch beantworten. Damit ist aber nichts gewonnen. Schließlich kann man sich ebensogut fragen, ob es eine absolute Ordnung und den dazugehörigen Vorschein überhaupt gibt. Bleiben die Wertvorstellungen nicht vielleicht doch auf den geschichtlichen Bedeutungshorizont einer Kultur beschränkt?

Jedenfalls ist es bezeichnend, daß Bloch den kulturellen Überschuß fast ausschließlich auf die Kulturinhalte des Abendlandes bezieht. Der Vorschein einer endgültigen Gelungenheit findet sich in den bedeutenden Werken der abendländischen Literatur, Kunst, Religion und Philosophie. Wenngleich dieser Bezug für Bloch naheliegt, drängt sich die Frage auf, wie andere Kulturen in den Weltprozeß eingegliedert werden können, wie sich deren Verhältnis zum Humanum, zum »wahren« Wesen von Mensch und Welt bestimmen läßt. Bloch ist zwar der Meinung, das Humanum sei „in der realen *Möglichkeit* seines Zielinhalts *so umfassend, daß es alle Bewegungen und Formen menschlicher Kulturen sich im*

---

[259] Abschied von der Utopie?, a.a.O., S. 132.

Miteinander verschiedener Zeiten zuordnen läßt".[260] Ferner heißt es: „Die vergangenen wie lebenden wie künftigen Kulturen konvergieren einzig in einem noch nirgends zureichend manifesten, wohl aber zureichend antizipierbaren Humanum."[261] Damit ist aber nicht die Frage beantwortet, wie der abendländische Kulturüberschuß und die Entwicklung anderer Kulturen einander zugeordnet werden können, wie sich die Komplexität sozialer Wechselwirkungen weltweit in einen teleologischen Zusammenhang einbinden läßt. Die Möglichkeit einer sinnvollen Planung stößt hier unweigerlich an ihre Grenzen. Entweder müßte man die einheitliche Gestaltung des Geschichtsprozesses mit Gewalt durchsetzen, was selbstverständlich nicht Blochs Absicht entspricht, was allerdings von der Sowjetunion durchaus praktiziert wurde und bis heute unabsehbare Folgen birgt. Oder aber man müßte auf die Bereitschaft aller Völker hoffen, an diesem Prozeß mitzuarbeiten. Blochs Philosophie scheint hier an ihre Grenzen zu stoßen, zumindest was die konkrete Realisierung betrifft. Sie orientiert sich an Vorstellungen, die weit über die unmittelbare Wirklichkeit hinausgehen, so der Glaube an die Menschheit als einheitlicher Träger der Weltgeschichte. Durch das eschatologische Erbe verflüchtigt sich Blochs Philosophie letztendlich in den Bereich des Glaubens, der abstrakten Utopie.

5. Konkrete Allianztechnik

Eine gelungene Vermittlung zwischen Mensch und Welt setzt immer schon Schnittpunkte voraus, die durch die Kultur erschlossen und erweitert werden. Mensch und Welt stehen sich für Bloch nicht fremd gegenüber. Auch die Natur bietet dem Menschen Anschlußmöglichkeiten. Sie kann ihm beispielsweise wertvoll erscheinen, sei es in ökonomischer oder in ästhetischer Hinsicht. »Wert« darf hier allerdings nicht nur als subjektive Setzung verstanden werden. Schließlich glaubt Bloch, daß auch in der Natur objektive Werte enthalten sind, wenngleich als Anlage und nicht bereits als endgültige Ausgestaltung:

> Die Welt enthält vor allem in ihren nicht durch Arbeit erzeugten Werten: als Naturschönheit, auch als mythisch bezeichnete Naturtiefe, erfaßbare Wertqualitäten, die keineswegs erst durchs Subjekt hineingelegt worden sind; aber diese Qualitäten – meist Wert-Bedeutungen – sind einzig Chiffern eines noch realutopischen Inhalts; sie sind keine ontisch vorgeordneten Realitäten, denen die Subjektivität lediglich als empfangende Teilnahme zugeordnet wäre, statt als gemeinsamer Weckruf.[262]

Auch ästhetische Empfindungen werden in Blochs Philosophie als Vorschein einer Identität von Mensch und Natur gedeutet. Sie dürfen sich allerdings nicht

---

[260] Tübinger Einleitung in die Philosophie, a.a.O., S. 145.
[261] Ebd., S. 147.
[262] Das Prinzip Hoffnung, a.a.O., S. 1568f.

in reiner Kontemplation erschöpfen, sondern müssen in Praxis übergehen, in eine wachsende Vermittlung mit der Natur bis hin zu einer möglichen Identität.

Während die Naturgegenstände das Material zur Wertbildung enthalten, besitzt der Mensch den Begehrungs- und Arbeitsfaktor zur Entwicklung dieses Materials.[263] Dies zeigt sich zunächst in der Zweckdienlichkeit der Naturgegenstände für menschliche Bedürfnisse, Güter und Werte. Holz kann zum Heizen, zum Hütten- und zum Werkzeugbau verwendet werden. In der modernen Technik wird Energie durch Sonnenlicht, Wind- oder Wasserkraft gewonnen. Vor allem in der Technik wird die äußere Natur auf Zwecktauglichkeit geprüft. Das muß allerdings nicht heißen, daß die Zweckkategorie auch der Natur immanent ist, daß die Natur also nach bestimmten Zwecken operiert. So wird die Verwendung des Zweckbegriffs in der Naturwissenschaft als anthropomorph gebrandmarkt. Dennoch glaubt Bloch, daß in der Zweckdienlichkeit nicht nur eine Verwandtschaft zwischen Mensch und Natur enthalten sei, sondern zugleich die Anlage zu einer möglichen Identität:

> Ja selbst die täglich vor Augen liegende Tauglichkeit der meisten umgebenden Naturdinge, Träger für menschliche Güter, Werte, Zwecke zu sein: selbst diese Art *Zweckdienlichkeit* (unterschieden von objektiv-immanenter Zweckmäßigkeit) setzt, wenn kein Subjekt der Natur, so jene Art von Verwandtschaft in der riesigen Naturäußerlichkeit voraus, welche eine ökonomisch-technisch-kulturelle Vermittlung mit der Subjektivität der menschlichen Bedürfnisse erlaubt. Dergestalt, daß der ausgesprochen subjekthaft-finale Teil der Natur, den man Menschenwelt nennt, mit dem subjekthaft-final unausgesprochenen Teil in ständigem praktischem Austausch steht und stehen kann. Bis zu der fundierten Hoffnung hin, daß auch die – gleich ihrem Subjekt – noch unausgesprochene Tendenz-Latenz der anorganischen Natur zu der der Menschenwelt so wenig disparat ist, daß sie mit ihr identisch werden kann.[264]

Die Hoffnung auf eine zukünftige Identität von Mensch und Natur verdeutlicht, warum Bloch den Konventionalismus eines Poincaré ebenso ablehnt wie alle Theorien, in denen der Objektivcharakter der Gesetze als bloße Fiktion oder Konstruktion betrachtet wird. „Dieser Fideismus", schreibt Bloch mit Bezugnahme auf die genannten Positionen, „eröffnet dann freilich, in allen seinen Abarten, eine besonders großmäulige und scheinbare Freiheit im wegidealisierten Objektraum."[265] Blochs Utopiebegriff darf folglich nicht konstruktivistisch interpretiert werden: „Alle erkannten Gesetze spiegeln objektiv-reale Bedingungszusammenhänge zwischen Prozessen wider, und die Menschen sind in dieses von ihrem Bewußtsein und Willen Unabhängige, doch mit ihrem Bewußtsein und Willen Vermittelbare durchaus eingebettet."[266] Der Aufruf zu einer fort-

---

[263] Vgl. ebd., S. 1569.
[264] Ebd., S. 1570.
[265] Ebd., S. 780.
[266] Ebd.

schreitenden Vermittlung zwischen Mensch und Natur setzt eine objektive Ordnung der Dinge voraus, freilich keine bereits feststehende Ordnung, sondern Tendenzen und Latenzen, die auf ein Ende des Prozesses hinweisen. Die Erkenntnis der Natur ist für Bloch zwar geschichtlich vermittelt, doch läßt sie sich nicht auf Geschichte reduzieren. Die entscheidende Frage lautet daher:

> gibt es an früheren Naturbildern nun auch ein mögliches *sachhaftes* Erbe, das heißt, ein nicht nur innergeschichtliches. Sondern ein Erbe jenes nicht-ideologischen, aber auch nicht nur kulturhaft-humanistischen Überschusses, das sich auf Erkenntnis des Objekts Natur selbst bezieht. Wonach dieses Erbe nicht nur in die Menschengeschichte gehört, in die Natur als rein soziale Kategorie, folglich nicht in die Bedingtheit naturwissenschaftlicher Aussage durch gesellschaftliche Verhältnisse, sowie nicht in die Natur als Rohstoff im Produktionsprozeß des gesellschaftlichen Seins, sondern in die vom Menschen noch unabhängige, unverkaufte Natur.[267]

Diese Frage wird von Bloch ausdrücklich bejaht, auch wenn die historische Entwicklung bisher einen ganz anderen Verlauf genommen hat. Wir haben im vorherigen Kapitel gesehen, daß der Fortschritt in Naturwissenschaft und Technik das Verhältnis von Mensch und Natur entscheidend verändert hat. Das Wissen um die Gestaltungsmöglichkeiten des Menschen hat dazu geführt, die Natur auf bloße Zweckdienlichkeit zu reduzieren. Darin sieht Bloch die Ursache für die zunehmende Entfremdung zwischen Mensch und Natur, eine Entfremdung, die sich vor allem in der Vorherrschaft eines quantifizierten Naturbegriffs niederschlägt. Die moderne Wissenschaft blendet sämtliche Qualitäten aus. Die Natur wird funktionstheoretisch beschrieben und zur natura naturata verdinglicht. Dieser einseitigen Sichtweise stellt Bloch den Begriff einer natura naturans gegenüber. Die Natur läßt sich für Bloch nicht mit starren Formeln fassen. Sie muß als schöpferische Kraft begriffen werden, als offene und disponible, obgleich nicht beliebig verfügbare Materie, die vom Menschen durchleuchtet und zu ihrer noch ausstehenden Gestalt befördert werden kann. Nur auf diesem Weg ist eine gelungene Vermittlung zwischen Mensch und Natur denkbar:

> *An Stelle des Technikers als bloßen Überlisters oder Ausbeuters steht konkret das gesellschaftlich mit sich selbst vermittelte Subjekt, das sich mit dem Problem des Natursubjekts wachsend vermittelt.* Wie der Marxismus im arbeitenden Menschen das sich real erzeugende Subjekt der Geschichte entdeckt hat, wie er es sozialistisch erst vollends entdecken, sich verwirklichen läßt, so ist es wahrscheinlich, daß Marxismus in der Technik auch zum unbekannten, in sich selbst noch nicht manifestierten Subjekt der Naturvorgänge vordringt: die Menschen mit ihm, es mit den Menschen, sich mit sich vermittelnd. (...) Willenstechnik und konkrete Allianz mit dem Herd der Naturerscheinungen und ihrer Gesetze, das Elektron des menschlichen Subjekts und die vermittelte Mitproduktivität eines mögli-

---

[267] Ernst Bloch, Das Materialismusproblem, seine Geschichte und Substanz, in: Gesamtausgabe, Bd. 7, Frankfurt a.M. 1972, S. 431.

chen Natursubjekts: beide zusammen verhindern, daß in der Entorganisierung bürgerliche Verdinglichung fortgesetzt wird. Beide zusammen legen die konkrete Utopie der Technik nahe, wie sie der konkreten Utopie der Gesellschaft sich anschließt und mit ihr verbunden ist.[268]

Das mögliche Natursubjekt, das durch die bisherige Verdinglichung der Natur verschlossen blieb, muß als treibende und sich utopisch dynamisierende Anlage offengehalten werden.[269] Erst eine gelungene Vermittlung kann dieses Subjekt freisetzen und einen Annäherungsprozeß zwischen Mensch und Welt einleiten. Was das Beerben des kulturellen Überschusses auf dem Gebiet der Geschichte leistet, soll auf dem Gebiet der Natur durch das Konzept der konkreten Allianztechnik verwirklicht werden. Auch das Verhältnis von Mensch und Natur deutet Bloch eschatologisch:

> *Die endgültig manifestierte Natur liegt nicht anders wie die endgültig manifestierte Geschichte im Horizont der Zukunft*, und nur auf diesen Horizont laufen auch die künftig wohlerwartbaren Vermittlungskategorien konkreter Technik zu. Je mehr gerade statt der äußerlichen eine Allianztechnik möglich werden sollte, eine mit der Mitproduktivität der Natur vermittelte, desto sicherer werden die Bildekräfte einer gefrorenen Natur erneut freigesetzt. Natur ist kein Vorbei, sondern *der noch gar nicht geräumte Bauplatz, das noch gar nicht adäquat vorhandene Bauzeug für das noch gar nicht adäquat vorhandene menschliche Haus.*[270]

Wie diese konkrete Allianztechnik aussehen könnte, wird von Bloch indes nicht gesagt. In der Sekundärliteratur wird zwar darauf hingewiesen, daß einer Absage an die fortlaufende Ausbeutung und Verdinglichung der Natur gerade unter ökologischen Gesichtspunkten zugestimmt werden kann.[271] Allerdings muß ein verantwortungsbewußter Umgang mit der Natur keineswegs in eine Identität von Mensch und Natur münden. Er setzt lediglich voraus, daß man der Natur keine Gewalt antut, daß man sich nicht rücksichtslos über sie hinwegsetzt. Die Annahme eines möglichen Natursubjekts ist dazu nicht erforderlich, ebensowenig die Vorstellung einer Naturdialektik, die irgendwann zu einer »Naturalisierung des Menschen« und einer »Humanisierung der Natur« führen soll, wie Bloch uns in Anlehnung an Marx glauben machen will.[272] Der Gedanke, daß in Mensch und Natur ein Keim angelegt ist, der sich zu einer endgültigen Gestalt entwickeln kann; die Vorstellung einer entgegenkommenden Natur, einer mögli-

---

268 Das Prinzip Hoffnung, a.a.O., S. 787f.
269 Vgl. ebd., S. 801.
270 Ebd., S. 807.
271 Vgl. Alfred Schmidt, Kritische Theorie, Humanismus, Aufklärung. Philosophische Arbeiten 1969–1979, Stuttgart 1981, S. 84.
272 Vgl. Bloch, Das Prinzip Hoffnung, a.a.O., S. 327; S. 364; Vgl. auch Karl Marx, Ökonomisch-philosophische Manuskripte (1844), in: Studienausgabe in 5 Bänden, a.a.O., Bd. 2, S. 104f.

chen Versöhnung von Mensch und Natur – all dies erinnert an eine romantische Naturphilosophie, die dem heutigen Denken fremd erscheinen muß.[273]

6. Zusammenfassung

Utopie beschreibt in Blochs Philosophie einen Prozeß, in dem sich Mensch und Welt gegenseitig bestimmen, wobei der Prozeß schlimmstenfalls mit der endgültigen Vereitlung der Utopie endet, bestenfalls mit der gelungenen Identität von Mensch und Welt, mit dem Sein wie Utopie. Jedenfalls bleibt der Prozeß auf die Mitwirkung des Menschen angewiesen, der von Bloch als archimedischer Punkt mit der Vollendung der Welt beauftragt wird. Die Utopie ist also nicht nur als Bewußtseinsinhalt vorhanden. Sie wird darüber hinaus als »Noch-Nicht-Sein« ontologisch fundiert, mit der Konsequenz, daß sie sich am Ende der Geschichte selber aufhebt. Die kategoriale Struktur dieses Geschehens erschließt sich für Bloch über die Anthropologie. Die Unfertigkeit der Welt ist zwar immer schon gegeben, doch reflektiert sie sich erst im Menschen, der die Welt durch seine Erkenntnis- und Handlungsmöglichkeiten aus den Angeln heben kann. Die kognitiven Fähigkeiten sind wiederum in der offenen Bedürfnisstruktur des Menschen fundiert, dort, wo sich die Unfertigkeit der Welt als Hunger und Mangel artikuliert. Freilich: Bloch geht in seiner Philosophie von fragwürdigen Prämissen aus. Das eschatologische Erbe gibt seinen Gedanken eine religiösspekulative Wendung, die dem heutigen Leser einiges abverlangt. Dennoch bleibt festzuhalten, daß Mensch und Welt nicht disparat zueinander sein müssen. Erkenntnis ist jedenfalls möglich, Vermittlungsformen werden in der Kultur erzeugt. Zweifelhaft ist aber, ob es einen Prozeß der Annäherung geben kann, der irgendwann ein endgültiges, nicht bloß ein umfassenderes Wissen des Menschen über die Welt ermöglicht. Blochs Hoffnung auf eine endgültige Identität entspricht m.E. einer abstrakten Utopie, deren Einlösung mehr als fraglich bleibt.

Wenn man die spekulativen Züge in Blochs Philosophie ausblendet, lassen sich seine Erkenntnisse für unsere Bestimmung des Utopischen durchaus verwerten. Bloch vertritt einen Utopiebegriff, der Kultur und Natur gleichermaßen umfaßt. Utopische Vorstellungen beschränken sich nicht auf die Gestaltung der sozialen Wirklichkeit, sie beziehen sich auch auf den Bereich von Naturwissenschaft und Technik. Freilich muß man deshalb nicht auch die Natur als utopisch bezeichnen, gar ein mögliches Natursubjekt unterstellen. Schließlich bleibt die Utopie auch für Bloch auf die Gestaltungsmöglichkeiten des Menschen bezogen. Daß sie zugleich auf einen objektiven Gegenhalt angewiesen ist, leuchtet allerdings ein. Die Welt ist insofern utopisch, als sie dem Menschen grundsätzlich die

---

[273] Vgl. dazu Jürgen Habermas, »Ernst Bloch. Ein marxistischer Schelling«, in: ders., Philosophisch-politische Profile, Frankfurt a.M. 1971, S. 147–167.

Möglichkeit zur Wirklichkeitsüberschreitung bietet. Vorsichtiger formuliert: Natur und Kultur enthalten ein utopisches Potential, das nur durch den Menschen erkannt und verwirklicht wird. Utopie ist insofern an die Wesensstruktur des Menschen gebunden. Bedauerlicherweise werden diese Erkenntnisse durch das eschatologische Erbe in Blochs Utopiebegriff abgeschwächt. Wenn alle Dinge ihrer angeblichen Erlösung zustreben, wenn der Mensch diesen Prozeß befördern, schlimmstenfalls vereiteln kann, dann muß es irgendwann zu jenem Stillstand der Geschichte kommen, den viele Utopiekritiker dem utopischen Denken grundsätzlich unterstellen. Ein Ende der Geschichte bedeutet zugleich das Ende der Utopie. Damit wird eine anthropologische Grundlegung des Utopischen aber hinfällig, weshalb Blochs Philosophie in einem ganz zentralen Punkt revidiert werden muß: die anthropologischen und kulturphilosophischen Aspekte seines Denkens müssen aus ihrem eschatologischen Kontext gelöst werden.

II. Anthropologische Grundlagen der Utopie

Damit nähern wir uns dem zentralen Kapitel dieser Arbeit. Daß sich in der Utopie ein Wesensmerkmal des Menschen artikuliert, soll nun durch die Ergebnisse der Philosophischen Anthropologie bestätigt werden. Zwar wird der Utopiebegriff hier nicht ausdrücklich thematisiert, doch lassen sich Bezüge herstellen, die in der Sache begründet sind, die sogar Gemeinsamkeiten zu Blochs Philosophie erkennen lassen: so der Zukunftsbezug des menschlichen Daseins, wie er sich in der Sorge manifestiert; die Offenheit der Welt und die Möglichkeit ihrer Gestaltung durch den Menschen; die Unbestimmtheit des menschlichen Wesens und die damit verbundene Aufgabe, das eigene Leben zu führen. Die bisherige Bestimmung der Utopie soll nun auf ihre Voraussetzungen befragt werden. Unter den verschiedenen Gestalten des utopischen Bewußtseins verbirgt sich eine anthropologische Wurzel, die wir in diesem Kapitel freilegen wollen.

Ausgangspunkt unserer Überlegungen ist auch diesmal das Verhältnis von Mensch und Welt, das zunächst durch die Unterscheidung von Welt und Umwelt präzisiert werden soll, da die Wirklichkeitslage des Menschen sich erst durch die Verschränkung dieser beiden Momente zutreffend beschreiben läßt. Einerseits wird Schelers These von der Weltoffenheit des Menschen zur Sprache kommen, andererseits die Notwendigkeit einer kulturellen Bestimmung, wie sie Gehlen in seiner Institutionenlehre erörtert. Im Mittelpunkt dieses Kapitels steht aber die Philosophie von Helmuth Plessner, der neben Max Scheler und Arnold Gehlen zu den Hauptvertretern der Philosophischen Anthropologie zählt. Seine These von der exzentrischen Positionalität des Menschen und die daraus abgeleiteten Grundgesetze bilden ein tragfähiges Konzept für eine anthropologische Grundlegung der Utopie. Inwieweit die Utopie in der »Natur« des Menschen verankert ist, soll schließlich am Ende des Kapitels diskutiert werden.

1. Welt und Umwelt des Menschen

Die Philosophische Anthropologie will den Forschungsergebnissen der modernen Einzelwissenschaften eine tragfähige Basis für eine möglichst umfassende Bestimmung des Menschen geben. Um das Verhältnis von Mensch und Welt näher zu bestimmen, orientiert sie sich auch an naturwissenschaftlichen Erkenntnissen. Der Biologe Jakob von Uexküll hat den Begriff der Baupläne geprägt, der besagt, daß jedes Lebewesen in seiner anatomisch-physiologischen Ausstattung auf eine bestimmte Umwelt abgestimmt ist.[274] Von dieser Umwelt

---

[274] Vgl. Jakob von Uexküll, Umwelt und Innenwelt der Tiere (1909), Berlin ²1921.

werden nur diejenigen Reize wahrgenommen, die für den Organismus von vitaler Bedeutung sind. Bei Tieren bestehen diese Reize in der Regel aus möglichst eindeutigen Signalen, etwa Farben, Tönen oder bestimmten Gestalten. So reagiert die Eidechse auf ein leises Rascheln, nicht aber auf den Schuß einer Waffe, die in unmittelbarer Nähe betätigt wird. In dem Zusammenspiel von Organismus und Umwelt werden die Reize nur wahrgenommen, wenn sie eine bestimmte Merkschwelle überschreiten. Uexküll spricht diesbezüglich von der Merkwelt des Organismus. Dieser Merkwelt entspricht in motorischer Hinsicht die Wirkwelt. Die relevanten Reize lösen im Organismus bestimmte Reaktionen aus, deren Verlauf durch motorische Kategorien vorgegeben ist. In der Wirkwelt der Tiere artikulieren sich sensorische Signale beispielsweise als Beute, Feind oder Begattungspartner. Das Reiz-Reaktionsschema wird größtenteils über den Instinkt gesteuert, weshalb Tiere in einer »Umwelt« leben, in einem Komplex natürlicher Lebensbedingungen, dem sie vollends eingepaßt sind. Auch die lernfähigen Tiere bleiben an eine Umwelt gebunden, da ihre Intelligenzleistungen stets einem Triebziel untergeordnet werden. „Ihnen fehlt", so Plessner, „die Eigenständigkeit und Losgelöstheit vom biologischen Funktionszusammenhang, d.h. der *Sachcharakter*, auf Grund dessen der Mensch seine Wahrnehmungen und Aktionen in objektivem Sinne zu machen und zu korrigieren versucht."[275]

Der menschliche Bauplan ist nicht ausschließlich in einen biologischen Funktionszusammenhang gestellt.[276] Die Verhaltensmuster des Menschen sind nicht instinktiv vorgegeben, seine Denk- und Wahrnehmungsmöglichkeiten nicht auf die Befriedigung vitaler Bedürfnisse beschränkt. Deshalb kann der Mensch seine Umwelt transzendieren, er kann sich über das unmittelbar Gegebene erheben, was Scheler als »Weltoffenheit« des Menschen bezeichnet. Nur der Mensch besitzt die Fähigkeit, das starre Zusammenspiel von Merk- und Wirkwelt zu durchbrechen. Nur ihm eröffnet sich eine hintergründige Welt, deren Deutung und Gestaltung immer wieder in Angriff genommen werden muß. Wie aber hat man sich die Wirklichkeit des Menschen als eines weltoffenen

---

[275] Helmuth Plessner, »Über das Welt- Umweltverhältnis des Menschen« (1950), in: Gesammelte Schriften, Bd. 8, Frankfurt a.M. 1983, S. 82. Vgl. zur Einführung in die Thematik: Gerhard Arlt, Philosophische Anthropologie, Stuttgart 2001. Empfehlenswerte Sekundärliteratur zu Helmuth Plessner: Hermann Ulrich Asemissen, »Helmuth Plessner: Die exzentrische Position des Menschen«, in: Josef Speck (Hg.), Grundprobleme der großen Philosophen. Philosophie der Gegenwart II (Uni-Taschenbücher 183), Göttingen 1973, S. 146–180; Heike Kämpf, Helmuth Plessner. Eine Einführung, Düsseldorf 2001. Einen Überblick zur Forschungsliteratur der neunziger Jahre gibt Hans-Peter Krüger, »Angst vor der Selbstentsicherung. Zum gegenwärtigen Streit um Helmuth Plessners philosophische Anthropologie«, in: Deutsche Zeitschrift für Philosophie, Bd. 44 (1996), S. 271–300.

[276] »Biologisch« bezieht sich hier auf den Begriff des Lebens, wie er in der Einzelwissenschaft Biologie thematisiert wird, nicht auf das antike Verständnis, das neben der naturhaften ebenso die kulturelle Dimension des Lebens berücksichtigt, worauf beispielsweise das Wort »Biographie« hinweist.

Wesens vorzustellen? Wie verhält sich der Mensch angesichts einer unbestimmten, unendlich offenen Welt mit einer Fülle unvorhergesehener Möglichkeiten?

Zunächst einmal ist der Mensch darauf angewiesen, seine Welt zu strukturieren. An die Stelle des eindeutigen Signals im Tierreich tritt ein zum Gegenstand erhobener Anschauungs- und Vorstellungskomplex, der sich nicht in reiner Triebabfuhr erschöpft, sondern für den Menschen eine bestimmte Bedeutung besitzt. Die Konstitution eines Gegenstandes setzt voraus, daß etwas aus dem unmittelbaren Hier und Jetzt der Umweltbezüge herausgelöst wird, eine Abstraktion, die selbst von höher entwickelten Tieren nicht ohne weiteres vollzogen werden kann. Köhlers Experiment haben zwar gezeigt, daß Schimpansen in der Lage sind, einen Stock solange als Werkzeug zu benutzen, bis sie die an der Decke hängende Banane damit abgeschlagen haben. Allerdings verliert der Stock für den Schimpansen seine Bedeutung als Werkzeug, sobald die Banane verspeist wurde.[277] Durch seinen Gebrauch wird der Stock nur kurzfristig zu einem Gegenstand konstituiert. Der Mensch hingegen erkennt in den Dingen eine objektive Bedeutung, die über die gegebenen Umweltbezüge hinausweist. Dadurch vergrößern sich seine Aktionsmöglichkeiten erheblich. Sein Zugang zur Welt kann sich nur über die Ausbildung bestimmter Relevanzstrukturen, über die Konstitution für ihn bedeutsamer Gegenstände und Sachverhalte vollziehen. Eine solche Konstitution setzt aber voraus, daß die Welt nicht geschlossen, sondern offen und gestaltbar ist.

Die Konstitution der Welt ist nicht das Werk eines Einzelnen. Sie vollzieht sich stets innerhalb einer kulturellen Gemeinschaft. Jede Kultur verfügt über eine bestimmte Wertordnung, über bestimmte Kenntnisse und Normen, in denen relevante Reize von irrelevanten geschieden werden. Die Welt des Menschen hat immer – auch bei noch einfachen Lebensverhältnissen – eine kulturelle Prägung. Einen ursprünglichen, gleichsam »natürlichen« Zugang zur Welt kann es für den Menschen nicht geben. Schließlich ist auch die Natur deutungsabhängig. Sie bleibt auf einen kulturellen Kontext bezogen, wie wir am Beispiel der Naturwissenschaft gesehen haben. Freilich gibt es in der Natur *an sich* eine objektive Ordnung, die unabhängig vom Menschen besteht. Radioaktivität und ultraviolettes Licht hat es gegeben, bevor der Mensch die Möglichkeit hatte, dies zu erkennen. Entscheidend ist aber, daß das Bild der Natur, auf unser Beispiel bezogen, daß die Deutungsmodelle der Naturwissenschaft, sich allererst in einem historischen Kontext konstituieren. Auch die Naturwissenschaft steht in einer bestimmten Tradition. Die Art der Fragestellung, der Gegenstand ihres Interesses, was als bedeutsam erachtet wird und was nicht: all dies bewegt sich in einem geschichtlichen Bedeutungshorizont. Jede Wissenschaft ist eine Kulturleistung, die wie alle Artefakte eine Geschichte hinterläßt.

Der Mensch eignet sich seine Welt erst an, indem er in eine bestimmte Kultur sozialisiert wird, indem seine Gedanken und Verhaltensmuster institutionali-

---

[277] Vgl. Wolfgang Köhler, Intelligenzprüfungen an Menschenaffen (1917), Berlin ²1921.

siert werden: „Solche kulturellen Verhaltensmuster oder *Institutionen* bedeuten für das Individuum eine *Entlastung* von allzu vielen Entscheidungen, einen Wegweiser durch die Fülle von Eindrücken und Reizen, von denen der weltoffene Mensch überflutet wird."[278] Institutionen wie Ehe, Beruf oder Religion bieten dem Menschen eine Orientierung. Sie prägen sein Selbstverständnis und dienen als Ersatz für die biologische Nische, aus der er vertrieben wurde. Arnold Gehlen spricht auch von der Sprachmäßigkeit der Antriebe, von der Grammatik und Syntax menschlicher Bedürfnisse, womit er sagen will, daß die Ausdrucksmöglichkeiten des Menschen soziokulturell kanalisiert werden.[279] Jede Kultur muß die menschlichen Triebe in geordnete Bahnen lenken, damit eine Stabilisierung und Integration der sozialen Gemeinschaft erreicht werden kann: „Eine Kultur wäre chaotisch, in der die konstitutionelle Plastizität der menschlichen Antriebe, die unendliche potentielle Variabilität der Handlungen und die Unerschöpflichkeit der Dingansichten zur Geltung kämen."[280] Daher beruhen alle Kulturen auf einem Komplex stereotypisierter und stabilisierter Gewohnheiten, in die der Einzelne hineinsozialisiert wird. Die Entlastung durch die Institutionen ist oftmals so groß, daß die Künstlichkeit von Tradition und Sitte erst gar nicht bewußt wird. Der Mensch lebt für gewöhnlich in einer Sphäre der Vertrautheit und Geborgenheit. Er stellt seine Überzeugungen und alltäglichen Handlungsvollzüge nicht in Frage, mögen sie auch auf einem erworbenen und bewahrten Wissen beruhen.

Die vertraute Umgebung des Menschen ist nicht von Natur aus gegeben. Sie ist gemacht und nur in einem übertragenen Sinn »natürlich« gewachsen. Die Funktion der Kultur besteht darin, die unergründliche Offenheit der Welt zu kanalisieren, um dem Menschen ein Zuhause geben zu können. Dieses Zuhause muß aber immer provisorisch bleiben, da es die festgefügte Umwelt des Tieres nicht langfristig ersetzen kann:

> Auch, besser gesagt, erst innerhalb eines kulturell geprägten Daseinsrahmens findet der Mensch sein Zuhause. Die Regionen der Vertrautheit, des Selbstverständlichen und Natürlichen liegen in einer spezifisch geistigen Ebene: heimatliche Landschaft, Muttersprache, Familie und Sitte, Überlieferung, Gesellschaftsordnung, Vorbilder, die eigene Stadt, Straße, Heim, Zimmer, die Dinge, das ganze Drumherum des Lebens. Aber was sind diese schützenden Rahmen und Geleise unserer Existenz ohne die Fremde, vor der sie uns schützen, die Welt, mit der es eine uns verschlossene und letzten Endes vielleicht unergründliche Bewandtnis hat? Nur auf dem offenen Hintergrund einer nicht mehr in vitalen Bezügen aufgehenden Welt, die den Menschen in unvorhersehbare Lagen bringt und mit der er stets neue und brüchige Kompromisse schließen muß, hält er sich in jenem

---

[278] Ilse Schwidetzki, zit. nach Arnold Gehlen, Anthropologische und sozialpsychologische Untersuchungen, Reinbek bei Hamburg 1986, S. 71.
[279] Vgl. Gehlen, Urmensch und Spätkultur, a.a.O., S. 87f.
[280] Ebd., S. 23.

labilen Gleichgewicht einer stets gefährdeten, selbst wieder schutzbedürftigen Kultur. Ihr sogenannter Umweltcharakter ruht in der relativen Geschlossenheit, die mit jeder Stellungnahme zu Werken, mit jeder Haltung und Formgebung erreicht wird. Sie ist gewordene, errungene und traditionell bewahrte Einseitigkeit, der die Menschen verfallen, wenn sie sich der Begrenztheit ihrer Werte, Umgangsformen usw. nicht bewußt sind. Entgleitet ihnen dieses Bewußtsein – und das alltägliche Leben läßt es nicht zu, den eigenen Daseinsrahmen im Blick zu halten – dann wandelt es sich in ein Bewußtsein der Vertrautheit und Selbstverständlichkeit: alles muß »eigentlich« so sein, wie es gewohnter Weise ist.[281]

Jede Kultur muß auf einen latent gegenwärtigen Hintergrund von Welt bezogen werden. Sie stellt, wie alle anderen Kulturen auch, lediglich einen Zugang, eine Variante aus einer Vielzahl möglicher Welten dar. Die jeweilige Wirklichkeit des Menschen wird auch von Plessner auf eine metaphysische Welt bezogen, auf die Welt als Möglichkeit, in der die Weltoffenheit des Menschen begründet liegt. Damit meint Plessner aber nicht ein überzeitliches Wesen der Welt, sondern deren prinzipielle Unergründlichkeit, die sich hinter jeder kulturellen Ordnung verbirgt.

Der Mensch steht zwischen Umweltgebundenheit und Weltoffenheit. Er lebt nicht in der geschlossenen Umwelt des Tieres, unterliegt aber kulturellen Relevanzstrukturen, die seine Erkenntnis- und Handlungsmöglichkeiten zwar nicht endgültig determinieren, aber immerhin prägen. In Anlehnung an Husserl spricht Plessner auch von einem »offenen Horizont«, wobei der Ausdruck »Horizont« auf die jeweilige Geltung kultureller Bestimmungen verweist. *Offen* ist dieser Horizont insofern, als er geschichtlichen Wandlungen unterworfen, also nicht ein für allemal festgelegt ist. Er verbirgt eine unergründliche Welt, die für den Menschen eine Vielzahl an Betätigungsfeldern bereitstellt. Nur vor dem Hintergrund einer offenen Welt kann der Mensch eine Geschichte haben. Nur weil er immer wieder über die gegebene Wirklichkeit hinausgreift, ist sein Verhältnis zur Welt prinzipiell unabgeschlossen und damit geschichtlich. Der Mensch ist, so Scheler, „der ewige Protestant gegen alle bloße Wirklichkeit.“[282] Er kann diese Wirklichkeit umgestalten und nach seinen Bedürfnissen einrichten. Im Gegensatz zum Tier ist er „der ewige «Faust», die bestia cupidissima rerum novarum, nie sich beruhigend mit der ihn umringenden Wirklichkeit, immer begierig, die Schranken seines Jetzt-Hier-Soseins zu durchbrechen, immer strebend, die Wirklichkeit, die ihn umgibt, zu *transzendieren* – darunter auch seine eigene jeweilige Selbstwirklichkeit.“[283] Aus diesem Grund kann man den Menschen, so Gehlen, „in höherem Grade ein vorstellendes als ein wahrnehmendes Wesen nennen, und gerade davon lebt er, denn er verhält sich mehr von den vor-

---

[281] Plessner, »Über das Welt- Umweltverhältnis des Menschen«, a.a.O., S. 85f.
[282] Scheler, »Die Stellung des Menschen im Kosmos«, a.a.O., S. 44.
[283] Ebd., S. 45.

ausgedachten und entworfenen Umständen her, als von den vorgefundenen und »wirklichen«."[284]

Die bisherigen Ergebnisse lassen sich bereits für eine anthropologische Grundlegung der Utopie verwerten. Wir haben im vorherigen Kapitel gesehen, daß Utopie eine offene, aber nicht grenzenlos verfügbare Welt voraussetzt. Utopische Vorstellungen können sich nur innerhalb einer gegebenen Ordnung entfalten. Sie bewegen sich in einem offenen Horizont. Eine Basis praktischer und geistiger Gewohnheiten muß immer schon vorhanden sein, bevor sich der Mensch neuen Dingen zuwenden kann. Schließlich definiert sich das Neue erst vor dem Hintergrund des bereits Bekannten. Wenngleich die eingeschliffenen Handlungs- und Denkmuster der Entdeckung neuer Sachverhalte zuweilen entgegenarbeiten, sind sie für den Menschen unverzichtbar, da sie die Orientierung seiner Erkenntnis überhaupt erst ermöglichen. Insofern darf nicht übersehen werden, „daß die Habitualisierung des Verhaltens selbst produktiv ist, da sie die Entlastungschance für höhere, kombinationsreiche Motivationen herstellt und diese damit geradezu fundiert."[285] Die anthropologischen Grundlagen der Utopie eignen sich jedoch nicht zur strengen Begriffsbestimmung. Schließlich impliziert die Utopie per definitionem einen grundsätzlichen Wandel der bisherigen Ordnung. Zwar bricht sie nicht mit der Gesamtheit der jeweils geltenden Ansichten, doch konzentriert sie ihre Anstrengung auf die Veränderung der zugrundeliegenden Prinzipien. Die Utopie radikalisiert damit den anthropologischen Befund, wonach der Mensch in einer Welt lebt, die ihm prinzipiell die Möglichkeit zur Überschreitung bietet.

Der Mensch steht zwischen Welt und Umwelt, die Natur hat ihm keinen eindeutigen Platz zugewiesen. Dieser Gedanke wird von Plessner in der exzentrischen Positionalität des Menschen fundiert. Dieses Konzept soll nun besprochen werden, da es für eine anthropologische Grundlegung der Utopie die entscheidenden Argumente liefert.

2. Exzentrische Positionalität

Die »exzentrische Positionalität« bildet den Dreh- und Angelpunkt von Plessners Anthropologie. Sie steht am Ende einer Stufenfolge des Lebendigen, der die idealtypische Unterscheidung von Pflanze, Tier und Mensch zugrunde liegt. Ausgangspunkt von Plessners Überlegungen ist der Begriff des Lebens, der auf spezifisch Menschliches wie Außermenschliches bezogen werden kann: „Leben im Sinne von belebt sein besagt Eigenständigkeit im Verhältnis zu dem Milieu, dem der belebte Körper angehört. Ein unbelebter Körper erleidet zwar Einwir-

---

[284] Arnold Gehlen, »Ein Bild vom Menschen« (1941), in: Gesamtausgabe, Bd. 4, Frankfurt a.M. 1983, S. 61.

[285] Gehlen, Urmensch und Spätkultur, a.a.O., S. 48.

kungen des Milieus, reagiert aber nicht auf sie, indem er sich eigenständig zu ihm verhält. Diesen Positionscharakter des belebten Körpers besagt Positionalität."[286] Pflanze, Tier und Mensch stehen in einem spezifischen Austauschverhältnis zu ihrem Milieu. Ob es sich um freibewegliche Organismen handelt, ob ein Reiz-Reaktions-Schema lokal erfolgt oder über das zentrale Nervensystem gesteuert wird – entscheidend für das Kriterium der Lebendigkeit ist, so Plessner, daß ein Organismus »Positionalität« besitzt, daß er sich zu seinem Milieu *verhält*. Die exzentrische Positionalität bildet dabei den Endpunkt in der Stufenfolge des Organischen. Sie wird von einem Lebewesen eingenommen, das sich seiner selbst bewußt geworden ist, das sich aufgrund seiner Reflexivität nicht nur zu seinem Milieu, sondern ebenso zu sich selbst verhält:

> Obwohl auch auf dieser Stufe das Lebewesen im Hier-Jetzt aufgeht, aus der Mitte lebt, so ist ihm doch die Zentralität seiner Existenz bewußt geworden. Es hat sich selbst, es weiß um sich, es ist sich selber bemerkbar und darin ist es *Ich*, der »hinter sich« liegende Fluchtpunkt der eigenen Innerlichkeit, der jedem möglichen Vollzug des Lebens aus der eigenen Mitte entzogen den Zuschauer gegenüber dem Szenarium dieses Innenfeldes bildet, der nicht mehr objektivierbare, nicht mehr in Gegenstandsstellung zu rückende Subjektpol.[287]

An dieser Stelle wird bereits deutlich, daß die exzentrische Positionalität ausschließlich vom Menschen eingenommen wird. Schließlich lebt der Mensch nicht nur im Vollzug seines Handelns und Denkens. Er ist zugleich in der Lage, diesen Vollzug im Nachhinein zu reflektieren, was zu „immer neuen Akten der Reflexion auf sich selber, zu einem regressus ad infinitum des Selbstbewußtseins"[288] führt. Da sich der Mensch zu sich selbst verhält, kann er sich grundsätzlich in Frage stellen. Er kann seine bisherigen Überzeugungen in Zweifel ziehen oder überdenken. Exzentrizität bedeutet, daß der Mensch außerhalb seiner Mitte steht. Während das Tier im Hier und Jetzt aufgeht, in sein Milieu eingebettet ist, behält der Mensch stets eine Distanz zu sich selbst, ebenso zu seiner Welt. Deshalb kann er nicht nur seine eigene Lebensweise, sondern auch die historisch gewachsene Ordnung, sein bisheriges Weltbild, in Frage stellen und verändern. Er kann die gegebenen Verhältnisse immer wieder durchbrechen, insofern lebt er ex-zentrisch: „Ist das Leben des Tieres zentrisch, so ist das Leben des Menschen, ohne die Zentrierung durchbrechen zu können, zugleich aus ihr heraus, exzentrisch. *Exzentrizität* ist die für den Menschen charakteristische Form seiner frontalen Gestelltheit gegen das Umfeld."[289]

---

[286] Helmuth Plessner, »Der Aussagewert einer Philosophischen Anthropologie« (1973), in: Gesammelte Schriften, Bd. 8, a.a.O., S. 390f.

[287] Helmuth Plessner, Die Stufen des Organischen und der Mensch. Einleitung in die philosophische Anthropologie (1928), in: Gesammelte Schriften, Bd. 4, Frankfurt a.M. 1981, S. 363.

[288] Ebd.

[289] Ebd., S. 364.

Das Dilemma der menschlichen Existenz besteht nun darin, daß der Mensch auf ein Zentrum angewiesen ist, das er nur mit künstlichen Mitteln erreichen und stabilisieren, aufgrund seiner Exzentrizität jedoch grundsätzlich durchschauen und wieder beseitigen kann. Im Gegensatz zum Tier lebt der Mensch nicht in festen, dauerhaften Verhältnissen. Plessner spricht deshalb von der konstitutiven Wurzellosigkeit des Menschen, was freilich ein gewisses Maß an Freiheit bedeutet, zugleich aber mit besonderen Anforderungen verbunden ist. Weil ihm ein natürlicher Bezug zu den Dingen versagt bleibt, muß sich der Mensch in der Welt einrichten. Sein Leben ist ihm nicht bloß gegeben, sondern aufgegeben: „Ein Lebewesen exzentrischer Positionalität hat zu existieren, sein Leben in die Hand zu nehmen und unter Einsatz aller seiner Möglichkeiten die Mängel auszugleichen, welche sein Positionscharakter mit sich bringt: Schwächung seiner Instinkte, Objektivierung bis zur Verdinglichung, Entdeckung seiner selbst."[290] Die Bestimmung des Menschen als Mängelwesen setzt für Plessner bereits die exzentrische Positionalität voraus, da erst diese verständlich macht, warum der Mensch stets nach einem Ausgleich, nach Zentrierung, nach Kompensation der Mängel verlangt. Zwar hat der Mensch das Bedürfnis nach einer Mitte, d.h. nach einer dauerhaften Ordnung, doch kann dieses Bedürfnis immer nur vorübergehend gestillt werden, da Exzentrizität ein Wesensmerkmal des Menschen ist, das dauerhafte Ordnungen unterminiert. Weil die Natur ihm die Freiheit geschenkt hat, muß sich der Mensch immer wieder ans Werk machen. Exzentrizität impliziert Handlungsbedarf. Sie bildet die Voraussetzung für die Vielzahl kultureller Lebensentwürfe, die der Mensch in seiner Geschichte hervorgebracht hat.

Die bisherigen Ausführungen lassen bereits erkennen, daß der häufig erhobene Vorwurf gegenüber der Anthropologie, sie verfahre unhistorisch, da sie den Menschen von vornherein auf bestimmte Wesenskonstanten festlege, auf Plessners Ansatz nicht zutrifft. Auch Plessner geht davon aus, daß die Gedanken und Handlungen des Menschen ihre inhaltliche Ausprägung in der Lebenswelt, in einem geschichtlichen Bedeutungshorizont erhalten. Wer den Menschen verstehen will, sagt Plessner in Anlehnung an Dilthey, muß daher den historischen Kontext berücksichtigen. Der Mensch ist in diesem Sinn keine irgendwie geartete Substanz, die ewig und unveränderlich für sich besteht, sondern ein Brennpunkt seiner geschichtlichen Bezüge. Bei Heidegger wird die Zeitlichkeit des Menschen mit dem Existenzbegriff verknüpft. Existenz bedeutet, daß der Mensch sich immer schon erschlossen ist, daß er sich vor dem Hintergrund seiner jeweiligen Geschichte immer schon auf etwas und als etwas versteht. Die Geschichtlichkeit des Menschen bildet den Rahmen seiner Deutungen. Auch die Wissenschaft bewegt sich in diesem Rahmen, wenngleich sie sich dessen nicht immer bewußt ist. Aus diesem Grund vertritt Heidegger die Auffassung, daß der Begriff des Menschen in Anthropologie, Psychologie und Biologie unterbe-

---

[290] »Der Aussagewert einer Philosophischen Anthropologie«, a.a.O., S. 398.

———

stimmt sei. Die Einzelwissenschaften mögen auf ihrem Gebiet nützliche Arbeit leisten. Eine fundamentale Bestimmung des menschlichen Daseins könnten sie aber nicht geben, da ihre spezifische Fragestellung zwangsläufig von der vollen Lebenswirklichkeit des Menschen abstrahiere.[291]

Dieses Machtwort versucht Plessner zu entkräften, indem er die Zeitlichkeit des Menschen an die exzentrische Lebensform zurückbindet. Freilich ist der Mensch nicht bloß ein Exemplar seiner Gattung, sondern zugleich ein geschichtlich-individuelles Wesen. Gleichwohl will Plessner zeigen, daß die Existenz des Menschen anthropologisch fundiert ist. Mag sie auch historisch geprägt sein – die Bedingung ihrer Möglichkeit liegt in der exzentrischen Positionalität des Menschen begründet: Leben birgt Existenz.[292] Diese These erlaubt es Plessner, die naturhafte Bestimmung des Menschen mit dessen geschichtlicher Bestimmbarkeit zu verbinden. Exzentrizität bedeutet einen Mangel, den Bedarf einer Sinngebung. Der Mensch ist auf einen geschichtlichen Selbstbestimmungsprozeß angelegt, den Plessner allerdings nicht eschatologisch deutet. Plessner problematisiert also die *prinzipielle* Bestimmbarkeit des Menschen, ohne deshalb auf den Begriff des Lebens verzichten zu müssen. Aus diesem Grund hält er den Aussagewert der Philosophischen Anthropologie für überlegen, wenngleich ihm durchaus bewußt ist, daß die konkrete Antwort auf die Frage nach dem Menschen immer nur ex post erfolgen kann: im Spiegel der Geschichte. Die geschichtlichen Möglichkeiten liegen für ihn aber in der exzentrischen Positionalität begründet.[293]

Nur der Mensch hat einen Abstand zu sich selbst, ebenso zu seinen Mitmenschen und zu seiner Welt. Obwohl er darauf angewiesen ist, diesen Abstand zu überbrücken, kann ihm dies niemals vollständig, geschweige denn endgültig gelingen. Die Exzentrizität stößt den Menschen immer wieder aus seiner Ruhelage. Sie eröffnet ihm die Dimension des Möglichen, „sie bildet", so Schwonke, „das anthropologische Fundament jeder utopischen Überschreitung der gegebe-

---

[291] Vgl. Martin Heidegger, Sein und Zeit (1927), Tübingen [18]2001, S. 45ff. Vgl. dazu Helmut Fahrenbach, »Heidegger und das Problem einer „philosophischen" Anthropologie«, in: Durchblicke. Martin Heidegger zum 80. Geburtstag, hg. von Vittorio Klostermann, Frankfurt a.M. 1970, S. 97–131.

[292] Vgl. Plessner, »Der Aussagewert einer Philosophischen Anthropologie«, a.a.O., S. 388. Vgl. auch Helmut Fahrenbach, »„Lebensphilosophische" oder „existenzphilosophische" Anthropologie? Plessners Auseinandersetzung mit Heidegger«, in: Dilthey-Jahrbuch für Philosophie und Geschichte der Geisteswissenschaften, Bd. 7, Göttingen 1990/1991, S. 71–111, S. 96.

[293] „Was der Mensch ist, lehrt durchaus auch die Geschichte, aber auf der Grundlage der konstitutiven, natürlichen conditio humana des Menschen als Lebewesen. Nach Plessners eigener Einsicht sind alle geschichtlichen Formen relativ; sie müssen zurückbezogen werden auf die Invarianten des Naturmenschen, die freilich sehr formal sind und gehaltlich qualifizierbare Bedeutung gerade erst durch die geschichtliche Verarbeitung erlangen." Ernst Wolfgang Orth, »Helmuth Plessners Anthropologiekonzeption und sein Begriff von Wissenschaft und Philosophie«, in: Jürgen Friedrich/Bernd Westermann (Hg.), Unter offenem Horizont. Anthropologie nach Helmuth Plessner, Frankfurt a.M. 1995, S. 67–74, S. 73.

nen Gestalt der Wirklichkeit und des menschlichen Daseins."[294] Aus der exzentrischen Positionalität leitet Plessner die anthropologischen Grundgesetze ab, von denen zunächst das Gesetz der natürlichen Künstlichkeit besprochen werden soll. Anschließend widmen wir uns dem Begriff der Expressivität, den Plessner im Gesetz der vermittelten Unmittelbarkeit entwickelt. Sowohl natürliche Künstlichkeit als auch Expressivität erlauben es, das utopische Potential in Natur und Kultur mit der Triebstruktur des Menschen zu verbinden. Den Abschluß dieses Kapitels bildet das dritte und letzte anthropologische Grundgesetz: das Gesetz des utopischen Standorts, das den Bezug von Plessners Anthropologie zum Utopiebegriff explizit herstellt.

3. Natürliche Künstlichkeit

Die kulturellen Leistungen des Menschen werden bei Plessner in der exzentrischen Positionalität fundiert. Diese Formel erlaubt es ihm, die Stufung der organischen Welt unter einem Gesichtspunkt zu begreifen und mit der Geschichtlichkeit des Menschen als einer autonomen, aber dem Leben zugehörigen Sphäre zu verbinden. Dabei bezieht sich die These von der exzentrischen Positionalität auf einen bereits bekannten Sachverhalt, nämlich auf die prinzipielle Bedürftigkeit des Menschen, mit der alle Kultur anhebt:

> Exzentrische Lebensform und Ergänzungsbedürftigkeit bilden ein und denselben Tatbestand. Bedürftigkeit darf hier nicht in einem subjektiven Sinne und psychologisch aufgefaßt werden. Sie ist allen Bedürfnissen, jedem Drang, jedem Trieb, jeder Tendenz, jedem Willen des Menschen vorgegeben. In dieser Bedürftigkeit oder Nacktheit liegt das Movens für alle spezifisch menschliche, d.h. auf Irreales gerichtete und mit künstlichen Mitteln arbeitende Tätigkeit, der letzte Grund für das *Werkzeug* und dasjenige, dem es dient: die *Kultur*.[295]

Die Bedürftigkeit, von der Plessner hier spricht, liegt allen Triebregungen des Menschen zugrunde, weshalb sie eine formale und keine empirische Bedeutung hat. Insofern ist sie durchaus mit dem Triebbegriff von Bloch vergleichbar, da auch Bloch den formalen Trieb von seinen inhaltlichen Ausprägungen unterscheidet. Eine weitere Gemeinsamkeit zu Bloch besteht darin, daß die Ergänzungsbedürftigkeit den Menschen zur Kultur treibt, d.h. zu einer Tätigkeit, die sich auf Irreales richtet und mit künstlichen Mitteln arbeitet. Ferner gehen beide Autoren von dem Begriff des Lebens aus, der sämtlichen Möglichkeiten der menschlichen Existenz vorgeordnet wird. Diese Gemeinsamkeiten dürfen aber nicht den zentralen Unterschied im Gesamtkonzept verdecken: die exzentrische

---

[294] Schwonke, Vom Staatsroman zur Science Fiction, a.a.O., S. 118.
[295] Plessner, Die Stufen des Organischen und der Mensch, a.a.O., S. 385.

Positionalität ist für Plessner ein grundsätzlicher Befund, der nicht eschatologisch gedeutet werden darf.[296]

Die Bedürfnisstruktur des Menschen ist prinzipiell offen. Während das Tier seine rein vital bedingten Bedürfnisse unmittelbar befriedigt, und erst, wenn die Sättigung abgeklungen ist, wieder den neu erwachten primären Antrieben folgt, kann der Mensch seine unmittelbaren Bedürfnisse nicht nur aufschieben, sondern überschreiten. Die Bedürftigkeit bildet ein Wesensmerkmal des Menschen, da seine Triebe und Affekte auf keine endgültige Erfüllung ausgerichtet sind. Durch die Ausdifferenzierung der menschlichen Triebstruktur sind sie aus dem instinktiven Sinnverband des Verhaltens herausgetreten, ein Vorgang, den Scheler »schöpferische Dissoziation« nennt.[297] Schöpferisch ist dieser Prozeß deshalb, weil er die Grundlage intelligenter und kreativer Leistungen bildet. Er ist gewissermaßen der Anstoß zur kulturellen Gestaltung der Welt:

> Tiere bleiben im Zyklus von Drang und Erfüllung auf gleichem Niveau. Der Mensch dagegen hebt sich trotz gleicher Grunddynamik vom Boden ab in ein anderes, höheres Niveau von ausgesprochener Instabilität mit künstlich geschaffenen Mitteln und hat es nun in der Hand, es zu stabilisieren oder einem abermals einsetzenden Verschiebungs- und Umbildungsprozeß auszuliefern.[298]

Der Mensch ist von Natur aus auf ein künstliches Komplement angewiesen. Er steht unter dem Gesetz der natürlichen Künstlichkeit, er ist sozusagen zur Kultur verurteilt. Natur und Kultur dürfen hier nicht als gegensätzliche Begriffe verstanden werden, vielmehr ergänzen sie sich gegenseitig. Aufgrund seiner unbestimmten Natur ist der Mensch ein kulturschaffendes und zugleich ein kulturbedürftiges Wesen. Seine plastische Antriebsstruktur bedarf einerseits der Disziplinierung durch Konvention, Sitte und Recht.[299] Andererseits erlaubt sein Triebüberschuß keine endgültige Sättigung. Weil der Mensch nicht starr an eine instinktähnliche Triebabfuhr gebunden ist, kann er seine unmittelbaren Bedürfnisse überschreiten und sich immer wieder neue Bedürfnisse schaffen. Man könnte den Kulturprozeß auch als eine ständige Bedürfnisverschiebung des Menschen bezeichnen, womit freilich noch nichts über die qualitative Beschaffenheit der Kulturprodukte gesagt ist.

Die prinzipielle Bedürftigkeit des Menschen ist mit besonderen Anforderungen verbunden. Das menschliche Dasein bedeutet grundsätzlich ein Wagnis. Gehlen spricht auch von der konstitutionellen Riskiertheit des Menschen, die

---

[296] Vgl. zum Verhältnis von Ernst Bloch und Helmuth Plessner: Fahrenbach, »Der Mensch – ein utopisches Wesen?«, a.a.O., S. 31; S. 38; S. 47ff.

[297] Vgl. Scheler, »Die Stellung des Menschen im Kosmos«, a.a.O., S. 21.

[298] Helmuth Plessner, »Die Frage nach der Conditio humana« (1961), in: Gesammelte Schriften, Bd. 8, a.a.O., S. 190f.

[299] Vgl. ebd., S. 192.

sich korrelativ zu seinem Antriebsüberschuß verhält.[300] Der Mensch wird sich zur Aufgabe, er muß sich ein künstliches Gleichgewicht schaffen. Vorsorge und Planung bestimmen seinen Lebensrhythmus. Darin unterscheidet er sich vom Tier, das kein Zukunftsbewußtsein besitzt, weil es unter die sichere Führung der Instinkte gestellt ist. Der Mensch lebt dagegen in Sorge, zuweilen in Furcht vor dem Kommenden: „Echte Furcht und echte Sorge bauen sich zwar nicht notwendig auf einem Wissen um zukünftige Dinge auf, aber sie sind nur da möglich, wo dem Lebewesen wenigstens der Zeitmodus Zukunft aufgegangen ist."[301] Nur der Mensch hat eine »echte« Zukunft, da ihm die natürliche, unmittelbare Lebensweise des Tieres versagt bleibt. Dieser Mangel begründet seinen Handlungsbedarf:

> Weil dem Menschen durch seinen Existenztyp aufgezwungen ist, das Leben zu führen, welches er lebt, d.h. zu machen, was er ist – eben weil er nur ist, wenn er vollzieht – braucht er ein Komplement nichtnatürlicher, nichtgewachsener Art. Darum ist er von Natur, aus Gründen seiner Existenzform *künstlich*. Als exzentrisches Wesen nicht im Gleichgewicht, ortlos, zeitlos im Nichts stehend, konstitutiv heimatlos, muß er »etwas werden« und sich das Gleichgewicht – schaffen. Und er schafft es nur mit Hilfe der außernatürlichen Dinge, die aus seinem Schaffen entspringen, *wenn* die Ergebnisse dieses schöpferischen Machens ein eigenes Gewicht bekommen.[302]

Die Kultur ist an die Existenzform des Menschen gebunden. Jedes Kulturprodukt geht aus einem ideellen Entwurf hervor, was allerdings nicht heißt, daß Kultur auf bloßer Beliebigkeit beruht. Vielmehr ist sie nur dort möglich, wo an einen objektiven Sachgehalt angeknüpft wird. Andernfalls könnte den Kulturprodukten kein eigenes Gewicht zufallen. Wenn die Kultur als zweite Natur des Menschen gelten soll, müssen ihre Inhalte anschlußfähig und plausibel sein. Da es in einer unergründlichen Welt aber eine unendliche Zahl von objektiven Möglichkeiten gibt, bleibt der Kulturprozeß prinzipiell unabgeschlossen. Welche Möglichkeiten jeweils realisiert werden, läßt sich nicht vorhersagen. Daß es aber überhaupt andere Möglichkeiten gibt, daß die Kultur nicht irgendwann zum

---

[300] „Die Reduktion des physischen Risikos, wie sie in der möglichst vollkommenen Anpassung an die Umwelt, also in der Spezialisierung liegt, war nicht der Weg der Entwicklung zum Menschen. Sie ist auch nicht der Weg der Entwicklung des Menschen, nämlich seiner Kultur, die nicht im konservativen Festhalten gefundener Sicherungen und Gleichgewichte zu bestehen scheint, sondern viel eher in den Aufgipfelungen einer Energie, die durch das Risiko gereizt wird, geradezu gelockt wird. Das Exponierte, sich selbst zu exponieren, aus der Riskiertheit bewußt das Risiko zu machen: das ist die oft versuchte und oft gelungene Chance; hier ist kein Unterschied zwischen den Mammutjägern, den Polynesiern, die den Sturmwind der Hochsee ausnützen, ihre Nußschalen zu treiben, und den ersten Fliegern." Arnold Gehlen, Der Mensch. Seine Natur und seine Stellung in der Welt (1940), in: Gesamtausgabe, Band 3.1, Frankfurt a.M. 1993, S. 63f.

[301] Plessner, Die Stufen des Organischen und der Mensch, a.a.O., S. 394.

[302] Ebd., S. 384f.

Stillstand kommt, spricht für die Vermutung, daß die Welt ein utopisches Potential enthält, das unerschöpflich ist und nur durch den Menschen aktualisiert werden kann. In subjektiver Hinsicht entspricht dieser Prozeß einem Gestaltungsbedürfnis, das Plessner »Expressivität« nennt. Damit kommen wir zum zweiten anthropologischen Grundgesetz, dem Gesetz der vermittelten Unmittelbarkeit.

4. Expressivität und Objektivität

Das Gesetz der vermittelten Unmittelbarkeit besagt, daß jegliches Verhältnis des Menschen, sei es zu einem Gegenstand, zu einem anderen Menschen oder zur Welt, immer schon als Ergebnis einer Vermittlung anzusehen ist. Auch Kultur bedeutet Vermittlung, so unmittelbar und vertraut den Angehörigen eines Kulturkreises ihr Weltverständnis auch erscheinen mag. Der Mensch ist sich niemals unmittelbar gegeben, ebensowenig wie ihm seine Welt unmittelbar gegeben ist. Seine Anschauungen, sein Verhalten und seine vermeintlich natürlichen, weil unhinterfragten Überzeugungen sind das Produkt kultureller Überlieferung. Diese gleichsam »natürliche« Konstitution der Wirklichkeit setzt allerdings voraus, daß den Kulturinhalten ein eigenes Gewicht zufällt. Sie müssen einen Sachgehalt aufweisen, der objektiv verbindlich ist. Kultur hat nur ein Lebewesen, das die Fähigkeit zu Objektivität besitzt.

Die mögliche Einsicht in einen objektiven Tatbestand ist allen intelligenten Lebewesen zu eigen. So haben Köhlers Versuche gezeigt, daß auch Schimpansen einen Sachverhalt erkennen können, sofern dies zum Erreichen eines Triebziels hilfreich ist. Unabhängig von einem situationsbezogenen Triebziel ist aber nur der Mensch zur Objektivierung fähig. Deshalb nennt Scheler den Menschen in Anlehnung an Freud einen »Triebverdränger«. Verdrängen bedeutet in diesem Zusammenhang, daß der Mensch seinen Triebregungen nicht hilflos ausgeliefert ist, sondern diese zu lenken vermag. Er kann „seinem ihm einwohnenden Geiste die in den verdrängten Trieben schlummernde Energie steigernd zuführen. D.h. der Mensch kann seine Triebenergie zu geistiger Tätigkeit «sublimieren».“[303] Dies bedeutet freilich nicht, daß die geistige Tätigkeit aus der Triebstruktur *hervorgeht*, wohl aber, daß sie mit ihr *anhebt*. Die Sphäre des Geistes behält ihre Eigengesetzlichkeit, ebenso die Triebstruktur des Menschen. Der Geist kann allerdings auf den emotional-affektiven Unterbau Einfluß nehmen, indem er den Triebimpulsen einerseits „die zu einer Triebhandlung notwendigen Vorstellungen versagt, andererseits den lauernden Trieben idee- und wertangemessene Vorstellungen gleichsam wie Köder vor Augen stellt, um die Triebimpulse so zu koordinieren, daß sie das *geistgesetzte Willensprojekt ausführen*, in Wirklichkeit

---

[303] Scheler, »Die Stellung des Menschen im Kosmos«, a.a.O., S. 45.

überführen.«[304] Die Triebe können auf diese Weise instrumentalisiert werden, was je nach begleitender Vorstellung eine Gefahr bedeutet, dem Menschen aber ebenso ermöglicht, eine Leidenschaft zu Vernunft und Objektivität zu entwickeln.

Die Fähigkeit zur Objektivität und die sich daraus ergebenden Möglichkeiten unterscheiden den Menschen vom Tier. So hat der Mensch als einziges Lebewesen eine Sprache, mit der er die ihn umgebenden Dinge benennen, sprich objektivieren kann. Auch hier wird deutlich, daß der Mensch auf eine Vermittlung angewiesen ist, da ihm ein unmittelbarer Zugang zu den Dingen versagt bleibt. Sprache ermöglicht einen Zugang zur Wirklichkeit, der unerschöpflich ist, weil er nahezu beliebig variiert werden kann. Wie alle kulturellen Leistungen fällt auch die Sprache unter das Gesetz der vermittelten Unmittelbarkeit, wie jede menschliche Tätigkeit hebt auch sie mit einem Ausdrucksbedürfnis des Menschen an, das Plessner »Expressivität« nennt. Die Expressivität ist die treibende Kraft hinter der Kultur. Sie motiviert den Menschen zur Sprachgebung, zu jeder Form schöpferischer Tätigkeit. Zugleich bleibt der Mensch aber darauf angewiesen, sich von Sachbeziehungen leiten zu lassen. So muß bei der Werkzeugherstellung darauf geachtet werden, daß die Werkzeuge einen bestimmten Zweck erfüllen. Der Hammer erfüllt den Zweck des »mit-ihm-hämmern-können«. Dies ist sein ideeller Gehalt, der auch dann bestehen bleibt, wenn kein Gebrauch von dem Hammer gemacht wird. Die gelungene Neuschöpfung setzt also nicht nur die Expressivität, sondern ebenso die Einsicht in einen Sachverhalt voraus, der Plessner zufolge nur gefunden oder entdeckt, nicht aber gemacht werden kann:

> Glaubt man also, daß die Dinge unseres Umgangs und Gebrauchs den vollen Sinn, ihr ganzes Dasein erst aus der Hand des Konstrukteurs empfan-

---

[304] Ebd., S. 49. Scheler entwickelt an dieser Stelle einen Gedanken, der sich bereits bei Descartes findet. Bei Scheler heißt es: „Geist und Wollen des Menschen kann (...) nie mehr bedeuten als «Leitung» und «Lenkung». Und das bedeutet immer nur, daß der Geist als solcher den Triebmächten Ideen vorhält, und das Wollen den Triebimpulsen – die schon vorhanden sein müssen – solche Vorstellungen zuwendet oder entzieht, die die Verwirklichung dieser Ideen konkretisieren können. Ursprüngliche determinierende Lenkdetermination hat also das zentrale geistige Wollen nicht auf die Triebe selbst, sondern auf die Abwandlung der Vorstellungen." Ebd., S. 54. Bei Descartes lautet die Formulierung ganz ähnlich: „Unsere Emotionen können durch die Tätigkeit unseres Willens weder direkt hervorgebracht noch beseitigt werden, aber sie können es indirekt durch die Repräsentation der Dinge, die gewöhnlich mit jenen Emotionen verbunden sind, die wir haben wollen, und die jenen entgegengesetzt sind, die wir zurückdrängen wollen." René Descartes, Die Leidenschaften der Seele, zit. nach Dominik Perler, René Descartes, München 1998, S. 240. Erstaunlich ist in diesem Zusammenhang, daß sich Scheler am Ende seiner Schrift ausdrücklich von Descartes distanziert und diesem vorwirft, er habe durch seine radikale Fassung des Leib-Seele-Dualismus das abendländische Bewußtsein von der menschlichen Natur mit schweren Irrtümern beladen. Wie die ausgezeichnete Arbeit von Dominik Perler hingegen zeigt, ist es oftmals das abendländische Urteil über Descartes' Philosophie gewesen, das mit schweren Irrtümern beladen war.

gen und allein in dieser Relativität auf das Umgehen mit ihnen wirklich sind, so sieht man nur die halbe Wahrheit. Denn ebenso wesentlich ist für die technischen Hilfsmittel (und darüber hinaus für alle Werke und Satzung aus menschlicher Schöpferkraft) ihr inneres Gewicht, ihre Objektivität, die als dasjenige an ihnen erscheint, was nur gefunden und entdeckt, nicht gemacht werden konnte. Was also in die Sphäre der Kultur eingeht, zeigt Gebundenheit an das menschliche Urhebertum und zugleich (und zwar in demselben Ausmaß) Unabhängigkeit von ihm. Der Mensch kann nur erfinden, soweit er entdeckt.[305]

Alle Kulturgegenstände beruhen auf einem Sachgehalt, der unabhängig vom Menschen besteht. Dieser Sachgehalt muß erkannt werden, bevor die produktive Tätigkeit einsetzen kann. Jede Erfindung geht auf einen ideellen Entwurf zurück, an dem sich die konkrete Ausführung orientiert. Unter Umständen muß dieser Entwurf korrigiert werden, sofern sich seiner Realisierung ungeahnte Schwierigkeiten entgegenstellen.

Diese abstrakten Überlegungen sollen durch ein Beispiel erläutert werden. Wir bleiben im Bereich der Technik. Für den Hammer gilt der Sachverhalt, daß ein bewegter Gegenstand mit einer bestimmten Geschwindigkeit auf einen ruhenden Gegenstand trifft, wodurch eine Kraftübertragung stattfindet, durch die der bisher ruhende Gegenstand auf einen anderen Gegenstand oder eine Fläche einwirkt. Letzteres wäre also ein Nagel, der in die Wand oder in ein Brett geschlagen wird. Diesem Vorgang liegt ein bestimmter Sachverhalt zugrunde, dessen Beschreibung und Erklärung Aufgabe der Physik ist. Daraus werden dann bestimmte Formeln und Gesetzesaussagen abgeleitet, etwa die Bestimmung der Kraft als Produkt von Masse und Beschleunigung. Freilich muß dem Erfinder des Hammers diese Gleichung nicht vor Augen gestanden haben, ganz zu schweigen von der Bedeutung der Begriffe Masse, Kraft und Beschleunigung. Gleichwohl muß zumindest ein Verständnis von Kraft, Ursache und Wirkung vorausgesetzt werden, damit die Erfindung des Hammers überhaupt zustande kommt. Da die Einsicht in einen Sachverhalt oftmals auf Zufall beruht, liegt die Vermutung nahe, daß es sich hierbei um etwas handelt, was der Mensch nicht bewußt hergestellt oder erzeugt hat. Vielmehr scheint ein objektiver Tatbestand vorzuliegen, der unabhängig vom Menschen besteht und nur *erkannt* werden kann. Die Einsicht in einen Sachverhalt ist somit der Ausgangspunkt jeder schöpferischen Leistung. Darauf folgt ein Plan, eine bestimmte Idee, die sich in der konkreten Ausführung zu bewähren hat. Eine Erfindung kann folglich nur dann gelingen, wenn zu der Idee eine entsprechende Form gefunden wird:

> Erfindung heißt auch Umsetzung aus der Möglichkeit in die Wirklichkeit. Nicht der Hammer hat existiert, bevor er erfunden wurde, sondern der

---

[305] Plessner, Die Stufen des Organischen und der Mensch, a.a.O., S. 396f. Hier zeigt sich zugleich die Bedeutung von Plessners Anthropologie für eine Begründung der Technikphilosophie. Vgl. dazu Peter Fischer, Philosophie der Technik. Eine Einführung, München 2004, S. 21ff.

Tatbestand, dem er Ausdruck verleiht. Das Grammophon war sozusagen erfindungsreif, als es feststand, daß Schallwellen sich mechanisch transformieren lassen, und diesen Tatbestand hat kein Mensch geschaffen. Trotzdem mußte es erfunden, d.h. die Form *dafür* mußte gefunden werden. Der schöpferische Griff ist eine *Ausdrucks*leistung. Dadurch erhält der realisierende Akt, der sich auf die von der Natur dargebotenen Materialien stützen muß, den Charakter der Künstlichkeit.[306]

Mensch und Welt bleiben für Plessner letztendlich verschiedenartig, sie können nicht völlig zur Deckung gebracht werden. Zwar treibt die Expressivität den Menschen zur Formbildung und damit zur Kultur, doch zeigt sich gerade darin seine essentielle Gebrochenheit – sein Zugang zur Welt muß immer ein Kompromiß bleiben. Würden die Außendinge dem Menschen keinen Widerstand entgegensetzen, so könnten sich seine Bestrebungen und Wünsche unmittelbar verwirklichen. Allerdings stellt sich die Frage, ob der Mensch überhaupt noch Bestrebungen und Wünsche entwickeln kann, wenn ihm die Erfahrung des Mißerfolges versagt bleibt. Echte Erfüllung kann nur einem endlichen Wesen widerfahren, einem Gott muß sie fremd bleiben. Echte Erfüllung setzt aber zugleich voraus, daß die Bemühungen des Menschen nicht von vornherein zum Scheitern verurteilt sind. Niemand wird sich ernsthaft darum bemühen, auf dem Wasser gehen zu können. Dieses Privileg bleibt einem Gottessohn vorbehalten. Der Mensch muß hingegen Kompromisse mit der Wirklichkeit schließen, sei es in Form eines Wasserschi, der die Fortbewegung auf dem Wasser ermöglicht, indem das Gewicht des Menschen durch die Oberfläche der Schier und die Zuggeschwindigkeit des Motorboots aufgefangen wird. Mit anderen Worten: „Echte Erfüllung der Intention, unmittelbare Beziehung des Subjekts zum Gegenstand seiner Bestrebung, adäquate Realisierung ist nur als vermittelte Beziehung zwischen personalem Subjekt und dem erzielten Objekt möglich. Erfüllung soll von dort, nicht von hier kommen. Erfüllung ist wesentlich das auch ausbleiben Könnende."[307] Dabei muß berücksichtigt werden, daß jegliche Bestrebung bereits Kompromisse voraussetzt. Die Wirklichkeit ist immer schon kulturell konstituiert, sie ist dem Menschen niemals unmittelbar gegeben:

> Denn eine Wirklichkeit, mit der das Subjekt paktiert hat, bevor es an sie mit seinen Bestrebungen herantritt, ist gar nicht mehr die ursprüngliche Wirklichkeit in ihrem An sich. Sie ist schon unterworfene, dem Subjekt durch seine Beobachtungen, Erfahrungen und Berechnungen gefügig gemachte Wirklichkeit. Sie ist schon Gegenbild seiner Treffmöglichkeiten, das Medium, welches seine ablenkende, brechende Natur enthüllt hat.[308]

Die Wirklichkeitsauffassung des Menschen bleibt grundsätzlich gebrochen. Seine kulturellen Leistungen tragen den Stempel des Vorläufigen, seine Erkenntnis-

---

[306] Plessner, Die Stufen des Organischen und der Mensch, a.a.O., S. 397f.
[307] Ebd., S. 413.
[308] Ebd.

se können keine absolute Geltung beanspruchen. Die Kultur beschreibt einen Vermittlungsprozeß, der zu keinem endgültigen Ergebnis führt. Fortschritt gibt es allenfalls in dem Sinn, daß die Formgebung bestimmter Sachgehalte optimiert wird, daß Maschinen beispielsweise leistungsfähiger arbeiten. Fortschritt gibt es auch in der Wissenschaft. Die Erkenntnis, daß die Erde die Gestalt einer Kugel besitzt, ist fortschrittlicher als die Annahme, sie sei eine Scheibe. Gleichwohl wird niemand bezweifeln, daß auch das vermeintlich sichere Wissen grundsätzlich Revisionen ausgesetzt ist. Der Fortschritt ist jedenfalls nicht mehr auf ein Endziel bezogen. Die kulturelle Produktivität beruht vielmehr darauf, daß der Zielpunkt der Intention *niemals* mit dem Endpunkt der Realisierung zusammenfällt: „der Mensch kommt in einem gewissen Sinne nie dahin, wohin er will – ob er eine Geste macht, ein Haus baut oder ein Buch schreibt –, aber diese Ablenkung macht darum sein Bestreben nicht illusorisch und verweigert ihm nicht die Erfüllung."[309] Wohlgemerkt: eine kurzfristige Erfüllung ist für Plessner möglich, eine endgültige dagegen nicht.

Die Expressivität treibt den Menschen immer wieder über bisherige Vermittlungsformen hinaus. Der Mensch sucht stets nach neuen Formen, um einen Sachverhalt adäquater ausdrücken zu können. Seine natürliche Künstlichkeit bestimmt ihn zu kulturellen Leistungen. Deren Verschiedenheit ergibt sich hingegen aus der Expressivität. Sie allein rechtfertigt es, überhaupt von einem Kultur*prozeß* zu sprechen. Indem der Mensch immer wieder zu anderen Vermittlungsformen drängt, durchbricht er das zyklische Dasein des Tieres. Aus diesem Grund hat er eine Geschichte:

> Durch seine Expressivität ist er also ein Wesen, das selbst bei kontinuierlich sich erhaltender Intention nach immer *anderer* Verwirklichung drängt und so eine *Geschichte* hinter sich zurückläßt. Nur in der Expressivität liegt der innere Grund für den historischen Charakter seiner Existenz. Er liegt nicht darin, daß der Mensch schöpferisch sein muß und nur ist, soweit er schafft. Denn aus dem Machen allein, aus der ewigen Unruhe ergibt sich noch keine Verschiedenheit im Fortgang. (...) In der Expressivität liegt der eigentliche Motor für die spezifisch historische Dynamik menschlichen Lebens. Durch seine Taten und Werke, die ihm das von Natur verwehrte Gleichgewicht geben sollen *und auch wirklich geben*, wird der Mensch zugleich aus ihm wieder herausgeworfen, um es aufs Neue mit Glück und doch vergeblich zu versuchen. Ihn stößt das Gesetz der vermittelten Unmittelbarkeit ewig aus der Ruhelage, in die er wieder zurückkehren will. Aus dieser Grundbewegung ergibt sich die Geschichte. Ihr Sinn ist die Wiedererlangung des Verlorenen mit neuen Mitteln, Herstellung des Gleichgewichts durch grundstürzende Änderung, Bewahrung des Alten durch Wendung nach vorwärts.[310]

---

[309] Ebd., S. 414.
[310] Ebd., S. 416f.

Es ist erstaunlich, wie sehr sich Plessner an dieser Stelle dem Begriff der utopischen Intention nähert, der ja von Bloch ausdrücklich verwendet wird.[311] Expressivität ist der Motor der Geschichte, da der Mensch aufgrund seiner Exzentrizität immer wieder zu neuen Mitteln greift, um ein Gleichgewicht halten bzw. herbeiführen zu können: „Um sich ins Gleichgewicht erst zu bringen und nicht, um es zu verlassen, wird der Mensch das dauernd nach Neuem strebende Wesen, sucht er die Überbietung, den ewigen Prozeß.“[312] Diese Grundbewegung setzt ein utopisches Potential voraus, das sich nicht auf die Kultur beschränkt, sondern ebenso in der Natur verborgen liegt.

Die Expressivität des Menschen enthält nicht nur einen Hinweis auf seine Geschichtlichkeit. Sie ist zugleich Ausdruck einer prinzipiellen Bedürftigkeit. Eine endgültige Erfüllung bleibt dem Menschen versagt. Die Sehnsucht verlischt, sobald das Ersehnte eingetreten ist. Kein Glück ist von Dauer. Es entschwindet in dem Augenblick, in dem die Schöpfung, die Erfindung oder das Kunstwerk *geglückt* sind.[313] Freilich kann man auf das Erreichte zurückblicken, durchaus mit Stolz und im Bewußtsein, etwas Bedeutendes vollbracht zu haben. Nur daß man eben zurück und nicht nach vorne blickt. Das Gewordene verliert an Reiz, der Mensch muß sich wieder neuen Dingen zuwenden:

> Die Diskrepanz zwischen dem Erreichten und Erstrebten ist Ereignis geworden. Aus dem erkalteten Ergebnis ist schon das begeisternde Streben entwichen, als Schale bleibt es zurück. Entfremdet wird es zum Gegenstand der Betrachtung, das vordem unsichtbarer Raum unseres Strebens war. Und da das Streben nicht aufhört und nach Realisierung verlangt, kann ihm das Gewordene *als* Formgewordenes nicht genügen. Der Mensch muß sich erneut ans Werk machen.[314]

Die exzentrische Positionalität des Menschen verdeutlicht, warum jede kulturelle Schöpfung und jede geschichtliche Tat stets ihren Mangel und ihre Unvollkom-

---

[311] „Invariant ist lediglich die Intention auf Utopisches, denn sie ist erkennbar durchlaufend durch die Geschichte: doch selbst diese Invarianz wird sofort variabel, wenn sie sich über das erste Wort hinaus äußert, wenn sie die allemal historisch variierten Inhalte spricht. Diese Inhalte ruhen nicht als Leibnizsche possibilités éternelles, von denen der Antizipator bald diese, bald jene herausgreift, sie bewegen sich einzig in der Geschichte, die sie erzeugt.“ Bloch, Das Prinzip Hoffnung, a.a.O., S. 557.

[312] Plessner, Die Stufen des Organischen und der Mensch, a.a.O., S. 395.

[313] „Entsprechend ist ja auch, wo Lust und Glück erlebt wird, das Ziel und die Lösung gerade nicht schon erreicht; sondern beides ist die Dreingabe an jenem Höhepunkt, wo die Befriedigung und Lösung zwar möglich und gar gesichert scheint, aber doch erst geleistet werden muß und also erst im Vollzuge ist, oder dort, wo im Vollgefühl der Vollendung doch zugleich noch die Erinnerung an den früheren Stand gegenwärtig ist, da Mühe waltete und das Gelingen fraglich war. Darum wird ja ein jedes erreichte Ziel und alles vollendete Werk an ihm selbst bedeutungslos im Vergleich zum Glücks- und Befriedigungsgefühl bei währendem Vollzug seiner Vollendung.“ Wilhelm Keller, Einführung in die philosophische Anthropologie, München 1971, S. 101.

[314] Plessner, Die Stufen des Organischen und der Mensch, a.a.O., S. 415f.

menheit miterzeugen. Muß man deshalb auf eine Melancholie der Erfüllung schließen, die gleichsam im Wesen des Menschen begründet liegt?

Erinnern wir uns an das vorherige Kapitel. In Blochs Anthropologie wird gezeigt, daß sich die Bedürfnisse des Menschen stets in einem geschichtlichen Bedeutungshorizont konstituieren, weshalb sie sich nur hermeneutisch erschließen lassen. Dieser Hermeneutik der Affekte liegt ein formales Agens zugrunde, das in seiner inhaltlichen Ausprägung mannigfach variiert werden kann. Die Expressivität entspricht einem solchen Agens, auch wenn sie als Gestaltungsbedürfnis des Menschen bereits etwas näher bestimmt ist. Es handelt sich um eine anthropologische Konstante, die vor dem Hintergrund der geschichtlichen Verhältnisse eine unterschiedliche Dynamik entfaltet. In der abendländischen Kultur tritt sie besonders deutlich hervor, so im faustischen Streben, das sich mit dem Verlangen nach endgültiger Erfüllung verbindet. Die Expressivität erhält hier eine eschatologische Färbung, die von Denkern wie Bloch sogar ontologisch fundiert wird. Ob diese Gestalt der Expressivität aber auf andere Kulturen übertragbar ist, muß bezweifelt werden, da sie auf historischen Voraussetzungen beruht, die nur im Abendland gegeben waren. Ähnlich verhält es sich m.E. mit der Melancholie der Erfüllung, die sicherlich eine anthropologische Wurzel besitzt, in dieser Ausprägung aber nicht überall anzutreffen ist. Freilich geht mit der Vollendung einer Aufgabe auch die Begeisterung verloren, die zu ihrer Lösung führte. Daß sich das subjektive Befinden aber zu einer Melancholie der Erfüllung steigert, scheint mir nur in einer Kultur möglich, die auf endgültige Erfüllung ausgerichtet ist und deshalb den fragmentarischen Charakter ihrer Erzeugnisse und Kenntnisse um so schmerzhafter empfinden muß.

Fassen wir diesen längeren Abschnitt noch einmal zusammen: Expressivität ist ein Gestaltungsbedürfnis des Menschen, mit dem alle Kultur anhebt. Sie ist anthropologisch fundiert, kann sich aber von Kultur zu Kultur unterschiedlich artikulieren. Durch die Dynamik der modernen Kultur wird sich der Mensch seiner Gestaltungsmöglichkeiten bewußt. Erst vor diesem Hintergrund kann die Kultur als rastloser Prozeß wahrgenommen werden, der immer wieder neuen Horizonten zustrebt. Die Expressivität wird von Plessner folglich hermeneutisch erschlossen, obwohl sie als anthropologische Konstante grundsätzlich gegeben ist. Die Zugänge zur Welt vollziehen sich stets über eine Vermittlung. Objektive Möglichkeiten werden verwirklicht, indem der Mensch ihnen eine bestimmte Form aufprägt. Einen Prozeß der Formgebung gibt es in der Technik, in Wissenschaft, Sprache und Religion, die allesamt – mit Cassirer gesprochen – »symbolische Formen« bilden. Von diesen Formen haben wir die Technik hervorgehoben, weil sie dem Bereich des Utopischen in besonderem Maße entspricht – übrigens eine Auffassung, die von Plessner geteilt wird. Welchen Bezug seine Philosophie zum Utopiebegriff herstellt, soll nun am dritten anthropologischen Grundgesetz, dem Gesetz des utopischen Standorts gezeigt werden.

5. Der utopische Standort

Die exzentrische Positionsform bezeichnet den Verlust einer dauerhaften Mitte, die grundsätzliche Fragwürdigkeit des menschlichen Daseins, die Distanz des Menschen zu Welt, Mitmensch und sich selbst. Der Mangel an einer natürlichen Ordnung zwingt den Menschen dazu, sich eine künstliche Ordnung zu schaffen. Historisch betrachtet wird er zwar immer schon in eine solche Ordnung hineingeboren; seine Lebenspraxis wird durch den kulturellen Rahmen geprägt, der in seiner Sippe, seinem Stamm oder seiner Nation Geltung beansprucht. Gleichwohl unterliegen die kulturellen Lebensräume mitunter großen Veränderungen. Vor allem in Krisenzeiten kann die hintergründige Nichtigkeit des menschlichen Daseins hereinbrechen.[315] Der Mensch muß sich erneut an die Arbeit machen und die überkommene Ordnung durch eine neue ersetzen. Diesen Sachverhalt nennt Plessner das Gesetz des utopischen Standorts. Daß der Mensch grundsätzlich im Nirgendwo steht, dort aber nicht verbleiben kann, begründet seinen Handlungsbedarf, die Notwendigkeit eines kulturellen Gefüges, einer Heimat. Jede Kultur ist als geschichtliche Ausprägung dieses Sachverhalts zu verstehen. Der Mensch ist, anders formuliert, überall und nirgends zuhause.

Das Gesetz des utopischen Standorts versieht Plessner mit dem Zusatz »Nichtigkeit und Transzendenz«, was darauf hinweisen soll, daß der Mensch zwar grundsätzlich im Nirgendwo steht, dieses aber überformen muß, um sich ein Gleichgewicht, eine Mitte verschaffen zu können. Einerseits kann der Mensch Überkommenes beseitigen, wodurch Fortschritt und Weiterentwicklung möglich werden. Andererseits läuft er prinzipiell Gefahr, jegliche Ordnung zu negieren und sich dadurch seiner Lebensgrundlage zu berauben. Der utopische Standort beschreibt folglich das Pendeln des Menschen zwischen Nichtigkeit und Transzendenz. Gesellschaftliche Umbrüche können die prinzipielle Nichtigkeit des menschlichen Daseins bewußt machen. Durch die Einsicht in die Künstlichkeit und Endlichkeit jedweder Tradition erschließt der Mensch seine weltexzentrische Stellung, eine Erkenntnis, die Unbehagen, bisweilen Angst auslösen kann. Eine unergründliche Welt entzieht sich dem Verfügungsbereich des Menschen, sie wird als bedrohlich und ungewiß empfunden. Nur die Herstellung eines stabilen Gleichgewichts vermag diese Angst zu bannen. In einem Meer der

---

[315] „Hier muß man", so Ernst Wolfgang Orth, „zwischen dem durchgehend herrschenden Grundverhalt der exzentrischen Positionalität einerseits und der historischen Phase ihrer Entdeckung andererseits unterscheiden. (...) Im geschichtlichen Handlungsverlauf stellen sich (...) Krisen ein, in denen der anthropologische Grundverhalt der exzentrischen Positionalität bewußt werden kann. Solche Krisen, die ihren Grund, sozusagen ihre ratio essendi, ontologisch und strukturanthropologisch in der exzentrischen Positionalität haben, sind ihrerseits die ratio cognoscendi für die Entdeckung der exzentrischen Positionalität." Ernst Wolfgang Orth, »Philosophische Anthropologie als Erste Philosophie. Ein Vergleich zwischen Ernst Cassirer und Helmuth Plessner«, in: Dilthey-Jahrbuch für Philosophie und Geschichte der Geisteswissenschaften, Bd. 7, a.a.O., S. 250–271, S. 268.

Möglichkeit müssen Inseln des Gewohnheitssicheren eingebaut werden, die indes niemals von ewiger Dauer sind.

Der utopische Standort des Menschen manifestiert sich für Plessner im Widerstreit von Kultur und Religion. Diese Unterscheidung mag zunächst verwundern, wird die Religion doch für gewöhnlich unter den Kulturbegriff subsumiert, ihm jedenfalls nicht gegenübergestellt, schon gar nicht im Sinn einer absoluten Feindschaft, so wenigstens eine Formulierung bei Plessner.[316] Mögliche Mißverständnisse lassen sich allerdings vermeiden, wenn man sich folgende Überlegung vor Augen führt: ein Definitivum bietet nur der Glaube, nicht aber die kulturelle Produktivität des Menschen. Die Religion stillt das Bedürfnis nach Geborgenheit, nach einer letzten, unumstößlichen Bindung. Sie erhebt den Anspruch, endgültige und absolute Wahrheiten zu verkünden. Kultur versteht Plessner hingegen als Grenzüberschreitung, als rastloses Streben des Geistes, der die vorhandene Wirklichkeit immer wieder einem Umbildungsprozeß aussetzt. Das Verhältnis von Mensch und Welt wird in Kultur und Religion unterschiedlich bestimmt. In der Kultur erschließt der Mensch neue Aspekte einer an sich unergründlichen Welt, in der Religion sucht er die Heimat, die ihm keine Erkenntnis geben kann. Die Kultur fordert Grenzüberschreitung, die Religion verlangt eine gläubige Einstellung. Wer das Wesen der Welt mit den rationalen Mitteln des Geistes zu ergründen sucht, setzt sich daher dem Verdacht der Hybris aus. Der Geist gehört in den Bereich der Kultur, der Glaube in den Bereich der Religion. Beide Aspekte beschreiben Orientierungsmöglichkeiten, die den menschlichen Lebensvollzug auf einen utopischen Standort stellen:

> Ein Weltall läßt sich nur glauben. Und solange er glaubt, geht der Mensch »immer nach Hause«. Nur für den Glauben gibt es die »gute« kreishafte Unendlichkeit, die Rückkehr der Dinge aus ihrem absoluten Anderssein. Der Geist aber weist Mensch und Dinge von sich fort und über sich hinaus. Sein Zeichen ist die Gerade endloser Unendlichkeit. Sein Element ist die Zukunft. Er zerstört den Weltkreis und tut uns wie der Christus des Marcion die selige Fremde auf.[317]

Plessners Überlegungen decken sich mit den Ergebnissen aus dem ersten Teil dieser Arbeit. Utopische Entwürfe sind per definitionem dem Bereich der Kultur und des Geistes zuzuordnen. Auch wenn der Utopiebegriff in seiner Geschichte religiöse Impulse aufgenommen hat, bleibt ein grundsätzlicher Unterschied zwischen Utopie und Religion bestehen.[318]

Das Gesetz des utopischen Standorts beschreibt eine Kontingenzerfahrung, die für Plessner im Wesen des Menschen begründet liegt. Eine endgültige Heimat ist dem Menschen nicht vergönnt, einen absoluten Standpunkt kann er nicht einnehmen. Auch sein religiöser Halt ist grundsätzlich gefährdet. Dennoch

---

[316] Vgl. Plessner, Die Stufen des Organischen und der Mensch, a.a.O., S. 420.
[317] Ebd., S. 424f.
[318] Vgl. Schwonke, Vom Staatsroman zur Science Fiction, a.a.O., S. 102.

glaubt Plessner nicht an eine Aufhebung der Religion. In Anlehnung an Scheler vertritt er die These des »Theomorphismus«[319], wonach der Mensch grundsätzlich auf ein Gegenüber, auf eine Gottheit angewiesen ist, nach der er sich formen kann: „Exzentrische Positionsform und Gott als das absolute, notwendige, weltbegründende Sein stehen in Wesenskorrelation."[320] Nur der Glaube schafft eine kosmische Ordnung, durch die es dem Menschen überhaupt erst möglich ist, sich in einer unergründlichen Welt einzurichten. Eine Anthropologisierung der Religion hält Plessner daher nicht für möglich. Der Mensch bleibt auf ein Gegenüber angewiesen, auf eine religiöse Vermittlung, die einen einheitlichen Weltbezug herstellt. Er kann nicht einfach die Rolle Gottes übernehmen: „Atheismus ist leichter gesagt als getan."[321] Deutet Feuerbach den Gottesbegriff als unbewußte Schöpfung des Menschen, so greift Plessner auf den Gedanken der Ebenbildlichkeit zurück, um die Wesenskorrelation von Mensch und Gott nachdrücklich zu betonen: „Wenn die Genesis sagt, Gott schuf den Menschen ihm zum Bilde, trifft sie mit der Ebenbildlichkeit genauer das Verhältnis der Korrespondenz. Diesseits der Theologie läßt sich nur behaupten, daß beide füreinander sind und sich die Waage halten."[322] Eine Gottheit wirkt identitätsstiftend, sie dient als Maß und Orientierung für das menschliche Dasein. Identifikation bedeutet aber nicht, daß der Mensch jemals mit Gott identisch werden könnte. Der Theomorphismus ist für Plessner eine rein anthropologische These. Die Unergründlichkeit von Mensch und Welt wird auf ein vollkommenes Sein, auf einen absoluten Bezugspunkt ausgerichtet, den der Mensch nicht selber einnehmen kann, da er als exzentrisches Wesen grundsätzlich außerhalb seiner Mitte steht. Deshalb wäre es verkehrt, so Plessner, „die menschliche Grundverfassung, die zu solchen Gestaltungen drängte, für erschöpft zu halten. Sie wird, unendlicher Transformationen fähig, als machtvolle Konstante auch in den uns noch verborgenen Weltkonzeptionen weiterwirken."[323]

Plessner geht es an dieser Stelle um das Wesen der Religion, das von ihm freilich sehr formal bestimmt wird. Religion ist erst auf der Stufe der exzentri-

---

[319] Vgl. Scheler, »Die Stellung des Menschen im Kosmos«, a.a.O., S. 70f. Schelers Werk hat ohne jeden Zweifel einen großen Einfluß auf Plessners Philosophie ausgeübt, was den Vorwurf des Plagiats aber keineswegs rechtfertigt. Zwar spricht auch Scheler in seiner Anthropologie von der Weltkontingenz und dem weltexzentrisch gewordenen Seinskern des Menschen; ferner findet sich die Gegenüberstellung von Metaphysik und Religion, die stark an Plessners Unterscheidung von Kultur und Religion erinnert. Allerdings werden diese Gedanken bei Plessner in ein eigenständiges Konzept eingebaut. Vgl. dazu Kersten Schüßler, Helmuth Plessner. Eine intellektuelle Biographie, Berlin/Wien 2000, S. 82ff.

[320] Plessner, Die Stufen des Organischen und der Mensch, a.a.O., S. 424.

[321] Ebd.

[322] »Die Frage nach der Conditio humana«, a.a.O., S. 213.

[323] Ebd., S. 214. Der Gedanke des Theomorphismus geht ursprünglich auf Simmel zurück. Die Kurzfassung lautet: „Gott ist nicht der Mensch im Großen, aber der Mensch ist Gott im Kleinen." Georg Simmel, »Die Persönlichkeit Gottes« , in: ders., Philosophische Kultur, a.a.O., S. 178.

schen Positionalität möglich, gleichsam als anthropologische Konstante, die in ihrer geschichtlichen Ausprägung die unterschiedlichsten Formen annehmen kann. Diese Auffassung verdeutlicht den grundlegenden Unterschied zur Philosophie von Ernst Bloch, der nicht nur an Feuerbachs Projektionsthese anknüpft, sondern zugleich davon ausgeht, daß sich die Religion durch den Menschen verwirklichen läßt. Blochs Philosophie wird durch ihr religiöses Erbe geprägt, seine Eschatologie zielt trotz Diesseitsbetonung auf die Herstellung einer endgültigen und erfüllten Ordnung. Plessner vertritt dagegen einen funktionalen Religionsbegriff, der keineswegs mit seiner eschatologischen Ausprägung verwechselt werden darf.

Diese Überlegungen lassen sich auf den Utopiebegriff übertragen. Das Gesetz des utopischen Standorts hat für Plessner eine funktionale Bedeutung, die aus der exzentrischen Positionalität des Menschen abgeleitet wird. Es bildet die anthropologische Grundlage jeder Wirklichkeitsüberschreitung, also auch der Utopie im engeren Sinn. Allerdings unterscheidet Plessner diesbezüglich zwischen dem Bereich der Technik und dem Bereich der Politik. Die technischen Utopien beschreiben Gestaltungsmöglichkeiten, die im maßlosen Wesen des Menschen fundiert sind, womit die Möglichkeit ihrer anthropologischen Begründung zumindest nahegelegt wird.[324] Die Sozialutopie wird von Plessner dagegen eschatologisch gedeutet und als unrealisierbar abgetan. Diesen Gedanken werden wir im nächsten Kapitel am Verhältnis von sozialer Rolle und menschlicher Natur vertiefen. An dieser Stelle wollen wir es bei folgendem Hinweis belassen: distanziert sich Plessner gelegentlich von der Utopie, so bezieht er sich dabei auf ihre eschatologische Gestalt, nicht aber auf die anthropologische Bedeutung, die er im Gesetz des utopischen Standorts selber herausgestellt hat.[325]

---

[324] Vgl. Helmuth Plessner, Grenzen der Gemeinschaft. Eine Kritik des sozialen Radikalismus (1924), in: Gesammelte Schriften, Bd. 5, Frankfurt a.M. 1981, S. 39; S. 131. Daß die Technik in den Bereich der Utopie gehört, wird von Plessner gelegentlich angedeutet. Ausgeführt und anthropologisch begründet wird diese These aber erst von einem seiner Schüler, aus dessen Arbeit wir bereits mehrfach zitiert haben. Die Rede ist von Martin Schwonke. In der Forschungsliteratur bleibt die Bedeutung von Plessners Anthropologie für eine Grundlegung des Utopischen weitgehend unberücksichtigt. Neben der Arbeit von Schwonke finden sich wichtige Hinweise bei Fahrenbach, »Der Mensch – ein utopisches Wesen?«, a.a.O., S. 47ff.

[325] So schreibt Plessner im Vorwort zu »Diesseits der Utopie«, daß die dort gesammelten Aufsätze „keiner Utopie verpflichtet sind, keiner Eschatologie und keinem sozialen Leitbild (...). Ich sehe nun einmal nicht ein, daß man einer Heilsgeschichte anhängen muß, um Kultursoziologie zu treiben." Helmuth Plessner, Diesseits der Utopie. Ausgewählte Beiträge zur Kultursoziologie, Frankfurt a.M. 1974, S. 2.

6. Zusammenfassung

Die Philosophische Anthropologie enthält zahlreiche Hinweise auf das utopische Wesen des Menschen. Die exzentrische Positionalität und die daraus abgeleiteten anthropologischen Grundgesetze fundieren den geschichtlichen Selbstbestimmungsprozeß des Menschen, seinen Handlungsbedarf und den damit verbundenen Zukunftsbezug. Auch das Verhältnis von Mensch und Welt bietet sich für eine anthropologische Grundlegung des Utopischen an. Es konnten einige Gemeinsamkeiten zwischen Ernst Bloch und Helmuth Plessner nachgewiesen werden, wenngleich ein wesentlicher Unterschied zwischen beiden Konzeptionen darin besteht, daß Plessner jedem eschatologischen Modell eine klare Absage erteilt. Wie dem auch sei: der Utopiebegriff bleibt in Plessners Werk von untergeordneter Bedeutung. Den Dreh- und Angelpunkt seiner Anthropologie bildet die These von der exzentrischen Positionalität, in der alle weiteren Bestimmungen des Menschen fundiert sind. Gleichwohl kann nicht geleugnet werden, daß der Bedeutungsunterschied zwischen ex-zentrisch und u-topisch vernachlässigt werden kann, zumindest unter der Voraussetzung, daß der Utopiebegriff nicht mit seiner eschatologischen Variante gleichgesetzt wird. Insofern lassen sich die Ergebnisse der Philosophischen Anthropologie durchaus für eine Grundlegung des Utopischen verwerten.

Exzentrische Positionalität und utopischer Standort bilden die Voraussetzung jeder Wirklichkeitsüberschreitung. Da der Mensch grundsätzlich im Nirgendwo steht, muß er sich eine künstliche Ordnung schaffen, die aber niemals von ewiger Dauer ist. Krisen und gesellschaftliche Umbrüche können die prinzipielle Nichtigkeit des menschlichen Daseins bewußt machen, in der Zeitwende eröffnen sich neue Möglichkeitsräume. Der bevorstehende Umsturz der bisherigen Ordnung beschleunigt die Produktion von alternativen Modellen, utopische Entwürfe rücken in das Zentrum der Aufmerksamkeit. Ermöglicht werden sie aber nur durch den künstlichen Charakter der menschlichen Daseinsweise, durch das utopische Potential in Natur und Kultur.

III. Utopie und Menschwerdung

Streben utopische Entwürfe eine Veränderung der gesellschaftlichen Verhältnisse an, so wirken sie damit zugleich auf das bisherige Selbstverständnis des Menschen zurück. In der Utopie wird dessen prinzipielle Wandlungsfähigkeit ausdrücklich betont, der Mensch wird dynamisch und nicht statisch interpretiert. Zwar ist seine Geschichtlichkeit anthropologisch begründet, doch tritt sie erst in Zeiten gesellschaftlicher Umbrüche offen zutage. Das Bild des Menschen wird dann neu definiert, der Mensch selbst als utopischer Entwurf wahrgenommen. Diese Möglichkeit beruht allerdings auf anthropologischen Voraussetzungen, die wir zum Abschluß dieser Arbeit näher bestimmen wollen.

Gegenstand dieses Kapitels ist das Verhältnis von Utopie und Menschwerdung. Zunächst soll der Begriff des Menschen erläutert werden, insbesondere seine abendländische Konzeption, die sich über den Humanismus bis in die Gegenwart erhalten hat. Dabei soll deutlich werden, daß dieser Begriff grundsätzlich auf einen kulturellen Kontext bezogen bleibt. Der Mensch wird – je nach Kultur und Epoche – unterschiedlich definiert, ein Sachverhalt, aus dem die Dystopie ihre abschreckende Wirkung bezieht. Die dort beschriebene Regression des Menschen soll am Verhältnis von Institution und Person problematisiert werden: welche Möglichkeiten bieten die utopischen Staatsmodelle für die Entwicklung des Menschen und welche Gefahren können von ihnen ausgehen? Diese Überlegungen werden anschließend auf ihre anthropologischen Grundlagen befragt, wobei ich mich erneut an den Positionen von Ernst Bloch und Helmuth Plessner orientiere. Die Gegenüberstellung beider Autoren mündet schließlich in die Frage, wie der Prozeß der Menschwerdung gedeutet werden muß, ob es sich dabei um einen eschatologischen oder um einen rein historischen Vorgang handelt.

1. Zum Begriff des Menschen

Was der Mensch ist, läßt sich nicht abschließend beantworten, da jeder Begriff des Menschen mit dem kulturellen Rahmen variiert. So gibt es Völker, die den Menschen auf eine Stufe mit bestimmten Tieren stellen. Andere schränken den Begriff auf die Angehörigen der sozialen Gemeinschaft ein, so daß Außenstehende nicht als Menschen anerkannt werden. In der abendländischen Tradition bezieht sich der Begriff des Menschen auf die gesamte Menschheit, auf alle Völker und Kulturen, denen zwar nicht empirisch, aber zumindest offiziell die Gleichheit vor Gott zugestanden wird. Der abendländische Begriff des Menschen wird durch die jüdisch-christliche Tradition geprägt, ebenso durch die antike Philosophie, die den Menschen als vernunftbegabtes Wesen bestimmt. Ferner gibt es die naturwissenschaftliche Interpretation des Menschen, die sich mit den biologischen und psychologischen Bedingungen seiner Existenz befaßt. Angesichts dieser Vielfalt von Wesensbestimmungen ist sich der moderne Mensch fragwürdiger denn je geworden.

Die Philosophische Anthropologie sieht ihre Aufgabe darin, die verschiedenen Aussagen über den Menschen unter einen Aspekt zu fassen. Dazu muß sie die Untersuchungen der Einzelwissenschaften berücksichtigen: hier wären vor allem die Forschungsergebnisse der modernen Biologie, der Soziologie, der Ethnologie und der Psychologie zu nennen. Zugleich muß sie den Bereich des Wissens einschränken, um der praktischen Bestimmung des Menschen einen Platz zu schaffen, eine Auffassung, die ausdrücklich von Helmuth Plessner vertreten wird. Was der Mensch aus sich machen *soll*, sagt ihm nicht die Natur, sondern seine moralische Gesinnung, die sich erst innerhalb eines kulturellen Rahmens formt. Daß der Mensch aber überhaupt etwas aus sich machen *kann*, geht aus seiner exzentrischen Positionalität hervor. Plessner bezieht sich diesbezüglich auf Kant, der zwischen einer Anthropologie in physiologischer und einer Anthropologie in pragmatischer Hinsicht unterscheidet: „Die physiologische Menschenkenntnis geht auf die Erforschung dessen, was die Natur aus dem Menschen macht, die pragmatische auf das, was er, als freihandelndes Wesen aus sich selber macht, oder machen kann und soll."[326]

Der Mensch steht zwischen Naturgesetz und Sittengesetz. Als exzentrisches Wesen ist er auf eine sittliche Bestimmung angewiesen, auf Verhaltensvorschriften und Normen, an denen er sich orientieren kann. Da die Natur ihm kein Maß vorgibt, muß er sich ein künstliches Maß schaffen. Das heißt selbstverständlich nicht, daß er seine Naturseite völlig abstreifen könnte. „Aber die vis a tergo", so Plessner, „die aus seinen Trieben und Bedürfnissen auf ihn einwirkt, reicht nicht aus, um den Menschen in der ganzen Fülle seiner Existenz in Bewegung zu halten. Eine vis a fronte ist nötig, eine Macht im Modus des Sollens erst entspricht der exzentrischen Struktur."[327] Der abendländische Begriff des Menschen beschränkt sich nicht auf die biologische Klassifizierung eines Exemplars der Gattung Säugetier. Darüber hinaus unterstellt er ein ethisches Verhalten, wie sich bereits an der Verwendung der Wörter Unmenschlichkeit, Entmenschung oder Menschwerdung zeigt. Plessner unterscheidet diesbezüglich zwischen der »hominitas« und der »humanitas«. Das Menschsein erschöpft sich nicht in empirischen Beschreibungen. Es bedeutet zugleich eine Aufgabe, die der Mensch erfüllen oder verfehlen kann: „Unmenschlichkeit ist an keine Epoche gebunden und an keine geschichtliche Größe, sondern eine mit dem Menschen gegebene

---

[326] Immanuel Kant, Anthropologie in pragmatischer Hinsicht (1798), in: Werkausgabe, Bd. 12, hg. von W. Weischedel, Frankfurt a.M. 1968, S. 399 [BA III-VI]. Vgl. Helmuth Plessner, »Die Aufgabe der Philosophischen Anthropologie« (1937), in: Gesammelte Schriften, Bd. 8, a.a.O., S. 37f.

[327] Plessner, Die Stufen des Organischen und der Mensch, a.a.O., S. 392.

Möglichkeit, sich und seinesgleichen zu negieren."[328] Die Unterscheidung zwischen Naturgesetz und Sittengesetz muß von der Philosophischen Anthropologie berücksichtigt werden, soll die praktische Bestimmung des Menschen nicht über seinen naturwissenschaftlichen Begriff in Vergessenheit geraten. Werden die alten Maßstäbe preisgegeben, so kann der abendländische Begriff des Menschen seine verpflichtende Bedeutung verlieren – eine Gefahr, mit der man vor allem in Krisenzeiten rechnen muß.

Die Humanitas ist für Plessner eine historische Errungenschaft, die keineswegs gesichert, sondern prinzipiell gefährdet ist. Die Menschwerdung ist niemals endgültig abgeschlossen. Sie bleibt ein Prozeß, der sich stets in der Auseinandersetzung mit der geschichtlichen Überlieferung vollzieht. So wird in der Renaissance ein Bild des Menschen entworfen, das der Forderung nach Autonomie und Freiheit entspricht. Die Beseitigung konkreter Mißstände und Übel wird in politischen Abhandlungen diskutiert, die Entdeckungen in Wissenschaft und Technik nähren den Glauben an den Fortschritt der Menschheit. Erst im 20. Jahrhundert weicht dieser Glaube einer tiefen Resignation. Nicht nur die beiden Weltkriege und das Aufkommen der totalitären Herrschaftsformen haben sich auf das Selbstbild des Menschen ausgewirkt, sondern ebenso die Entpersonalisierung in Wissenschaft und Technik, die mit der fortschreitenden Rationalisierung der modernen Gesellschaft einhergeht. Der Mensch betrachtet sich nicht mehr als Schöpfer und Gestalter, er wird zum ersetzbaren Glied in einem unüberschaubaren Räderwerk. Bezeichnend für diese Denkweise ist die Technokratiediskussion in den fünfziger und sechziger Jahren. Hier wird die Auffassung vertreten, daß die Unzulänglichkeiten und Mängel menschlicher Entscheidungen durch Sachzwänge verdrängt würden, daß an die Stelle des politischen Volkswillens eine Herrschaft der Technik trete. Wurde die Technik früher als Mittel zur Errichtung einer besseren Gesellschaftsordnung betrachtet, so ist sie nun zum Selbstzweck geworden. Der Ruf nach politischer Mitbestimmung muß vor dem Glauben an eine Vorherrschaft der Sachzwänge verstummen.[329]

---

[328] Helmuth Plessner, »Das Problem der Unmenschlichkeit« (1967), in: Gesammelte Schriften, Bd. 8, a.a.O., S. 334.

[329] Diese Auffassung wird beispielsweise von Helmut Schelsky vertreten, der den Ausdruck »Technokratie« allerdings nicht explizit verwendet. In einem vieldiskutierten Aufsatz schreibt er: „Wir behaupten nun, daß durch die Konstruktion der wissenschaftlich-technischen Zivilisation ein neues Grundverhältnis von Mensch zu Mensch geschaffen wird, in welchem das Herrschaftsverhältnis seine alte persönliche Beziehung der Macht von Personen über Personen verliert, an die Stelle der politischen Normen und Gesetze aber Sachgesetzlichkeiten der wissenschaftlich-technischen Zivilisation treten, die nicht als politische Entscheidungen setzbar und als Gesinnungs- oder Weltanschauungsnormen nicht verstehbar sind. Damit verliert auch die Idee der Demokratie sozusagen ihre klassische Substanz: an die Stelle eines politischen Volkswillens tritt die Sachgesetzlichkeit, die der Mensch als Wissenschaft und Arbeit selbst produziert." Helmut Schelsky, »Der Mensch in der wissenschaftlichen Zivilisation«, in: ders., Auf der Suche nach Wirklichkeit. Gesammelte Aufsätze, Düsseldorf/Köln 1965, S. 453.

Auch in der Literatur kann man beobachten, daß sich die Kategorien der menschlichen Selbstdeutung verschoben haben, daß Ideen wie Freiheit und Selbstbestimmung an Bedeutung verlieren. Die Frage nach der Zulänglichkeit des Menschen erfreut sich vor allem in der Science-fiction einer hohen Beliebtheit. Häufig scheint der Mensch seiner Situation nicht mehr gewachsen, Roboter übernehmen die Lösung vieler Probleme. Die ursprüngliche Funktion der Technik, dem Menschen zu dienen, schlägt zuweilen in ihr Gegenteil um: „Die Maschine (...) erscheint jetzt als eine Möglichkeit, der Unzulänglichkeit des Menschen zu begegnen. Sie erscheint nunmehr als fähig, soziale Funktionen zu übernehmen, die bisher ausschließlich von Menschen und Menschengruppen ausgeübt worden waren, nämlich Kontrollfunktionen, Entscheidungs- und Urteilsfunktionen."[330] Unzuverlässig arbeitet die Maschine erst, wenn sie beginnt, menschliche Züge zu entwickeln, wenn das Vermögen zur rein logischen Analyse durch Emotionen oder bereits vorhandene Persönlichkeitsstrukturen getrübt wird.

Gewandelt hat sich aber nicht nur das Menschenbild, sondern auch die Beurteilung der Utopie. Die Dystopie verdrängt die klassische Utopie. Sie pervertiert das Bild des Menschen als eines schöpferischen Bildhauers, der sich zu seiner bevorzugten Gestalt ausformt. Autonomie wird zu Heteronomie. Die Würde des Menschen weicht einer Regression, die uns die Kontingenz der sozialen Verhältnisse erschreckend vor Augen führt.

2. Die Regression des Menschen in der Dystopie

Die Dystopie zeichnet ein Zerrbild utopischer Entwürfe. Sie beschreibt den Verlust der Freiheit, die Herrschaft der Technik und die Manipulierung des Menschen durch den Staat oder eine herrschende Elite. Was in der neuzeitlichen Utopie als Fortschritt und Aufbruch in die Autonomie betrachtet wird, verwandelt sich in der Dystopie in eine Regression des Menschen. Der Vorrang der Institution ermöglicht die totale Kontrolle der Person, die prinzipielle Wandlungsfähigkeit des Menschen wird zu manipulatorischen Zwecken mißbraucht. Zahlreiche Motive der klassischen Utopie werden in der Dystopie aufgegriffen und radikalisiert, so die Bedeutung der Eugenik, die in Aldous Huxleys »Brave

---

[330] Martin Schwonke, »Naturwissenschaft und Technik im utopischen Denken der Neuzeit«, in: Eike Barmeyer (Hg.), Science Fiction. Theorie und Geschichte, München 1972, S. 57–75, S. 69. Auch in der Frage nach der Zulänglichkeit des Menschen unterscheidet sich die moderne Utopie von der religiös-eschatologischen Konzeption des Christentums, wie Schwonke gegenüber Ruyer betont: „Für das christliche Denken steht zwar die Endlichkeit des Menschen, die Begrenztheit seiner Möglichkeiten fest, aber im Diesseits ist er die Krone der Schöpfung, von Gott zum Herrn über die Natur gesetzt. Gerade in den modernen Utopien, die die angebliche »couleur religieuse« haben sollen, ist er das in der Regel nicht mehr." Schwonke, Vom Staatsroman zur Science Fiction, a.a.O., S. 144.

New World« an die Möglichkeiten der modernen Technik angepaßt wird. Geburtenkontrolle wird durch In-Vitro-Fertilisation ermöglicht, der Mensch zum bloßen Material degradiert. Die Plastizität seiner Natur wird eingefroren. Nicht die Perfektibilität des Menschen, sondern seine Gleichschaltung dient der sozialen Stabilität. Nicht durch gute Gesetze, sondern durch biologische Züchtung und psychologische Suggestion soll ein neuer Menschentyp geschaffen werden: „Die Welt ist jetzt im Gleichgewicht. Die Menschen sind glücklich, sie bekommen, was sie begehren, und begehren nichts, was sie nicht bekommen können."[331]

Die soziale Stabilität steht in der Dystopie als höchstes Ideal hinter jeder politischen Entscheidung. Bei Samjatin wird die herrschende Gesellschaftsordnung sogar als Rückkehr ins Paradies beschrieben, das inzwischen zu einem Sinnbild für die totale Regression des Menschen geworden ist:

> Wir haben Gott geholfen, endlich den Teufel zu überwinden – denn der Teufel war es ja, der die Menschen dazu trieb, das Verbot zu übertreten und von der verderblichen Frucht zu kosten, er, die höllische Schlange. Wir aber haben ihm den Kopf zertreten und sind so in das Paradies zurückgekehrt, sind wieder einfältig und unschuldig wie Adam und Eva. Es gibt kein Gut und Böse mehr. Alles ist unkompliziert und einfach geworden.[332]

In Orwells »1984« werden alle unerlaubten Denk- und Verhaltensweisen von der herrschenden Partei beseitigt. Auch die Vergangenheit muß ausgelöscht werden. Zeugnisse früherer Epochen werden als gefährlich eingestuft, könnten sie die Menschen doch dazu bewegen, die geltenden Gesetze in Frage zu stellen. Ist das historische Wissen erst einmal beseitigt, so liegt die volle Verfügungsgewalt über das Zeitgeschehen bei der herrschenden Partei. »Wer die Vergangenheit beherrscht«, so lautet die Parteiparole, »beherrscht die Zukunft; wer die Gegenwart beherrscht, beherrscht die Vergangenheit.«[333] Was wahr und was falsch ist, wird von der herrschenden Elite festgelegt. Nicht nur der Mensch, sondern auch die Geschichte wird zugunsten des Status quo eingefroren.

Die Spannung zwischen gesellschaftlicher und privater Existenz bildet den Grundkonflikt der klassischen Dystopie. Persönlichkeitsmerkmale werden so weit wie möglich beseitigt, eine Privatsphäre ist kaum vorhanden. Allenfalls das Sexualleben findet hinter verschlossenen Türen statt. In den Romanen von Samjatin und Orwell gibt es strenge Vorschriften, wer sich mit wem zu welchem Zeitpunkt paaren darf. Wesentlich freizügiger geht es in der Schönen neuen Welt zu. Feste Bindungen sind hier verpönt, religiöse Zeremonien gehen in Orgien über. Die Intimsphäre muß der Öffentlichkeit weichen, Partei und Staat fordern

---

[331] Huxley, Schöne neue Welt, a.a.O., S. 191.
[332] Jewgenij Samjatin, Wir (russ. 1920), übers. von G. Drohla, Köln ⁸2003, S. 61f.
[333] Vgl. George Orwell, 1984 (engl. 1949), übers. von K. Wagenseil, Frankfurt a.M./Berlin/Wien 1976, S. 34.

die totale Hingabe an das Kollektiv. Dennoch lassen sich diese Forderungen nicht restlos verwirklichen. So heißt es über Sigmund Marx, einen der Protagonisten in der Schönen neuen Welt, er habe einen geradezu krankhaften Trieb, nichts öffentlich zu tun, sehr zum Bedauern seiner Gefährtin, die sich weder für einsame Wanderungen noch für persönliche Gespräche so recht begeistern kann. Damit zeichnet sich der Konflikt der weiteren Handlung bereits ab. Der Protagonist erfüllt seine gesellschaftliche Funktion, obgleich sich in seiner privaten Meinung Zweifel an der Vollkommenheit der bestehenden Gesellschaftsordnung finden. Zwar ist sein Bewußtsein für die Außenwelt prinzipiell unzugänglich, doch werden ihm seine Gedanken früher oder später zum Verhängnis. Sobald er nach Gleichgesinnten sucht, zieht er unweigerlich den Verdacht subversiver Bestrebungen auf sich. Exil, Gehirnwäsche oder Mord bleiben die einzigen Mittel, um den letzten Rest an persönlicher Freiheit zu beseitigen. Der Begriff der menschlichen Würde verliert in der Dystopie jede Bedeutung, auch der Begriff des Menschen ist zu einer bloßen Gattungsbezeichnung verkommen. Der totalitäre Überwachungsstaat hat die uns bekannten Maßstäbe für menschliches Verhalten rigoros abgeschafft.

Die historischen Erfahrungen des 20. Jahrhunderts haben das Projekt der klassischen Utopie diskreditiert. Die Relativierung der ethischen Maßstäbe hat nicht nur das Aufkommen menschenverachtender Regime begünstigt, sondern den wissenschaftlich-technischen Möglichkeiten der Grenzüberschreitung zugleich jede moralische Dimension genommen. Die Herrschaft der Technik weitet sich aus, während die Normen für ihren Gebrauch fragwürdig geworden sind. Freiheit, Selbstbestimmung und Autonomie werden in der Dystopie nicht mehr als wünschenswerte Ziele, sondern als Bedrohung der Menschheit interpretiert. Soziale Beständigkeit ist hier das oberste Gebot. Wissenschaft und Kunst fügen sich der Staatsideologie, sie unterliegen reinen Nützlichkeitserwägungen. Das faustische Erkenntnisstreben muß notfalls dem kollektiven Glück untergeordnet werden, so in der Schönen neuen Welt, wo neue Erkenntnisse nur zugelassen werden, wenn sie sich in die harmonische Gesamtordnung einfügen lassen. Das utopische Denken bleibt auf Naturwissenschaft und Technik beschränkt, moralische Erwägungen werden nicht berücksichtigt. Das höchste Ziel der Gesellschaft ist die totale Herrschaft über die Natur, die menschliche Natur eingeschlossen. Dieses Ideal bekommt Winston Smith, eine der Hauptpersonen in Orwells »1984«, am eigenen Leib zu spüren. Der gesellschaftliche Auftrag der herrschenden Partei wird von einem hohen Repräsentanten des Regimes wie folgt beschrieben: „Wir kontrollieren das Leben, Winston, in allen seinen Äußerungen. Sie bilden sich ein, es gebe so etwas wie die sogenannte menschliche Natur, die durch unser Tun beleidigt sein und sich gegen uns auflehnen werde. Aber wir machen die menschliche Natur. Die Menschen sind unendlich gefügig."[334] Auch in Samjatins Roman spielt die Herrschaft über die Natur eine zen-

---

[334] Ebd., S. 247f.

trale Rolle. Alle unbekannten Variablen müssen aufgelöst werden, eine Idee, von der der Protagonist, der bezeichnenderweise keinen Namen mehr trägt, sondern nur noch eine Nummer zugewiesen bekommt – von der also D-503 geradezu krankhaft besessen ist. Nicht nur die äußere Natur, sondern auch der Mensch muß sich mathematisch berechnen lassen: „der *homo sapiens* ist nur dann ein Mensch im vollen Sinne des Wortes, wenn es in seiner Grammatik keine Fragezeichen, sondern nur Ausrufezeichen, Punkte und Kommata gibt."[335]

Größe und Elend des Menschen weichen dem »gesunden« Durchschnitt, heroische und tragische Taten verlieren in einer reibungsfreien Gesellschaft ihre Bedeutung. Wahrhafte Größe kann der Mensch nur dort erreichen, wo er um sie ringen muß, wo sein Bemühen ebenso scheitern kann. Dies ist nur in einer konfliktreichen Welt möglich, in einer Welt, die ihm Widerstände entgegensetzt, nicht aber in der Schönen neuen Welt, wo niemand die Werke von Shakespeare versteht. Literarische Motive wie Leidenschaft, Kampf oder tragisches Scheitern stoßen in einer solchen Gesellschaft auf Unverständnis. Unpäßlichkeiten werden hier mit Soma behandelt, einer Droge, die stets verfügbar ist und keinerlei Nebenwirkungen verursacht:

> Die Zivilisation hat nicht den geringsten Bedarf an Edelmut oder Heldentum. Derlei Dinge sind Merkmale politischer Untüchtigkeit. In einer wohlgeordneten Gesellschaft wie der unseren findet niemand Gelegenheit zu Edelmut und Heldentum. Solche Gelegenheiten ergeben sich nur in ganz ungefestigten Verhältnissen. Wo es Kriege gibt, Gewissenskonflikte, Versuchungen, denen man widerstehen, und Liebe, die man erkämpfen oder verteidigen muß – dort haben Heldentum und Edelmut selbstverständlich einen gewissen Sinn. Aber heutzutage gibt es keine Kriege mehr. Mit größter Sorgfalt verhindern wir, daß ein Mensch den anderen zu sehr liebt. Und so etwas wie Gewissenskonflikte gibt es auch nicht: Man wird so genormt, daß man nichts anderes tun kann, als was man tun soll. Und was man tun soll, ist im allgemeinen so angenehm und gewährt den natürlichen Trieben so viel Spielraum, daß es auch keine Versuchungen mehr gibt. Sollte sich durch einen unglücklichen Zufall wirklich einmal etwas Unangenehmes ereignen, nun denn, dann gibt es Soma, um sich von der Wirklichkeit zu beurlauben. Immer ist Soma zur Hand, um Ärger zu besänftigen, einen mit seinen Feinden zu versöhnen, Geduld und Langmut zu verleihen. Früher konnte man das alles nur durch große Willensanstrengungen und nach jahrelanger harter Charakterbildung erreichen. Heute schluckt man zwei, drei Halbgrammtabletten, und damit gut! Jeder kann heutzutage tugendhaft sein. Man kann mindestens sein halbes Ethos in einem Fläschchen bei sich tragen. Christentum ohne Tränen – das ist Soma.[336]

Die Gesellschaftsordnung beansprucht in der Dystopie keine göttliche Vollkommenheit. Sie ist auf das Diesseits gerichtet und versucht die soziale Bestän-

---

[335] Samjatin, a.a.O., S. 112.
[336] Huxley, a.a.O., S. 205f.

digkeit mit künstlichen Mitteln zu gewährleisten – notfalls durch die Vergabe von bewußtseinsverändernden Drogen. Kulturelle Stagnation ist der Preis für soziale Stabilität. Wer sich für die Freiheit und Selbstbestimmung des Menschen entscheidet, muß die Möglichkeit einer Destabilisierung der gesellschaftlichen Verhältnisse grundsätzlich in Kauf nehmen. Das eine ist nicht ohne das andere zu haben. Die Dystopie wirkt auf uns deshalb so abschreckend, weil sie den Verzicht auf Wertvorstellungen bedeutet, die über Jahrhunderte die Grundlage unseres kulturellen Selbstverständnisses geprägt haben. Diese Welt ist als Heimat kaum vorstellbar, sie bleibt uns vom gegenwärtigen Standpunkt aus fremd.[337] Ist der Begriff des Menschen aber eine historische Konzeption, so sind ebenso andere Weisen des Menschseins denkbar, mögen wir diese auch als unmenschlich empfinden. In der Dystopie wird die Geschichte ausgelöscht, die Kontingenz des Handelns und Denkens weicht dem Ewigkeitsanspruch der staatlich verordneten Gesetze. Wenn der Mensch das ist, wozu er sich macht, dann steht es ihm auch frei, sein bisheriges Selbstverständnis aufzugeben und andere Möglichkeiten des Menschseins auszuprobieren. Dieser Sachverhalt wird in der Dystopie radikalisiert. Ob sich eine solche Vorgehensweise auf Dauer bewährt, bleibt jedoch offen.

Die bisherigen Überlegungen werfen die Frage auf, wie sich die geschichtliche Erscheinung des Menschen zu seinem Wesen verhält, ob der Begriff des Menschen wirklich nur eine historische Konzeption ist und ob es dann überhaupt Sinn macht, von Entfremdung zu sprechen. Das Verhältnis von Utopie und Menschwerdung soll nun auf seine anthropologischen Grundlagen befragt werden, indem der Vergleich zwischen Ernst Bloch und Helmuth Plessner fortgeführt wird. Zunächst wird die Bestimmung des Menschen in Blochs Philosophie besprochen, anschließend das Verhältnis von sozialer Rolle und menschlicher Natur, wie es Plessner in seiner Sozialanthropologie entwickelt. Der zentrale Unterschied zwischen beiden Autoren wird am Begriff des »homo absconditus« deutlich, mit dem wir die Arbeit beschließen wollen.

---

[337] Die Begegnung mit künstlichen Paradiesen ist übrigens ein Motiv, das mehrfach in der Science-fiction-Serie »Star Trek« auftaucht. Die totale Stabilisierung der gesellschaftlichen Verhältnisse wird hier allerdings dem faustischen Erkenntnisstreben untergeordnet. So sagt Jean-Luc Picard, Kapitän der USS Enterprise, über die genetisch manipulierten Bewohner eines künstlichen Paradieses: „Sie haben ihre Menschlichkeit aufgegeben, mit dieser genetischen Manipulation, viele der Identitäten, die sie weggezüchtet haben, die Ungewißheit, die Selbstentdeckung, das Unbekannte. Ich würde nicht in dem Wissen leben wollen, daß meine Zukunft schon geschrieben ist, daß meine Grenzen bereits festgesteckt sind. Wir leben, um das Unbekannte zu erforschen." Zit. nach Kai-Uwe Hellmann, »„Sie müssen lernen, das Unerwartete zu erwarten." Star Trek als Utopie der Menschwerdung?«, in: Hellmann/Klein, »Unendliche Weiten...« Star Trek zwischen Unterhaltung und Utopie, a.a.O., S. 91–111, S. 108.

3. Erscheinung und Wesen des Menschen

Daß sich Mensch und Welt gegenseitig bestimmen, daß beide auf einen Prozeß angelegt sind, der bestenfalls in eine endgültige Identität, schlimmstenfalls in das drohende Nichts mündet – dies sind, wie wir gesehen haben, die Grundzüge von Blochs Denken, die auch seine Interpretation von Erscheinung und Wesen des Menschen bestimmen. Beginnen wir unsere Darstellung mit dem »Dunkel des gelebten Augenblicks«, einem zentralen Motiv in Blochs Philosophie, das an die exzentrische Positionalität bei Plessner erinnert, bezieht es sich doch auf die Beobachtung, daß sich der Mensch nicht unmittelbar gegeben ist. Der gelebte Augenblick bleibt seinem Inhalt nach verborgen, da jede Aufmerksamkeitszuwendung ihn zwangsläufig objektiviert, wodurch er nicht mehr ge-lebt, sondern er-lebt, also aus der Distanz betrachtet wird:

> Das Dunkel des gerade gelebten Augenblicks dagegen bleibt in seiner Schlafkammer; aktuelles Bewußtsein ist gerade nur in bezug auf ein eben vergangenes oder für ein erwartet anrückendes Erlebnis und seinen Inhalt da. Der gelebte Augenblick selber bleibt mit seinem Inhalt wesenhaft unsichtbar, und zwar desto sicherer, je energischer Aufmerksamkeit sich darauf richtet: an dieser Wurzel, im gelebten Ansich, in punktueller Unmittelbarkeit ist alle Welt noch finster.[338]

Jeder weiß aus Erfahrung, daß ein bestimmter Gemütszustand, sei es ein Glücksgefühl oder ein Anflug von Freude, nicht unmittelbar vollzogen und zugleich reflektiert werden kann. Was sich in den eigenen Gedanken und Gefühlen abspielt, wird immer erst nachträglich gedeutet. Unmittelbar ist lediglich der Vollzug, nicht aber die Beobachtung des Innenlebens. Andernfalls könnte man sich nicht in Frage stellen, es gäbe keine Selbstzweifel oder Selbsttäuschung. Diese Möglichkeit beruht einzig und allein auf der Tatsache, daß sich der Mensch objektivieren kann. Er kann sowohl Subjekt als auch Objekt seiner Beobachtung sein, niemals aber beides zugleich. Das Dunkel des gelebten Augenblicks beschreibt insofern eine alltägliche Erfahrung, wenngleich es Bloch letztendlich darum geht, die Spaltung in Subjekt und Objekt zu überwinden. Das gelebte An-sich soll in ein Für-sich des Menschen verwandelt werden. Der Mensch soll das Dunkel des gelebten Augenblicks erhellen, um sein »eigentliches« Wesen lichten zu können.

Das Dunkel des gelebten Augenblicks versteht Bloch als Hinweis auf das verborgene Wesen des Menschen. Der Mensch liegt sich selber im blinden Fleck, verspürt aber den Drang, sich näher zu bestimmen: „Ich bin. Aber ich habe mich nicht. Darum werden wir erst.“[339] Damit will Bloch sagen, daß sich der Mensch zunächst als historische Erscheinung gegeben ist. Seine Gedanken und Handlungen konkretisieren sich innerhalb eines geschichtlichen Bedeutungshorizonts.

---

[338] Bloch, Das Prinzip Hoffnung, a.a.O., S. 338.
[339] Bloch, Tübinger Einleitung in die Philosophie, a.a.O., S. 13.

Die Existenz (= ich bin) geht der Essenz (= ich habe mich) voraus, sie bildet den Ausgangspunkt jeder weiteren Bestimmung. Die Vielzahl möglicher Lebensweisen wird durch die soziokulturellen Verhältnisse kanalisiert, bleibt für Bloch aber auf ein eigentliches, noch nicht herausgebrachtes Wesen des Menschen bezogen: „»*S ist noch nicht P*, Subjekt ist noch nicht Prädikat.« Das noch nicht erlangte P des S, Prädikat des Subjekts ist noch ausstehendes Quid pro Quod, das ist: ausstehendes Was der Essenz fürs Daß der Existenz."[340] Dabei muß berücksichtigt werden, daß sich das Wesen des Menschen für Bloch korrelativ zum Wesen der Welt entfaltet. Das Dunkel des gelebten Augenblicks entspricht dem Dunkel in der vorhandenen Welt. Erst die adäquate Beleuchtung weist den Weg zu einer Identität von Mensch und Welt, zu dem »Humanum« oder zu einem »Alles«. Die wechselnden Bezeichnungen zielen bei Bloch auf ein und denselben Sachverhalt: sie sollen das »eigentliche« Wesen von Mensch und Welt antizipieren. Die Unfertigkeit des Menschen, Hunger und Mangel sowie die Bestimmbarkeit einer offenen, eben utopischen Welt, werden auf einen möglichen Endzustand bezogen. In der bisherigen Geschichte hat der Mensch das Wesen der Dinge lediglich umkreist, ohne eine dem Wesen adäquate Erscheinung erreicht zu haben:

> Solange sind die Dinge noch bewegt, als ihr Kern nur ist und nicht da ist. Ist doch dieser Kern, als das Daß, von dem und zu dem hin alles geschieht, noch gärend und dunkel. Ist noch punktuell und unausgebreitet, nur verschlossen treibend und nicht geäußert, nirgends zur sicheren Erscheinung seines Wesens gediehen. Indem er das Jetzt und Hier ist, der ungestellte Augenblick, als der und in dem sich das Wesen aller Dinge befindet, ist er die noch nirgends aus sich herausgegangene existentielle Nähe. Herausgang heißt: das Daß als Wesen tritt in Geschichte ein, in seine sich dialektisch experimentierende Erscheinungsgeschichte. Da diese noch nirgends die gelungene, das heißt dem Wesen adäquate Erscheinung erreicht hat, so lebt in ihr die Unerfülltheit weiter. Das Daß hat seine Basis-Erscheinung im Hunger, im Bedürfnis, im durchgehend interessehaften Unterbau der Geschichte; es umwölkt und informiert sich im Überbau, sofern dieser hier einen des falschen Bewußtseins, dort einen des relativen Hellwerdens und kulturellen Überschusses darstellt; es tritt in den zukunfthaften Idealbildungen (als der Utopie in der Ideologie) mehr oder minder unabgelenkt hervor. Ideal ist von hier aus unverwirklichtes, doch antizipiertes Daß-Wesen, diesesfalls: Menschen-Wesen in seinem erhofft positivsten Inhalt.[341]

Dunkel und unbestimmt bleibt unser Kern, weiß nicht, wie er heißt. Ebenso aber ist er bestimmbar; was haltungsgemäß, innerhalb des geordnet auftretenden Willens bedeutet: *sittlich* bestimmbar. Nur wegen des zugrundeliegenden Wachses ist so viel Pressung in der Erziehung möglich, so viel Zwangsform auch nachher. Aber auch nur wegen der unabgeschlossenen

---

[340] Ebd., S. 219.
[341] Das Prinzip Hoffnung, a.a.O., S. 1562.

Bestimmbarkeit der Menschen konnten so viele ihrer möglichen Gesichter geschichtlich-sozial bereits erscheinen und sind so viele neue Bestimmungen noch in Zukunft. Bestimmungen im doppelten Sinn: als *definitio* und als *destinatio* des menschlichen X gedacht; Menschen sind zu ihrem wahren Gesicht immer noch experimentierbar.[342]

Zur Erinnerung: die eschatologische Dimension des Utopischen ist für Blochs Philosophie von zentraler Bedeutung. Bereits in seiner Dissertation fordert er die rein methodische Begründung einer Metaphysik, „die nicht nur das Fragengebiet einer allgemeinen Weltanschauung ausmacht, sondern die gelebte Gegenwart selbst zu einem totalen Wissen vertieft, das ebenso sehr die Dunkelheit des ersten Anfangs, als auch die Ratschläge für jenen mystischen Ausgang enthält, dem die Dinge in ihrem Prozeß zutreiben sollen."[343] Die Sehnsucht nach einem solchen Wissen entspringt Blochs religiösem Bedürfnis, das der neuen Metaphysik als Leitbild dienen soll. So scheint es Bloch, als ob die Wahrheit „in sich ebensowohl das Paradies wie den immer noch hilfsbedürftigen Gott als Idee spüren wollte."[344] Der Mensch bleibt an die Idee Gottes gebunden, wobei bereits an dieser Stelle von einem »hilfsbedürftigen« Gott die Rede ist. Blochs Eschatologie beruft sich nicht auf die Macht Gottes, sondern auf den Glauben an einen diesseitigen Zustand vollkommener Glückseligkeit, der nur durch den Menschen in geschichtlicher Praxis hergestellt werden kann und bisher lediglich in religiösen Jenseitsprojektionen antizipiert wurde. Das Endziel der Geschichte wird nicht durch eine höhere Instanz herbeigeführt, noch steht es von vornherein fest. Erst der aktive Glaube an einen zukünftigen Erfüllungszustand scheint dem menschlichen Dasein einen Sinn zu verleihen. In der Literatur hat die Sehnsucht nach endgültiger Erfüllung als Topos von Fausts »Verweile doch« ihren wohl bekanntesten Ausdruck gefunden – eine Stelle, auf die sich Bloch häufig bezieht, zeigt sie doch, daß das faustische Streben nicht Selbstzweck ist, sondern nach endgültiger Erfüllung verlangt.

Die bisherigen Erscheinungsweisen des Menschen betrachtet Bloch als geschichtliche Bestimmungen, die das wahre Wesen umkreist, aber noch nicht erreicht haben. Der Mensch muß erst die gesellschaftlichen Verhältnisse verändern, er muß sich als geschichtsbildendes Subjekt erkennen. Nur unter dieser Voraussetzung kann er seine Entfremdung überwinden. Deshalb darf die Geschichte nicht als heteronome Macht interpretiert werden, wie dies noch in Hegels Geschichtsphilosophie der Fall ist. Vielmehr fordert Bloch, und darin beruft er sich auf Marx, daß der Mensch die Geschichte gestalte, daß er in das Reich der Freiheit trete, damit der Weltprozeß endlich seinem verheißungsvollen Endziel entgegengeführt werde:

---

[342] Ebd., S. 1093f.

[343] Ernst Bloch, »Kritische Erörterungen über Rickert. Aus der Würzburger Dissertation« (1908), in: ders., Tendenz – Latenz – Utopie, a.a.O., S. 104.

[344] Ebd., S. 106.

Indem Menschen hier zum erstenmal bewußt Geschichte machen, verschwindet der Schein jenes Schicksals, das von Menschen, in der Klassengesellschaft, selbst produziert und unwissend fetischisiert worden ist. Schicksal ist undurchschaute, unbeherrschte Notwendigkeit. Freiheit ist beherrschte, aus der die Entfremdung verschwunden ist und wirkliche Ordnung aufgeht, eben als das *Reich* der Freiheit. Konkret gewordene Utopie gibt den Schlüssel dazu, zur unentfremdeten Ordnung in der besten aller möglichen Gesellschaften.[345]

Erst wenn der Mensch als bewußter Hersteller der Geschichte in Erscheinung tritt, sind die Voraussetzungen für die Überwindung seiner Entfremdung gegeben. Andernfalls lebt er weiterhin in der Vorgeschichte, in der undurchschauten Notwendigkeit seiner Klassenlage. Entfremdung darf bei Bloch jedoch nicht als Abfall des Menschen von seinem ursprünglichen Wesen verstanden werden. Sie bezieht sich auf ein zukünftiges Bild, auf ein Bild, das zwar noch nirgends in Erscheinung getreten ist, das sich aber in Tendenzen und Latenzen bereits ankündigt:

> *Die wirkliche Genesis ist nicht am Anfang, sondern am Ende*, und sie beginnt erst anzufangen, wenn Gesellschaft und Dasein radikal werden, das heißt sich an der Wurzel fassen. Die Wurzel der Geschichte aber ist der arbeitende, schaffende, die Gegebenheiten umbildende und überholende Mensch. Hat er sich erfaßt und das seine ohne Entäußerung und Entfremdung in realer Demokratie begründet, so entsteht in der Welt etwas, das allen in die Kindheit scheint und worin noch niemand war: Heimat.[346]

Die Annahme einer endgültigen Identität von Mensch und Welt, einer definitiven Heimat, wirft in Hinblick auf den Utopiebegriff einige Fragen auf. Es wurde bereits darauf hingewiesen, daß sich die Utopie in Blochs Philosophie am Ende selber aufzuheben scheint. Freilich betreibt Bloch keine Teleologie alten Stils. Obwohl er von Tendenzen und Latenzen spricht, unterstellt er dem Geschichtsprozeß keinen vorgelagerten Zweck, der sich nur noch entfalten müßte.[347] Begriffe wie »Latenz« oder »Verborgenheit«, »Ent-hüllung« oder »Ent-deckung« des menschlichen Wesens sind insofern irreführend, als sie ein bereits vorhandenes Wesen des Menschen suggerieren. Für Bloch bleibt der Prozeß dagegen offen, er wird keiner determinierenden Idee untergeordnet, weshalb er ebenso scheitern wie gelingen kann. Geschichte begreift Bloch als etwas vom Menschen Gemachtes, das sich durchaus planen läßt, zumindest über kurze Etappen. Fehlplanungen wären demnach als Irrwege zu verstehen, die jedoch die Möglichkeit, sinnvoll Geschichte zu betreiben, nicht grundsätzlich in Frage stellen. Der Geschichte wird folglich kein eigenständiger Sinn unterstellt. Der Sinn kommt erst zustande, indem der Mensch den Geschichtsprozeß nach eigenen Kriterien gestaltet. Dennoch scheint es mit der Offenheit dieses Prozesses irgendwann

---

[345] Das Prinzip Hoffnung, a.a.O., S. 728.
[346] Ebd., S. 1628.
[347] Vgl. ebd., S. 1626; Tübinger Einleitung in die Philosophie, a.a.O., S. 284.

vorbei zu sein. In einer endgültigen Heimat ist jede Utopie überflüssig. Daran vermag auch die sibyllinisch anmutende Formel »Sein wie Utopie« nichts zu ändern.

Problematisch ist bereits die Annahme eines »eigentlichen« Wesens und damit verbunden die These von der menschlichen Selbstentfremdung. Man könnte allenfalls von einer prinzipiellen Entfremdung des Menschen sprechen, insofern sich dieser niemals unmittelbar gegeben ist. Daraus muß aber nicht notwendigerweise auf eine mögliche Überwindung dieses Zustands geschlossen werden. Der Ausdruck »Entfremdung« ist ohnehin irreführend, da er seine Bedeutung aus der Negation eines angeblich wahren Wesens gewinnt. Behält die menschliche Existenz nicht grundsätzlich einen provisorischen Charakter, weil es für den Menschen als exzentrisches Wesen keine endgültige Bestimmung geben kann? Mit dieser Frage nähern wir uns der Position von Helmuth Plessner, der sich in seiner Anthropologie ausdrücklich von eschatologischen Spekulationen distanziert.

4. Soziale Rolle und menschliche Natur

Der grundlegende Unterschied zwischen der marxistischen Geschichtsphilosophie und der Philosophischen Anthropologie besteht darin, daß der Marxismus den Menschen, die Welt und die Geschichte als ein Experiment begreift, dessen Ergebnis noch aussteht, während es für die Philosophische Anthropologie gar kein endgültiges Ergebnis geben kann: der Mensch bleibt immer ein Experiment. Freilich ändert sich der Versuchsaufbau, die kulturellen Rahmenbedingungen wechseln. Außerhalb dieser Rahmenbedingungen kann es für die Anthropologie aber keine Wesensbestimmung des Menschen geben. Der konkrete Mensch bewegt sich stets in einem geschichtlichen Bedeutungshorizont, der niemals vollständig überschritten werden kann.

Der Mensch ist auf eine kulturelle Vermittlung angewiesen. Daß diese zuweilen als Zucht oder als Abrichtung kritisiert wird, darf nicht zu der Annahme verleiten, Kultur bedeute grundsätzlich eine Entfremdung des menschlichen Wesens. Der Mensch ist sich für Plessner niemals unmittelbar gegeben, er sieht sich immer nur im Spiegel seiner Kultur. Gedanken und Handlungen erhalten erst durch eine kulturelle Prägung ihre inhaltliche Bestimmung. Nicht eine angebliche Essenz des Menschen, sondern seine Existenzweise, das geschichtliche Selbstverständnis bestimmt seinen Lebensvollzug. Neben der geistigen Entwicklung ist auch die Beherrschung des eigenen Körpers ein Ergebnis kultureller Formung, so der aufrechte Gang oder die vorgeschriebene Sitzhaltung. Der Mensch muß sich verkörpern, bestimmte Verhaltensmuster müssen erlernt und verinnerlicht werden, bis sie schließlich automatisch ablaufen. Der Begriff der Verkörperung soll darauf hinweisen, daß die Enkulturation des Menschen bereits am Körper ansetzt: in Mimik, Gestik, Haltung. Plessner verwendet diesbezüglich auch die Formulierung »Ich bin, aber ich habe mich nicht«, ein Zitat, das er von Ernst Bloch übernommen hat.[348] Im Unterschied zu Bloch bestreitet Plessner allerdings die Annahme, Existenz und Essenz des Menschen ließen sich endgültig ineinander überführen. Aufgrund seiner exzentrischen Positionalität bleibt das Selbstverständnis des Menschen grundsätzlich gebrochen.

Daß Plessner der marxistischen These von der Selbstentfremdung des Menschen ablehnend gegenübersteht, erschließt sich bereits aus den Grundgedanken seiner Philosophischen Anthropologie. Die Idee der Entfremdung unterstellt ein überzeitliches Wesen des Menschen, das sich durch die Veränderung der gesellschaftlichen Verhältnisse verwirklichen lassen soll. Für Plessner befindet sich der Mensch dagegen in einem geschichtlichen Selbstbestimmungsprozeß, der prinzipiell unabgeschlossen bleibt. Von Entfremdung kann man allenfalls in einem historischen Sinn sprechen, etwa durch den Bezug auf das bisherige Selbstverständnis eines Individuums oder einer Gruppe, durch den Hinweis auf eine Selbstwahrnehmung, die aufgrund veränderter Umstände in Widerspruch zu sich geraten ist. In diesem Sinn bedeutet Entfremdung das Fremdwerden der Heimat, des Gewohnten und der Gemeinschaft – man denke etwa an die industrielle Revolution und den Übergang von einer ständischen in eine leistungsorientierte Gesellschaft. Die Idee der Entfremdung entspricht den Annahmen der Philosophischen Anthropologie aber nur unter der Voraussetzung, daß sie *nicht* auf ein endgültiges Wesen des Menschen bezogen wird.

Der Begriff der Entfremdung spielt auch in der Theologie eine Rolle, gleichsam als Sinnbild für das Endliche und Fragmentarische des menschlichen Daseins, dessen Unvollkommenheit erst durch den Bezug auf ein in Gott erfülltes Leben sinnvoll wird. Versucht der Marxismus, das Paradies bereits im Diesseits zu verwirklichen, so erwartet die jüdisch-christliche Religion, daß der Mensch nur durch Gott erlöst werden kann. Die theologische Deutung der Entfremdung wird allerdings zum Problem, sobald sie das Verhältnis zur Öffentlichkeit belastet, sobald sie eine Abkehr von der sozialen Wirklichkeit bewirkt und das Heil in die Innerlichkeit des Menschen verlegt. Diese Einstellung zur Öffentlichkeit findet sich für Plessner vor allem im Luthertum, ebenso im Existentialismus, sogar in der Soziologie, wenn die Gesellschaft als ärgerliche Tatsache oder als Bevormundung des Individuums empfunden wird.[349] Der Rückzug in die Innerlichkeit kann aber auch durch die Rationalisierung der modernen Gesellschaft beschleunigt werden. Diese schreibt dem Menschen lediglich vor, wie er sich als Funktionsträger zu verhalten hat. Sinnfragen werden in den Bereich des Privaten verdrängt. Plessner weist darauf hin, daß sich die Idee der Entfremdung heutzutage nicht mehr auf die Entwürdigung des industriellen Arbeiters bezieht, wovon noch Marx ausging, sondern auf die Funktionalisie-

---

[348] Vgl. Plessner, »Die Frage nach der Conditio humana«, a.a.O., S. 190.
[349] Vgl. Helmuth Plessner, »Soziale Rolle und menschliche Natur« (1960), in: Gesammelte Schriften, Bd. 10, Frankfurt a.M. 1985, S. 239.

rung des Subjekts in einer anonymen und verwalteten Welt.[350] Erscheinungen wie Rollenzwang und Selbstverlust belasten das Verhältnis zwischen privater und öffentlicher Existenz, das wir nun näher bestimmen wollen.

Menschliches Verhalten bleibt für Plessner grundsätzlich auf eine kulturelle Vermittlung angewiesen. Wer das »eigentliche« Wesen des Menschen in dessen Innerlichkeit sucht, setzt immer schon soziale Beziehungen voraus. Der Mensch muß von Natur aus eine soziale Rolle einnehmen. Darauf beruht nicht zuletzt die Anwendbarkeit des soziologischen Rollenbegriffs, durch den die Fülle zwischenmenschlicher Beziehungen sinnvoll beschrieben werden kann. Die soziale Rolle schreibt dem Einzelnen vor, wie er sich in der Gesellschaft zu verhalten hat, welche Erwartungen von seinen Mitmenschen an ihn als Rollenträger gestellt werden. Das Verhältnis zwischen sozialer Rolle und menschlicher Natur bedeutet aber keine Spaltung, sondern erst die Möglichkeit, seiner selbst habhaft zu werden:

> Existenz in einer Rolle ist offenbar die Weise, in welcher Menschen überhaupt in einem dauerhaften Kontakt miteinander leben können. Was uns an ihr stört, das Moment des Zwangs, den sie auf mein Verhalten ausübt, ist zugleich die Gewähr für jene Ordnung, die ich brauche, um Kontakt mit anderen zu gewinnen und zu halten. Der Abstand, den die Rolle schafft, im Leben der Familie wie in dem der Berufe, der Arbeit, der Ämter, ist der den Menschen auszeichnende Umweg zum Mitmenschen, das Mittel seiner Unmittelbarkeit. Wer darin eine Selbstentfremdung sehen wollte, verkennt das menschliche Wesen und schiebt ihm eine Existenzmöglichkeit unter, wie sie auf vitalem Niveau die Tiere und auf geistigem Niveau die Engel haben. Die Engel spielen keine Rolle, aber die Tiere auch nicht. (...) Nur der Mensch erscheint als Doppelgänger, nach außen in der Figur seiner Rolle und nach innen, privat, als er selbst.[351]

Die soziale Rolle wird von Plessner in der exzentrischen Positionalität fundiert. Dadurch ist es ihm möglich, sie nicht nur aus methodischen Gründen als ein gesellschaftliches Funktionselement zu betrachten, sondern sie darüber hinaus in der Wesensstruktur des Menschen zu verankern. Der Mensch ist von Natur aus auf ein soziales Leitbild angewiesen, soziale Rollen müssen erlernt und gepflegt werden. Erst vor diesem Hintergrund macht es Sinn, dem Menschen *auch* eine private Existenz zuzuschreiben.[352]

---

[350] Vgl. Helmuth Plessner, »Das Problem der Öffentlichkeit und die Idee der Entfremdung« (1960), in: Gesammelte Schriften, Bd. 10, a.a.O., S. 218f.

[351] Ebd., S. 223f.

[352] Ein früher Rollentheoretiker ist übrigens Kant. In seiner Anthropologie bestimmt er den Menschen ausdrücklich als Schauspieler und Rollenträger, wie das folgende Zitat verdeutlicht: „Die Menschen sind insgesamt, je zivilisierter, desto mehr Schauspieler: sie nehmen den Schein der Zuneigung, der Achtung vor anderen, der Sittsamkeit, der Uneigennützigkeit an, ohne irgend jemand dadurch zu betrügen; weil ein jeder andere, daß es hiemit eben nicht herzlich gemeint sei, dabei einverständigt ist, und es ist auch sehr gut, daß es so in der Welt zugeht. Denn dadurch, daß Menschen diese Rolle spielen, werden zuletzt die Tugen-

Freilich ist das Verhältnis zwischen privater Existenz und öffentlicher Rolle unterschiedlich nuanciert. Die öffentliche Person kann privat ein kümmerliches Bild abgeben, der introvertierte Mensch wird gesellschaftliche Kreise meiden. Das Verhältnis wird aber auch durch den Gesellschaftstyp beeinflußt. Der funktionale Rollenbegriff wurde ursprünglich für die Beschreibung der modernen Gesellschaft entwickelt. Gleichwohl ist er ebenso auf einfache Gesellschaften anwendbar, auf sämtliche Ordnungen, die soziales Verhalten prägen, wenngleich ihnen die Bedeutung einer privaten Existenz mitunter fremd bleibt, wovon man vor allem bei kleinen Gemeinschaften und Stämmen ausgehen kann. Soziale Rollen lassen sich auch hier beobachten, meistens entscheidet das Geschlecht über rollenspezifische Verhaltenszuschreibungen. In der modernen Gesellschaft verfügt der Mensch dagegen über zahlreiche Rückzugsmöglichkeiten in seine Privatsphäre, weshalb der Begriff der sozialen Rolle erst hier seinen eigentlichen Sinn erhält. Das zweideutige Selbstverständnis des Menschen zeigt sich aber auch in der Dystopie, wo die Spannung zwischen öffentlicher und privater Existenz den Grundkonflikt der Handlung bildet.

Der Mensch fällt mit seiner sozialen Rolle nicht vollständig zusammen: als Rollenträger hat er grundsätzlich einen Abstand zu seiner Rollenfigur. Diese bedeutet also keine endgültige Bestimmung, wodurch das Reservat eines Individuum ineffabile bewahrt bleibt. Der Mensch kann unter Umständen die Rolle wechseln, sein Abstand zur Rolle kann variieren. Das bedeutet aber nicht, daß dieser Abstand aufhebbar ist, da der Mensch für Plessner niemals schlicht und unvermittelt mit sich identisch sein kann:

> Der Rollenspieler oder Träger der sozialen Figur fällt zwar nicht mit ihr zusammen, kann jedoch nicht für sich abgelöst gedacht werden, ohne seine Menschlichkeit zu verlieren. Was Rolle ihm grundsätzlich und jederzeit gewährt, nämlich eine Privatexistenz zu haben, eine Intimsphäre für sich, hebt nicht nur nicht sein Selbst auf, sondern schafft es ihm. Nur an dem anderen seiner selbst hat er – sich.[353]

Diese Struktur bezeichnet Plessner als »Doppelgängertum«. Sie bildet eine anthropologische Konstante, die für jeden Typus menschlicher Vergesellschaftung offen ist. Freilich muß das Verhältnis zwischen öffentlicher und privater Existenz nicht immer ausgeglichen sein. Einfache und moderne Gesellschaften können diesbezüglich erheblich voneinander abweichen. Auch die Qualifizierung von privat und öffentlich mag geschichtlich variieren. Allerdings kann die inhaltliche Bestimmung dieses Verhältnisses nicht ontologisch begründet werden, wie Plessner gegen die lutherische Frömmigkeit und den Existentialismus einwendet: „Dem Doppelgängertum des Menschen als solchem, als einer jedwede Selbstauf-

---

den, deren Schein sie eine geraume Zeit hindurch nur gekünstelt haben, nach und nach wohl wirklich erweckt, und gehen in die Gesinnung über." Kant, Anthropologie in pragmatischer Hinsicht, a.a.O., S. 442f. [BA 42 f].

[353] Plessner, »Soziale Rolle und menschliche Natur«, a.a.O., S. 235.

fassung ermöglichenden Struktur, darf die eine Hälfte der anderen keineswegs in dem Sinne gegenübergestellt werden, als sei sie »von Natur« die bessere. Er, der Doppelgänger, hat nur die Möglichkeit, sie dazu zu machen.«[354]

Diese Kritik soll nicht zuletzt auf die politischen Implikationen hinweisen, die mit dem Begriff der sozialen Rolle gegeben sind. Einerseits zeigt unser Recht auf Privatsphäre, daß der gesellschaftliche Einflußbereich durch rechtliche Prinzipien begrenzt werden muß, damit die persönliche Freiheit des Einzelnen erhalten bleibt. Andererseits gemahnt Plessner an die Bedeutung der Öffentlichkeit als Bestandteil jeder freiheitlich-demokratischen Grundordnung. Eine Diskreditierung der gesellschaftlichen Existenz kommt für ihn letztendlich einer sozialen Verantwortungslosigkeit gleich:

> Die Sphäre der Freiheit mit der der Privatheit, und zwar in einem außersozialen Sinne, gleichgesetzt, wohlgemerkt, um sie unangreifbar zu machen, verliert jeden Kontakt zur Realität, jede Möglichkeit gesellschaftlicher Verwirklichung. Die Freiheit muß eine *Rolle spielen* können, und das kann sie nur in dem Maße, als die Individuen ihre sozialen Funktionsleistungen nicht als eine bloße Maskerade auffassen, in der jeder dem anderen in Verkleidung gegenübertritt. Nichts ist der Mensch »als« Mensch von sich aus, wenn er, wie in den Gesellschaften modernen Gepräges, fähig und willens ist, diese Rolle und damit die Rolle des Mitmenschen zu spielen: nicht blutgebunden, nicht traditionsgebunden, nicht einmal von Natur frei. Er ist nur, wozu er sich macht und versteht. Als seine Möglichkeit gibt er sich erst sein Wesen kraft der Verdoppelung in einer Rollenfigur, mit der er sich zu identifizieren versucht. Diese mögliche Identifikation eines jeden mit etwas, das keiner von sich aus ist, bewährt sich als die einzige Konstante in dem Grundverhältnis von sozialer Rolle und menschlicher Natur.[355]

Das Verhältnis zwischen sozialer Rolle und menschlicher Natur hat Plessner bereits an früherer Stelle beschäftigt. In den »Grenzen der Gemeinschaft« kommt er zu dem Ergebnis, daß die menschliche Natur auf bestimmte Verhaltensnormen angewiesen ist, die sich in der modernen Gesellschaft nicht durch eine Rückkehr zur Gemeinschaft aufheben lassen. Freilich schreibt die Gesellschaft formelle Regeln, Konventionen und Rollenmuster vor, die der Einzelne als unaufrichtig und künstlich empfinden mag. Gleichwohl ist dieser Schematismus des Verkehrs unverzichtbar, soll die Vielzahl der menschlichen Beziehungen in eine geregelte Ordnung überführt werden können. In dem Ruf nach Gemeinschaft artikuliert sich für Plessner die vergebliche Hoffnung, das soziale Zusammenleben irgendwann einmal durch restlose Offenheit, Ehrlichkeit und Brüderlichkeit gestalten zu können – eine Auffassung, die zunächst durch den Marxismus, später auch durch den Faschismus verbreitet wurde. Diese Formen des sozialen Radikalismus bezeichnet Plessner als Utopie, wobei zu beachten ist, daß damit ausschließlich die eschatologische Gestalt der Utopie gemeint ist.

---

[354] Ebd.
[355] Ebd., S. 239f.

Gegen Ende des vorherigen Kapitels wurde bereits angedeutet, daß Plessner die Realisierbarkeit der Utopie im Bereich der Technik für möglich hält, nicht aber in sozialen Bewegungen, die beanspruchen, das »eigentliche« Wesen des Menschen verwirklichen zu können:

> Utopien können wohl helfen, die Herrschaft über die Natur auszudehnen. Aber zum sozialen Frieden im Reich einer die ganze Erde umspannenden Gemeinschaft führt weder äußere Technik noch innere Ethik, sondern einzig eine Veränderung der menschlichen Natur selbst, in der wir uns verzehren müssen und die doch zu vollziehen nicht mehr in unserer Macht liegt.[356]

Eschatologische Spekulationen sind für Plessner von vornherein zum Scheitern verurteilt, unterstellen sie doch, daß die menschliche Natur ein »wahres« Wesen besitzt, das jenseits von Geschichte und Gesellschaft existieren soll. Private und öffentliche Existenz sind aber unaufhebbar, so Plessner, das Doppelgängertum liegt der menschlichen Natur als anthropologische Konstante zugrunde.

Rollenmuster unterliegen dem geschichtlichen Wandel. Sie lassen sich nicht endgültig fixieren, was ebensowenig für den Menschen selbst gilt. Nur vor dem Hintergrund eines unergründlichen Wesens kann der Mensch als Rollenträger und Schauspieler die Bühne des Lebens betreten: „der Mensch, der einzelne, ist nie ganz das, was er »ist«. Als Angestellter oder Arzt, Politiker oder Kaufmann, als Ehemann oder Junggeselle, als Angehöriger seiner Generation und seines Volkes ist er doch immer »mehr« als das, eine Möglichkeit, die sich in solchen Daseinsweisen nicht erschöpft und darin nicht aufgeht."[357] Da sich der Mensch einer endgültigen Bestimmung entzieht, ist er sich nur als geschichtliche Erscheinung gegeben. Diese These soll im nächsten Abschnitt am Begriff des »homo absconditus« erläutert werden.

5. Homo absconditus

Daß Mensch und Gott in Wesenskorrelation zueinander stehen, zeigt sich nicht zuletzt in der Bestimmung des Menschen als homo absconditus. Der verborgene Gott – »deus absconditus« – ist ein Sinnbild des Menschen, da dieser sich lediglich als geschichtliche Erscheinung gegeben ist, weshalb die Frage nach seinem Wesen notwendigerweise offen bleibt. Diese These kann freilich unterschiedlich interpretiert werden. So setzen Plessner und Bloch an der Geschichtlichkeit des Menschen an, entwickeln aber unterschiedliche Vorstellungen darüber, wie sich die geschichtliche Erscheinung des Menschen zu seiner Wesensbestimmung verhält.

---

[356] Plessner, Grenzen der Gemeinschaft, a.a.O., S. 131.
[357] »Soziale Rolle und menschliche Natur«, a.a.O., S. 230.

Der utopische Standort des Menschen liegt in der exzentrischen Positionalität begründet, der menschlichen Existenzweise bleibt ein dauerhaftes Zentrum grundsätzlich versagt. Alle Bemühungen, dieses Zentrum mit künstlichen Mitteln herzustellen, sind auf kurz oder lang zum Scheitern verurteilt. Der Mensch muß sich zwar verkörpern: er ist auf eine kulturelle Prägung angewiesen, da es eine vorkulturell faßbare menschliche Natur überhaupt nicht gibt. Als exzentrisches Wesen geht er allerdings nie ganz in seinen Taten auf. Keine Kultur vermag ihn endgültig festzulegen: „Es ist Gesetz, daß im letzten die Menschen nicht wissen, was sie tun, sondern es erst durch die Geschichte erfahren."[358] Erst die nachträgliche Deutung erschließt menschliches Verhalten, ohne es aber jemals gänzlich ausschöpfen zu können. Jede Artikulierung verdrängt andere Handlungsoptionen, andere Denkweisen und Möglichkeiten des Menschseins. Jenseits seiner geschichtlichen Taten bleibt sich der Mensch prinzipiell verborgen:

> Die Verborgenheit des Menschen für sich selbst wie für seine Mitmenschen – *homo absconditus* – ist die Nachtseite seiner Weltoffenheit. Er kann sich nie *ganz* in seinen Taten erkennen – nur seinen Schatten, der ihm vorausläuft und hinter ihm zurückbleibt, einen Abdruck, einen Fingerzeig auf sich selbst. Deshalb hat er Geschichte. Er macht sie, und sie macht ihn.[359]

Die Frage nach dem Menschen läßt sich nicht definitiv beantworten, da der Mensch niemals ganz in seinen Taten aufgeht. Er hat grundsätzlich die Möglichkeit, anders zu handeln. Aus diesem Grund will Plessner die Offenheit des Menschen gegenüber der Geschichte bewahren. Exzentrische Positionalität und anthropologische Grundgesetze sind lediglich als Bedingungen der Möglichkeit menschlichen Seins zu verstehen.[360] Was aus dieser Möglichkeit gemacht wird, dokumentiert sich in der Geschichte, weshalb die formale Bestimmung des Menschen um eine inhaltliche Ausprägung ergänzt werden muß. Insofern es aber keine endgültige Wesensbestimmung des Menschen geben kann, sind es nicht nur die Wege des Herrn, sondern ebenso die Wege des Menschen, die unergründlich sind: „Als ein in der Welt ausgesetztes Wesen ist der Mensch sich verborgen – *homo absconditus*. Dieser ursprünglich dem unergründlichen Wesen Gottes zugesprochene Begriff trifft die Natur des Menschen."[361]

Plessners Interpretation des homo absconditus ist nicht zuletzt eine Kritik an der Idee der Entfremdung, wie sie im Marxismus vertreten wird. Auch bei Bloch erfolgt die Bestimmung des Menschen über die Formel des homo absconditus, nur daß Bloch von der Voraussetzung ausgeht, der Mensch werde sein »wahres« Wesen in geschichtlicher Praxis verwirklichen können. Ausgangspunkt

---

[358] Plessner, Die Stufen des Organischen und der Mensch, a.a.O., S. 419.
[359] Helmuth Plessner, »Homo absconditus« (1969), in: Gesammelte Schriften, Bd. 8, a.a.O., S. 359.
[360] Vgl. »Die Frage nach der Conditio humana«, a.a.O., S. 140.
[361] »Homo absconditus«, a.a.O., S. 365.

ist auch hier die Wesenskorrelation von Mensch und Gott. Die Anthropologisierung der Religion setzt „einen homo absconditus voraus, gleich wie der Himmelsglaube allemal einen Deus absconditus in sich trug, einen versteckten, einen latenten Gott."[362] Im Unterschied zu Plessner handelt es sich für Bloch aber nicht um eine prinzipielle Verborgenheit des Menschen, sondern um eine temporäre, die durch die richtige geschichtliche Praxis aufgehoben werden kann. Der homo absconditus wird auf einen endgeschichtlichen Zustand bezogen, in dem der Mensch zu seinem »eigentlichen« Wesen findet. Die bisherigen Erscheinungsweisen deutet Bloch als geschichtliche Bestimmungen, die keinesfalls verabsolutiert werden dürfen. Vielmehr muß die Frage nach dem Menschen zunächst offen bleiben. Dieser Forderung entspricht die Gestalt der unkonstruierbaren Frage, ein Topos, der sich bis in Blochs Frühwerk zurückverfolgen läßt.[363] Wohlgemerkt: Bloch möchte die Unbestimmtheit des Menschen nicht zum alleinigen Prinzip erheben. Schließlich glaubt er an eine endgültige Identität, an ein mögliches Humanum, in dem sich Erscheinung und Wesen des Menschen gegenseitig aufheben. Die Gestalt der unkonstruierbaren Frage erfüllt vielmehr den Zweck, die Bestimmbarkeit des Menschen nicht vorzeitig preiszugeben, den Menschen nicht willkürlich auf bestimmte Faktoren festzulegen: „Der Mensch ist, in seiner Tiefe mindestens, gänzlich unentdeckt. Wir leben dauernd im Inkognito; und die ganze menschliche Geschichte ist ein Experiment, um herauszubringen, was das Humanum und seine Welt ist, das noch nicht gefunden ist."[364]

Wenngleich sich die Positionen von Bloch und Plessner grundsätzlich unterscheiden, gibt es einige Gemeinsamkeiten, auf die wir kurz hinweisen möchten. Die Interpretation des Menschen als homo absconditus hat nicht zuletzt eine kritische Funktion, die von beiden Autoren ausdrücklich herausgestellt wird: sie bedeutet eine Absage an alle Versuche, den Menschen auf bestimmte Wesenskonstanten zu fixieren. Die Verborgenheit des Menschen dient dazu, den Bereich des Wissens einzuschränken, um die normativ-praktische Bedeutung der anthropologischen Frage aufzuzeigen. Diesen Weg hatte bereits Kant gewählt, auf den sich übrigens beide Autoren beziehen. So heißt es bei Bloch: „Dadurch gerade, daß sich das theoretische Wissen eingeschränkt sieht als Wissen um bloße Erscheinung, wird der Glaube, das praktische Wissen, die praktische Erweiterung der reinen Vernunft frei, und die Postulate erscheinen, theoretisch nicht nachweislich, aber praktisch a priori unbedingt geltend."[365] In Anlehnung an

---

[362] Bloch, Das Prinzip Hoffnung, a.a.O., S. 1518.
[363] „Aus diesem Grund steht letzthin allein dieses zur genauen ontischen Diskussion: die Frage nach uns zu fassen, rein als Frage, nicht als konstruierten Hinweis auf eine verfügbare Lösung, die ausgesagte, aber unkonstruierte, an sich selbst existente Frage, um ihre reine Aussage an sich zu fassen als erste Antwort auf sich selbst, als allertreuste, unabgelenkte Fixation des Wir-Problems." Bloch, Geist der Utopie, a.a.O., S. 249.
[364] Bloch, Abschied von der Utopie?, a.a.O., S. 98.
[365] Geist der Utopie, a.a.O., S. 222.

Kant will Bloch dem Menschen einen Platz zum Glauben schaffen, der den Einzelwissenschaften prinzipiell unzugänglich bleibt. In dieser Glaubenssphäre soll sich die sittliche Bestimmung des Menschen vollziehen, eine Aufgabe, die immer wieder in Angriff genommen werden muß, da sie ihre adäquate Lösung bisher noch nicht gefunden hat. Auf die empirischen Wissenschaften muß deshalb nicht verzichtet werden. Schließlich mißt Bloch gerade der historisch-ökonomischen Bedingungsanalyse eine hohe Bedeutung zu. Gleichwohl darf sich die Bestimmung des Menschen nicht in Empirie erschöpfen. Sie muß sich an einem Leitbild orientieren, an einem utopischen Entwurf, der mit den Tendenzen und Latenzen einer Gesellschaft vermittelt ist.

Plessner kommt in dieser Frage zu ähnlichen Ergebnissen. Das theoretische Wissen über den Menschen muß angesichts seiner praktischen Bestimmung offen bleiben. Darin besteht die Aufgabe einer Philosophischen Anthropologie, „die sich ihrer theoretischen Grenzen im Hinblick auf ihre praktische Verantwortung gegen die Unergründlichkeit des Menschenmöglichen bewußt ist."[366] Erst durch eine kritische Begrenzung des theoretischen Wissens wird die Philosophische Anthropologie ihrer sozialen Verantwortung als Wissenschaft gerecht. Die Kontingenz jeder praktischen Bestimmung beruht auf der Unergründlichkeit des Menschen, auf seiner exzentrischen Positionalität, die Freiheit und Autonomie überhaupt erst möglich macht. So heißt es in Anlehnung an Kant:

> Ich mußte die Sphäre des Wissens einschränken, um zum Glauben Platz zu bekommen, heißt es; denn Glauben darf nicht Wissen oder Vermutung sein. Von der Einschränkung des Wissens profitiert aber im selben Maße der Wille, sie erst gibt ihm die Möglichkeit der Autonomie, d.h. der Freiheit. Auf die Grenzen möglicher Erfahrung verwiesen und so immer an Erscheinungen gebunden, kann Wissenschaft den Menschen über diese Grenze hinaus, d.h. in seinem Wesen nicht vergegenständlichen. Er bleibt sich auch mit der raffiniertesten Psychologie ein unauflösliches Rätsel. Diese Grenze ist ihm gezogen, aber nur durch seine eigene Vernunft und nur insofern, als er um ihre letztlich praktische Bestimmung weiß.[367]

Die Deutung des Menschen als homo absconditus weist jede Wissenschaft in ihre Schranken, die vorgibt, menschliches Verhalten mit Hilfe bestimmter Modelle vollständig beschreiben zu können. Wird der Aussagewert einzelwissenschaftlicher Hypothesen verabsolutiert, so besteht die Gefahr eines Reduktionismus, durch den die Frage nach dem Wesen des Menschen vorzeitig abgeschlossen wird. Aus diesem Grund bildet die radikale Skepsis den methodischen Ausgangspunkt in Plessners Philosophie. Daß diese Skepsis auch den eigenen Standort unterlaufen kann, muß grundsätzlich in Kauf genommen werden, da mit dem Prinzip der Unergründlichkeit jede absolute Bindung aufgegeben wird. So weist Plessner darauf hin, daß die Philosophie ständig mit der

---

366 Plessner, »Die Aufgabe der Philosophischen Anthropologie«, a.a.O., S. 39.
367 Helmuth Plessner, »Über einige Motive der Philosophischen Anthropologie« (1956), in: Gesammelte Schriften, Bd. 8, a.a.O., S. 131f.

„Nichtigkeit des eigenen Beginnens", mit der „Übernahme der Gefahr vollkommener Bodenlosigkeit"[368] rechnen müsse, sofern sie sich auf den Grundsatz berufe, die Frage nach dem Wesen der Philosophie *in Absicht auf eine unerschöpfliche Vieldeutigkeit der philosophischen Überlieferung offen zu halten.*"[369] Was für den Menschen gilt, muß ebenso für die Philosophie gelten: ihre Offenheit darf nicht einer willkürlichen Konstruktion untergeordnet werden. Jede Wissenschaft vom Menschen muß sich darüber im klaren sein, daß sie mit ihrem Beobachtungsgegenstand in einen geschichtlichen Bedeutungshorizont eingebettet ist, durch den der Gang der Forschung wesentlich mitbestimmt wird. Die grundsätzliche Möglichkeit einer historischen Relativierung der Wissenschaft bedeutet allerdings keinen Zweifel an deren Notwendigkeit und Nutzen. Die Möglichkeit einer Wesensbestimmung des Menschen soll nicht von vornherein geleugnet, sondern kritisch geprüft werden, eine Aufgabe, die in Plessners Anthropologie die Hermeneutik übernimmt. Indem sie angebliche Wesenskonstanten des Menschen auf ihren historischen Gehalt befragt, wirkt sie als Korrektiv gegenüber Theorien mit universalem Anspruch: „Hermeneutik fordert eine Lehre vom Menschen mit Haut und Haaren, eine Theorie seiner Natur, deren Konstanten allerdings keinen Ewigkeitsanspruch gegenüber der geschichtlichen Variabilität erheben, sondern sich selber zu ihr offenhalten, indem sie ihre Offenheit selber gewährleisten."[370]

Indes muß die Unergründlichkeit des Menschen nicht die Preisgabe aller bisherigen Maßstäbe bedeuten. Der Verzicht auf absolute Gewißheit entbindet den Menschen nicht von seiner Verantwortung für die Gestaltung der sozialen Verhältnisse. In seiner Schrift »Macht und menschliche Natur« weist Plessner ausdrücklich darauf hin, daß gerade die europäische Kultur und Religion dazu verpflichten, den eigenen Standpunkt nicht zu verabsolutieren, sondern die Gleichheit aller Menschen vor Gott und damit die Gleichberechtigung aller Kulturen anzuerkennen.[371] Daß andere Kulturen ein anderes Selbstverständnis und andere Glaubensinhalte vertreten, bedeutet zwar eine Relativierung, nicht aber die Preisgabe der eigenen Kultur, sofern sich diese zu ihren moralischen Prinzipien bekennt und weiterhin für deren Verbindlichkeit eintritt. Die radikale Entsicherung in Plessners Anthropologie mag zunächst verwundern, scheint sie doch jeder möglichen Wesensbestimmung des Menschen Vorschub zu leisten. In Anlehnung an Nietzsche definiert Plessner den Menschen als Kulturschöpfer und geschichtsbildende Macht, die nicht nur die künstlerischen und wissenschaftlichen Wirklichkeiten, sondern ebenso die religiösen und ethischen Maß-

---

[368] Vgl. Helmuth Plessner, »Die Frage nach dem Wesen der Philosophie« (1934), in: Gesammelte Schriften, Bd. 9, Frankfurt a.M. 1985, S. 97.

[369] Ebd., S. 98.

[370] »Die Frage nach der Conditio humana«, a.a.O., S. 158.

[371] Vgl. Helmuth Plessner, »Macht und menschliche Natur. Ein Versuch zur Anthropologie der geschichtlichen Weltansicht« (1931), in: Gesammelte Schriften, Bd. 5, a.a.O., S. 148.

stäbe aus sich hervorgebracht hat.[372] Beruhen aber alle ethischen Maßstäbe auf menschlichen Setzungen, so dürfen sie keine absolute Geltung beanspruchen, auch nicht die Idee des Menschen, wie sie im Abendland konzipiert wurde. Der Mensch ist für Plessner letztendlich das, wozu er sich macht. Deshalb bildet die Unergründlichkeit des Menschen die Möglichkeitsbedingung seiner geschichtlichen Erscheinungen, die prinzipiell unerschöpflich sind:

> Es muß *offen*bleiben, um der Universalität des Blickes willen auf das menschliche Leben in der Breite aller Kulturen und Epochen, wessen der Mensch fähig ist. Darum rückt in den Mittelpunkt der Anthropologie die Unergründlichkeit des Menschen, und die Möglichkeit zum Menschsein, in der beschlossen liegt, was den Menschen allererst zum Menschen macht, jenes menschliche Radikal, muß nach Maßgabe der Unergründlichkeit fallen. Nur wenn und weil wir nicht wissen, wessen der Mensch noch fähig ist, hat es einen Sinn, das leidvolle Leben auf dieser Erde zu bestehen.[373]

Das Konzept von der Unergründlichkeit des Menschen hat die Funktion, mit allen Gewißheiten zu brechen, um auf die praktischen Anforderungen hinzuweisen, die mit der Gestaltung des eigenen Lebens gegeben sind. Plessner macht aus der Not eine Tugend. Die radikale Entsicherung entspricht keiner fatalistischen Grundhaltung, sie fordert vielmehr den Mut zur Freiheit. Daß diese Freiheit prinzipiell gefährdet ist, hat sich nicht zuletzt in der deutschen Geschichte bestätigt. Totalitäre Herrschaftsformen wie Faschismus und Kommunismus verdeutlichen die Krisenanfälligkeit einer Epoche, die sich nicht mehr auf unhinterfragte Traditionen und absolute Werte berufen kann.

Plessners Machtbegriff bezieht sich auf den Menschen, der sich als geschichtsbildendes Subjekt erkennt, als Urheber einer kulturellen und politischen Ordnung, was die Möglichkeit zu einer totalitären Gewaltherrschaft natürlich nicht ausschließt. Allerdings stellt Plessner dieser rein formalen Bestimmung der Macht eine inhaltliche Ausprägung zur Seite, indem er an das Erbe der abendländischen Humanitas anknüpft. Die Relativierung der religiös-humanistischen Leitbilder entspricht der Auffassung, daß ein einheitliches und überzeitliches Wertesystem nicht mehr angegeben werden kann, weshalb sich jede Verabsolutierung verbietet. Die Frage nach dem Menschen muß auch für seine noch möglichen, zukünftigen Gestaltungen offen bleiben. Relativierung bedeutet aber nicht Preisgabe. Der Mensch soll sich als freihandelndes Wesen für die Bewahrung der menschlichen Würde und Freiheit einsetzen: „Seine unzweifelhafte Zugehörigkeit zur zoologischen Spezies der Hominiden, die Tatsache homo sapiens, bedeutet eine Aufgabe und nicht bereits die Sicherung der Humanität. Hominitas ist nicht mehr gleich Humanitas."[374] Die abendländische Idee des Menschen beschränkt sich nicht auf die Klassifizierung eines Exemplars der Gat-

---

[372] Vgl. ebd., S. 149.
[373] Ebd., S. 161.
[374] »Über einige Motive der Philosophischen Anthropologie«, a.a.O., S. 134.

tung Säugetier. Sie ist ebenso mit ethischen Anforderungen verbunden, die eine Orientierung im sozialen Raum überhaupt erst ermöglichen. Die Humanitas wird folglich als ethischer Maßstab vorgegeben, ebenso die Unantastbarkeit der menschlichen Würde, die Plessner vor den Anmaßungen der Einzelwissenschaften bewahren will. Es werden also durchaus Maßstäbe gesetzt, allerdings keine absoluten, da dies mit dem Prinzip der Unergründlichkeit des Menschen und der Offenheit seiner Geschichte unvereinbar wäre. Die Entscheidung zur Menschlichkeit kann sich nicht auf absolute Werte berufen. Das Welt- und Selbstverständnis des modernen Menschen hat sich gewandelt, dem Verlust einer religiös-metaphysischen Absicherung muß dieser durch eine neue Bindung begegnen:

> Zeigt die Erfahrung, daß die Selbstauffassung des Menschen als Selbst-Auffassung, als Mensch im Sinne einer ethnisch und historisch abwandelbaren »Idee« selbst ein Produkt seiner Geschichte bedeutet, die Ideen Mensch, Menschlichkeit von »Menschen« eroberte Konzeptionen sind, denen das Schicksal alles Geschaffenen bereitet ist, untergehen – und nicht nur außer Sicht geraten – zu können, so wird er dieser ungeheuren Freiheit durch eine neue Bindung begegnen müssen. Diese Bindung wächst ihm aus keiner wie immer gearteten *absoluten* Wirklichkeit mehr zu. (...) Eine neue Verantwortung ist dem Menschen zugefallen, nachdem ihm die Durchrelativierung seiner geistigen Welt den Rekurs auf ein Absolutes wissensmäßig abgeschnitten hat: das Wirkliche gerade in seiner Relativierbarkeit als trotzdem Wirkliches sein zu lassen.[375]

Eine Absage an übergeschichtliche oder absolute Rahmenordnungen ist zu dieser Zeit nicht unüblich. Auch für Karl Mannheim besteht die Funktion der historischen Forschung darin, jeder Verabsolutierung bestimmter Denkweisen entgegenzuwirken. „Es ist geradezu Gebot der Stunde", schreibt Mannheim, „die jetzt gegebene Zwielichtbeleuchtung, in der alle Dinge und Positionen ihre Relativität offenbaren, zu nützen, um ein für allemal zu wissen, wie alle jene Sinngebungsgefüge, die die jeweilige Welt ausmachen, eine geschichtliche, sich verschiebende Kulisse sind und daß das Menschwerden entweder hinter oder in ihnen sich vollzieht."[376] Diese Auffassung ist mit religiösen Vorstellungen nicht ohne weiteres vereinbar. Schließlich gehe sie davon aus, so die Kritik von Paul Tillich, „daß das System der Werte, das im Gottesgedanken seine Wurzel hatte, zerbrochen ist und daß infolgedessen der Mensch aus sich heraus, aus seiner Existenz neue Werte schaffen muß, die aber keine gültigen Werte sind und letztlich ohne Kriterium bleiben."[377] An dieser Stelle zeigt sich noch einmal der Unterschied zwischen einer Utopiekonzeption, die das Reich Gottes als absoluten Maßstab voraussetzt, und einer rein anthropologischen Begründung der

---

[375] »Macht und menschliche Natur«, a.a.O., S. 163.
[376] Mannheim, Ideologie und Utopie, a.a.O., S. 76.
[377] Tillich, »Politische Bedeutung der Utopie im Leben der Völker«, a.a.O., S. 168. Tillich kritisiert an dieser Stelle Sartre und Nietzsche, die aber mit Plessner und Mannheim in der Verabschiedung absoluter Werte übereinstimmen.

Utopie, die den Menschen als Urheber jeder kulturellen Ordnung ausweist. Humanismus und Utopie müssen sich für Tillich am Wesen des Menschen orientieren, nicht an dessen Existenz, die lediglich eine geschichtliche und daher endliche Größe darstellt:

> Humanismus ist der Glaube daran, daß der Mensch vom Wesen determiniert ist, das nicht schlechthin verloren gegangen ist und das gegenüber der Existenz als Urteil und Norm auch in den größten Verirrungen der Existenz fortbesteht. Jede Politik muß notwendig zerstörerisch sein, die diese Lehre vom Wesen des Menschen nicht hat. Und damit ist schon ein Wort für die Utopie gesprochen. Aus dem Glauben an das Wesen des Menschen, an das, »was immer schon gewesen ist«, geht die Norm hervor, die als Bild in die Zukunft projiziert die Utopie abgibt.[378]

So bezeichnend diese Interpretation für eine religiöse Auffassung der Utopie auch sein mag, so ist es doch keineswegs selbstverständlich, daß moralische Prinzipien ausschließlich durch religiöse Vorstellungen begründet werden. Utopie und Humanismus sind nicht notwendigerweise an einen religiösen Kosmos gebunden. Bereits die klassische Utopie beschreibt den Aufbruch des Menschen in die Autonomie. Sie enthält die Forderung, die Gestaltung des Diesseits aus eigener Kraft zu versuchen. Freilich spielen religiöse Werte dabei auch eine Rolle. Kritisiert wird meistens die Kirche, nicht aber die christliche Religion, die zu dieser Zeit noch fest in den Glaubensvorstellungen des abendländischen Menschen verankert ist. Gleichwohl haben wir es auch hier mit einer bestimmten Weltanschauung zu tun, die keinen Anspruch auf absolutes Wissen erheben kann. Diese Erkenntnis bleibt freilich späteren Epochen vorbehalten, ebenso die Frage, wie man auf den Umsturz der Werte reagieren soll.

6. Zusammenfassung

Wenn der Mensch als ein utopischer Entwurf beschrieben werden kann, so deshalb, weil auch er dem Bereich menschlicher Gestaltungsmöglichkeiten ausgesetzt ist. Als homo absconditus steht er zwischen Möglichkeit und Wirklichkeit. Welche Möglichkeiten des Menschseins verwirklicht werden, zeigt sich erst nachträglich in der Geschichte. Jenseits der Geschichte muß die Frage nach dem Menschen jedoch offen bleiben. Der abendländische Begriff des Menschen ist lediglich eine regulative Idee, ein Leitbild zur Orientierung, an das man sich annähern, das man aber ebenso verfehlen kann. So wird in der Dystopie beschrieben, wie die individuelle Freiheit dem Kollektiv geopfert wird, damit ein Höchstmaß an sozialer Stabilität gewährleistet ist. Gleichwohl zeigt das Aufbegehren der Protagonisten, daß diese Gesellschaftsordnung keineswegs vollkommen ist, daß auch sie die Unzufriedenheit des Menschen nicht gänzlich beseiti-

---

[378] Ebd., S. 169.

gen kann. Ob der Mensch bereit ist, für seine Ideale zu kämpfen, oder ob er sich mit der bestehenden Ordnung zufriedengibt, liegt letztendlich in seiner Hand. Eine definitive Antwort kann es hier nicht geben, erst recht kein Eschaton, welches das Ende der Geschichte einläutet.

Der Vergleich zwischen Ernst Bloch und Helmuth Plessner hat erneut gezeigt, daß unser Begriff des Utopischen an die zentralen Gedanken von Plessners Anthropologie anknüpfen kann. Ist sich der Mensch grundsätzlich als geschichtliche Erscheinung gegeben, so macht es keinen Sinn, von einem überzeitlichen Wesen des Menschen zu sprechen. Der homo utopicus ist stets geschichtlich gebunden, er entzieht sich einer endgültigen Bestimmung. Anthropologisch begründet ist dieser Sachverhalt in der exzentrischen Positionalität und im Gesetz des utopischen Standorts, das bei Plessner nicht auf ein Eschaton, sondern auf die Kontingenz des menschlichen Daseins bezogen wird. Insofern beschreibt der abendländische Begriff des Menschen lediglich eine historische Konzeption, über deren Zukunft allein die praktische Bestimmung entscheidet. Bewußt wird dieser Sachverhalt aber erst, wenn soziale Umwälzungen eine Neubestimmung des Menschen erfordern, wenn utopische Vorstellungen neue Möglichkeitsräume erschließen und die Existenz absoluter Werte fragwürdig wird. Das Wissen um seine Autonomie und Freiheit begründet die besondere Verantwortung, die der Mensch für seine Erzeugnisse und Handlungen trägt. Ob und wie er dieser Verantwortung gerecht wird, läßt sich nicht vorhersagen.

Schlußbetrachtung: Historia abscondita

Die Geschichte der Utopie beschreibt das Pendeln des Menschen zwischen Selbstbestimmung und Fremdbestimmung. Kraft seiner Vernunft vermag sich der Mensch eigene Gesetze zu geben, die rückwirkend seine Freiheit einschränken und ihm schließlich als äußerer Zwang entgegentreten. Es ist ein Gesetz der Kultur, daß der Mensch bestimmte Sachordnungen hervorbringt, die sich von ihm ablösen und auf sein Verhalten zurückwirken, ja es maßgeblich beeinflussen. Daß der Mensch die Kultur macht und zugleich von ihr getragen wird, ist lediglich ein neutraler Ausdruck für diesen Sachverhalt. Wird eine kulturelle Ordnung dem Menschen zum Feind, so muß er dieser Gefahr mit dem Risiko einer Umbildung der bestehenden Verhältnisse begegnen. Überzogene Machtansprüche und soziales Elend können die Produktion alternativer Gesellschaftsmodelle forcieren, wissenschaftliche und technische Innovationen den Umsturz des bisherigen Weltbildes vorbereiten. Die Verwirklichung utopischer Vorstellungen birgt wiederum unabsehbare Folgen, weshalb sich der Mensch immer wieder um ein Gleichgewicht bemühen muß. Neue Freiheiten erzeugen neue Zwänge. Die Utopie erprobt andere Möglichkeiten, die nach ihrer Verwirklichung allmählich wieder in eine geschlossene Form übergehen, bis sie irgendwann durch neue Utopien gesprengt werden.

Das Anliegen dieser Arbeit ist es gewesen, die utopische Überschreitung der Wirklichkeit anthropologisch zu begründen. Dabei konnte ich mich auf die Ergebnisse der Philosophischen Anthropologie stützen – namentlich die Philosophie von Helmuth Plessner erwies sich als ausgezeichneter Leitfaden für eine Bestimmung des homo utopicus. Die These von der exzentrischen Positionalität und das Gesetz des utopischen Standorts verdeutlichen, daß die Wirklichkeitslage des Menschen grundsätzlich gefährdet ist, daß seine Erzeugnisse und Anschauungen einen künstlichen Charakter tragen und somit nicht von ewiger Dauer sind. Jede kulturelle Ordnung birgt ein utopisches Potential, das unter bestimmten Umständen aktualisiert werden kann. Werden die Grundlagen der bisherigen Ordnung neu definiert, so kann man von einer politischen oder technischen Utopie sprechen, zumindest nach unserer Definition, die davon ausgeht, daß sich die Kritik der Utopie gegen die zugrundeliegenden Prinzipien einer Ordnung richtet. Eine solche Überschreitung des Gegebenen wäre aber nicht möglich, wenn nicht auch das tragende Fundament der bisherigen Ordnung einen künstlichen Charakter besäße, wenn nicht auch die traditionellen Überzeugungen und Glaubensannahmen einer Gesellschaft kontingent wären. Die prinzipielle Möglichkeit zur Grenzüberschreitung beruht auf anthropologischen Voraussetzungen, die universal gelten. Welcher Gebrauch von dieser Möglichkeit gemacht wird, entscheidet sich aber erst im historischen Kontext. Deshalb haben wir zunächst die verschiedenen Gestalten der Utopie besprochen, bevor deren gemeinsame anthropologische Wurzel freigelegt wurde.

Daß der Mensch grundsätzlich im Nirgendwo steht, wird ihm erst in Zeiten gesellschaftlicher Umbrüche bewußt. Utopischer Standort und utopische Vorstellungen verhalten sich wie die ratio essendi zur ratio cognoscendi. Die ratio essendi der Utopie ist anthropologisch begründet: sie beschreibt die Wirklichkeitslage des Menschen zwischen Weltoffenheit und Umweltgebundenheit, zwischen Nichtigkeit und Transzendenz. Indem utopische Vorstellungen den Umsturz der bisherigen Ordnung fordern, bilden sie die ratio cognoscendi für die Entdeckung des utopischen Standorts. In der Utopie erschließt der Mensch sein utopisches Wesen. Erst vor dem Hintergrund einer radikalen Entsicherung zeigt sich die prinzipielle Nichtigkeit des menschlichen Daseins, die Künstlichkeit der Kultur. Wird die Schöpferkraft des Menschen in früheren Epochen durch Mythologie und religiöse Kosmologie verklärt, so erkennt sich der Mensch nun als Urheber und Gestalter jeder gesellschaftlichen Ordnung. Was aus dieser Erkenntnis folgt, konnte die klassische Utopie freilich nicht vorhersehen. Der Zweifel an einer göttlichen Bestimmung des Diesseits weitet sich auf den religiösen Kosmos aus, die prinzipielle Heimatlosigkeit des Menschen dringt immer tiefer in das abendländische Bewußtsein vor.

Dieser Paradigmenwechsel zeichnet sich auch in dem Vergleich zwischen Ernst Bloch und Helmuth Plessner ab. Wird der Utopiebegriff von Bloch eschatologisch gedeutet und auf eine endgültige Identität von Mensch und Welt bezogen, so beschreibt die Anthropologie von Plessner eine Kontingenzerfahrung, die vor dem Hintergrund der marxistischen Erlösungslehre einer radikalen Entsicherung gleichkommt. In Blochs Philosophie wird eine Vollendung der Welt im Diesseits angestrebt, bei Plessner bleibt das menschliche Dasein grundsätzlich provisorisch. Wir haben gesehen, daß sich die fortschreitende Säkularisierung auch auf den Utopiebegriff auswirkt, daß sich seine eschatologischen Inhalte weitgehend verflüchtigt haben. In diesem Sinn orientiert sich unsere Definition des Utopischen am Begriff der Geschichtlichkeit, durch den die Möglichkeit historischer Gesetze von vornherein ausgeschlossen wird.[379] Die Vorstellung einer Universalgeschichte kann von diesem Standpunkt aus ebensowenig vertreten werden wie die Idee einer säkularen Heilsgeschichte. Freilich bildet Blochs Philosophie in dieser Hinsicht eine Ausnahme, da Bloch die Eschatologie nicht als heteronomes Ereignis, sondern als gelungene menschliche Praxis begreift. Gleichwohl entspricht die Ankunft im Eschaton auch hier einem Ende der Geschichte, jenem Ende, das die Utopiekritik zu recht als illusorisch bezeichnet.

Ein Ende der Geschichte wird aber nicht nur in der eschatologischen Utopie verkündet. Auch in konservativen Kreisen erfreut sich die Vorstellung eines »Posthistoire« einer gewissen Beliebtheit, unterstellt sie doch eine geschichtliche Entwicklung, deren anfängliche Dynamik in der Gegenwart allmählich zum Still-

---

[379] Vgl. Plessner, »Die Frage nach der Conditio humana«, a.a.O., S. 216.

stand gekommen sein soll.[380] Daß sich in unserer Gesellschaft ein Prozeß der kulturellen Kristallisation vollzogen hat, wird niemand bestreiten wollen. In anderen Teilen der Welt ist dies aber keineswegs der Fall. Außerdem bleibt es eine offene Frage, wie lange die politischen, wirtschaftlichen und wissenschaftlichen Grundlagen unserer Gesellschaft erhalten bleiben. Das Modell der kulturellen Kristallisation verfährt mit den konkreten Daten sehr großzügig. Schließlich ist die Rationalisierung und Funktionalisierung der Gesellschaft nicht nur ein Phänomen der modernen Demokratie, sondern ebenso ein Merkmal des Kaiserreichs, des Faschismus wie des Kommunismus. Es sind nicht nur die gesellschaftlichen Strukturen, die wissenschaftlichen Erkenntnisse und die technischen Möglichkeiten, sondern vor allem die konkreten Menschen, die über den Fortgang der Geschichte entscheiden. Die Geschichte erschöpft sich nicht in gesellschaftlichen Mechanismen. In der Zeitwende können die Weichen für die Zukunft neu gestellt werden.

Das Verhältnis von Freiheit und Determination wird auch in der Geschichtsphilosophie einseitig behandelt. Man denke nur an Spenglers These, daß sich die Weltgeschichte in bestimmten Zyklen oder Kulturperioden vollzieht, auf die der Mensch angeblich keinen Einfluß hat. Bezeichnend sind die Schlußworte seines Hauptwerks: „Wir haben nicht die Freiheit, dies oder jenes zu erreichen, aber die, das Notwendige zu tun oder nichts. Und eine Aufgabe, welche die Notwendigkeit der Geschichte gestellt hat, *wird* gelöst, *mit* dem einzelnen oder gegen ihn."[381] Dieser Begriff der historischen Notwendigkeit leugnet jede Möglichkeit eines freien und verantwortlichen Handelns. Die Logik der Geschichte scheint dem Individuum keine Wahl zu lassen, der Weltgeist hat immer schon entschieden. Daß dieser vermeintlich tiefsinnige Fatalismus zur Ausbildung eines politischen Bewußtseins nicht gerade beigetragen hat, dürfte ohne weiteres einleuchten. Der historische Determinismus ist schicksalsgläubig. Wer diese Auffassung vertritt, muß den Ausbruch des Zweiten Weltkriegs als historische Notwendigkeit begreifen. Der Weltgeist hat es nun einmal so vorgesehen, hätte er anders entschieden, wäre es nicht zu diesem Krieg gekommen. Im Nachhinein läßt sich der Geschichtsverlauf immer als historische Notwendigkeit auslegen: so mußte es ja kommen, auch wenn das vorher niemand für möglich gehalten hätte. Man kann nur hoffen, daß diese Auffassung heutzutage wenig Anhänger findet.

Die Geschichte folgt keinen unveränderlichen Gesetzen. Die Idee des historischen Determinismus vermag angesichts der Kontingenz menschlicher Handlungen nicht zu überzeugen. Freilich soll damit nicht behauptet werden, daß Alles jederzeit und überall möglich ist. Nicht nur die Utopie, sondern auch die Geschichte hat einen Fahrplan. Freiheit und Determination halten sich hier die Waage. So setzt der Ausruf »Proletarier aller Länder vereinigt euch« eine Indu-

---

[380] Vgl. Stephan Meier, Art. »Posthistoire«, in: Historisches Wörterbuch der Philosophie, Bd. 7, Basel 1989, Sp. 1140–1141.

[381] Oswald Spengler, Der Untergang des Abendlandes. Umrisse einer Morphologie der Weltgeschichte (1923), München 1990, S. 1195.

striegesellschaft voraus, in der die Produktionsmittel im Besitz der herrschenden Klasse sind. In einfachen Gesellschaften, etwa bei den Eingeborenen des Trobriand-Archipels, bliebe eine solche Äußerung unverständlich. Jede Kultur besitzt einen geschichtlichen Bedeutungshorizont, der über die Anschlußfähigkeit bestimmter Vorstellungen entscheidet. Daß dieser Horizont dennoch offen ist, verdeutlicht die Aufnahme marxistischer Gedanken in Ländern wie der Sowjetunion oder China, die zu jener Zeit keineswegs der Sozialstruktur einer modernen Industriegesellschaft entsprachen. Der Begriff der historischen Notwendigkeit muß insofern relativiert werden: auch die Freiheit und die menschliche Verantwortung spielen eine Rolle.[382]

Ferner muß berücksichtigt werden, auf welchen gesellschaftlichen Bereich das Verhältnis von Freiheit und Determination bezogen wird. Der historische Fahrplan scheint in Fragen der Wissenschaft und Technik eher festgelegt als in Fragen der Politik. Wir haben gesehen, daß die Entdeckung der Relativitätstheorie zu Anfang des 20. Jahrhunderts zum Greifen nah war, wir sprachen deshalb von einer Entpersonalisierung in Wissenschaft und Technik. Der gleiche Gedanke findet sich bei Golo Mann, der darauf hinweist, daß Hegels Auffassung der Geschichte keine absolute Geltung zukommt, daß sie jedoch einen guten Sinn ergibt, wenn man sie nuanciert, wie es Hegel gelegentlich tut. So sei es sehr wahrscheinlich, „daß die Buchdruckerkunst auch ohne *Johannes Gutenberg* irgendwann im 15. Jahrhundert »erfunden« worden wäre, weil sie nun gebraucht wurde (aber im 12. Jahrhundert noch nicht), und das Prinzip des Druckens, schon allein durch das Prägen von Geld, als Möglichkeit längst bekannt gewesen war."[383] Neben dem sozialen Auftrag mußten die wissenschaftlichen und technischen Voraussetzungen gegeben sein, damit die Erfindung glücken konnte. Dabei dürfen wir nicht übersehen, daß sich das Erkenntnisstreben in Naturwissenschaft und Technik auf eine außermenschliche Wirklichkeit bezieht. Auch wenn diese Wirklichkeit durch den menschlichen Verstand erschlossen wird, ist

---

[382] Insofern hätte die deutsche Geschichte durchaus einen anderen Verlauf nehmen können, wie Golo Mann am Beispiel der beiden Weltkriege zeigt: „Um sich den Ersten Weltkrieg wegzudenken, müßte man sich Einiges und sehr Gewichtiges anders denken, als es war, eine Aufgabe, für die es keiner allzu kühnen Fantasie bedarf. Zum Beispiel hätte eine rechtzeitige Parlamentarisierung des deutschen Regierungssystems und in ihrem Zeichen eine von Sozialdemokraten geführte Reichsregierung 1914 für die europäische Politik einen sehr wesentlichen, im Sinne des Friedens wirkenden Unterschied gemacht. Solchem Wandel standen beträchtliche Hindernisse entgegen, aber keine unüberwindlichen. Um sich den Zweiten Weltkrieg wegzudenken, bedarf es äußerst geringer Vorstellungskraft. Ohne A. Hitler wäre das Alles ganz anders gekommen. Zu meinen, die »Strukturen« der deutschen Gesellschaft oder die des »Spätkapitalismus« hätten den Krieg auch ohne ihn herbeigeführt, jeder andere deutsche Regierungschef hätte das auch gekonnt oder gemußt, ist reine Mythologie, die sich als Wissenschaft tarnt." Golo Mann/Karl Rahner, »Weltgeschichte und Heilsgeschichte«, in: Christlicher Glaube in moderner Gesellschaft, Teilband 23, Freiburg im Breisgau 1982, S. 87–125, S. 103.
[383] Ebd., S. 104.

sie grundsätzlich unabhängig von ihm vorhanden. Anders verhält es sich bei der Gestaltung der sozialen Verhältnisse. Obwohl es sich auch hier um objektive Strukturen handelt, sind diese stärker an das menschliche Urhebertum gebunden, jedenfalls nicht unabhängig von ihm vorhanden. Dieser Befund kann mythologisch oder religiös verklärt werden. Problematisch wird er aber, sobald sich der Mensch seiner Schöpferkraft und Autonomie bewußt wird, sobald er sich als utopisches Wesen erkennt. Von nun an muß er seine Freiheit auf sich nehmen. Er muß sich eine Ordnung stiften und grundsätzlich damit rechnen, diese Ordnung gegenüber anderen Anschauungen zu verteidigen.

Letztendlich liegt es in den Händen der Menschen, ob sie das Erbe des Humanismus annehmen oder in den Wind schlagen. Dem homo absconditus entspricht eine historia abscondita. Das utopische Wesen des Menschen verurteilt ihn zur Geschichte, die keinem übergeordneten Sinn gehorcht, sondern als Produkt seiner Handlungen und Erzeugnisse prinzipiell verborgen bleibt. Verborgen bedeutet aber nicht, daß es da etwas gibt, was sich irgendwann einmal ganz zeigen wird. Die Geschichte bleibt ebenso wie der Mensch offen und damit bestimmbar. Von einem Ende der Geschichte kann insofern keine Rede sein. Freilich: Wer den Utopiebegriff auf seine eschatologische Variante einschränkt, wird aus heutiger Sicht von einem Ende der Utopie sprechen können. Die Vorstellung einer vollkommenen Gesellschaftsordnung eignet sich nicht mehr als Religionsersatz, sie hat ihre Glaubwürdigkeit weitgehend verloren. Wer es hingegen mit Thomas Morus hält, wird in der Utopie ein Plädoyer für die politische Willensbildung, für die Autonomie und Selbstbestimmung des Menschen erkennen. Die Trennung von Kirche und Staat wird auf der Insel Utopia konsequent vollzogen, die politische Herrschaft versteht sich nicht als Heilsversprechen. Die klassische Utopie markiert den historischen Durchbruch zu einer neuen Welt- und Selbstauffassung des Menschen. Dieser wird sich seiner schöpferischen Fähigkeiten bewußt, er entdeckt sich als Gestalter und Urheber jeder gesellschaftlichen Ordnung. Auf dieser Einsicht beruht die Verantwortung des Menschen für seine Taten, ebenso der Begriff seiner Würde, die niemals gesichert ist, sondern immer Aufgabe bleibt.

Literaturverzeichnis

Adorno, Theodor W., *Negative Dialektik*, Frankfurt a.M. 1966.

Aristoteles, *Nikomachische Ethik*, übers. von F. Dirlmeier, Stuttgart 1997.

Arlt, Gerhard, *Philosophische Anthropologie*, Stuttgart 2001.

Asemissen, Hermann Ulrich, »Helmuth Plessner: Die exzentrische Position des Menschen«, in: Josef Speck (Hg.), *Grundprobleme der großen Philosophen. Philosophie der Gegenwart II*, Göttingen 1973, S. 146–180.

Bacon, Francis, *Novum Organon* (1620), übers. von A.T. Brück, Darmstadt [2]1962.

–, *Nova Atlantis* (1627), in: K.J. Heinisch (Hg.), *Der utopische Staat*, Reinbek bei Hamburg [26]2001.

Becker, Ralf, *Sinn und Zeitlichkeit. Vergleichende Studien zum Problem der Konstitution von Sinn durch die Zeit bei Husserl, Heidegger und Bloch*, Würzburg 2003.

Berger, Peter L., *Zur Dialektik von Religion und Gesellschaft. Elemente einer soziologischen Theorie*, Frankfurt a.M. 1973.

Bloch, Ernst, *Thomas Münzer als Theologe der Revolution* (1921), in: *Gesamtausgabe*, Bd. 2, Frankfurt a.M. 1969.

–, *Geist der Utopie. Bearbeitete Neuauflage der zweiten Fassung von 1923*, in: *Gesamtausgabe*, Bd. 3, Frankfurt a.M. 1964.

–, *Das Prinzip Hoffnung*, in: *Gesamtausgabe*, Bd. 5, Frankfurt a.M. 1959.

–, *Das Materialismusproblem, seine Geschichte und Substanz*, in: *Gesamtausgabe*, Bd. 7, Frankfurt a.M. 1972.

–, *Philosophische Aufsätze zur objektiven Phantasie*, in: *Gesamtausgabe*, Bd. 10, Frankfurt a.M. 1969.

–, *Tübinger Einleitung in die Philosophie* (1963/64), in: *Gesamtausgabe*, Bd. 13, Frankfurt a.M. 1970.

–, *Atheismus im Christentum. Zur Religion des Exodus und des Reichs*, in: *Gesamtausgabe*, Bd. 14, Frankfurt a.M. 1968.

–, *Experimentum Mundi. Frage, Kategorien des Herausbringens, Praxis*, in: *Gesamtausgabe*, Bd. 15, Frankfurt a.M. 1975.

–, *Tendenz – Latenz – Utopie*, Ergänzungsband zur Gesamtausgabe, Frankfurt a.M. 1978; daraus:
  - »Sehnsucht als das gewisseste Sein« (1903)
  - »Kritische Erörterungen über Rickert. Aus der Würzburger Dissertation« (1908)

–, *Abschied von der Utopie?*, Frankfurt a.M. 1980.

–, »Über das Problem Nietzsches« (1906), in: *Bloch-Almanach 3* (1983), hg. vom Ernst-Bloch-Archiv der Stadtbibliothek Ludwigshafen, S. 77–80.

–, »Gedanken über religiöse Dinge« (1905/06), in: *Bloch-Almanach 12* (1992), hg. vom Ernst-Bloch-Archiv der Stadtbibliothek Ludwigshafen, S. 9–13.

Blumenberg, Hans, *Säkularisierung und Selbstbehauptung. Erweiterte und überarbeitete Neuausgabe von »Die Legitimität der Neuzeit«, erster und zweiter Teil*, Frankfurt a.M. ²1983.

Brenner, Peter J., »Aspekte und Probleme der neueren Utopiediskussion in der Philosophie«, in: Wilhelm Voßkamp (Hg.), *Utopieforschung. Interdisziplinäre Studien zur neuzeitlichen Utopie*, 3 Bde., Frankfurt a.M. 1985, Bd. 1, S. 11–63.

Campanella, Tommaso, *Civitas Solis* (1623), in: K.J. Heinisch (Hg.), *Der utopische Staat*, Reinbek bei Hamburg ²⁶2001.

Cassirer, Ernst, »Form und Technik« (1930), in: *Gesammelte Werke*, Bd. 17, Hamburg 2004.

Dessauer, Friedrich, *Streit um die Technik*, Frankfurt a.M. 1956.

Dierse, Ulrich, Art. »Utopie«, in: *Historisches Wörterbuch der Philosophie*, Bd. 11, Basel 2001, Sp. 510–526.

Elias, Norbert, »Thomas Morus' Staatskritik«, in: Wilhelm Voßkamp (Hg.), *Utopieforschung. Interdisziplinäre Studien zur neuzeitlichen Utopie*, 3 Bde., Frankfurt a.M. 1985, Bd. 2, S. 101–150.

Fahrenbach, Helmut, »Heidegger und das Problem einer „philosophischen" Anthropologie«, in: *Durchblicke. Martin Heidegger zum 80. Geburtstag*, hg. von V. Klostermann, Frankfurt a.M. 1970, S. 97–131.

–, »Zukunftsforschung und Philosophie der Zukunft. Eine Erörterung im Wirkungsfeld Ernst Blochs«, in: *Ernst Blochs Wirkung. Ein Arbeitsbuch zum 90. Geburtstag*, Frankfurt a.M. 1975, S. 325–361.

–, »Der Mensch – ein utopisches Wesen? Die anthropologische Frage in der Philosophie Ernst Blochs«, in: *Laboratorium Salutis. Beiträge zu Weg, Werk und Wirkung des Philosophen Ernst Bloch (1885–1977)*, Akademie der Diözese Rottenburg-Stuttgart 1985, S. 27–51.

–, »„Lebensphilosophische" oder „existenzphilosophische" Anthropologie? Plessners Auseinandersetzung mit Heidegger«, in: *Dilthey-Jahrbuch für Philosophie und Geschichte der Geisteswissenschaften*, Bd. 7, Göttingen 1990/1991, S. 71–111.

Fischer, Peter, *Philosophie der Technik. Eine Einführung*, München 2004.

Freyer, Hans, *Die politische Insel. Eine Geschichte der Utopien von Plato bis zur Gegenwart*, Leipzig 1936.

Friedrich, Gerhard, *Utopie und Reich Gottes. Zur Motivation politischen Verhaltens*, Göttingen (o.J.).

Gehlen, Arnold, *Urmensch und Spätkultur. Philosophische Ergebnisse und Aussa-gen*, Bonn 1956.

–, *Anthropologische und sozialpsychologische Untersuchungen*, Reinbek bei Ham-burg 1986.

–, *Der Mensch. Seine Natur und seine Stellung in der Welt* (1940), in: *Gesamtaus-gabe*, Band 3.1, Frankfurt a.M. 1993.

–, »Ein Bild vom Menschen« (1941), in: *Gesamtausgabe*, Bd. 4, Frankfurt a.M. 1983.

–, *Gesamtausgabe*, Bd. 6, Frankfurt a.M. 2004; daraus:
   – »Die Technik in der Sichtweise der Anthropologie« (1953)
   – »Über kulturelle Kristallisation« (1961)

Habermas, Jürgen, »Ernst Bloch. Ein marxistischer Schelling«, in: ders., *Philoso-phisch-politische Profile*, Frankfurt a.M. 1971.

Hahn, Alois, *Soziologie der Paradiesvorstellungen*, Trier 1976.

–, *Konstruktionen des Selbst, der Welt und der Geschichte. Aufsätze zur Kultur-soziologie*, Frankfurt a.M. 2000.

Harrington, James, *The commonwealth of Oceana* (1656), in: *Works. The Oceana and other works*, London 1771.

Heidegger, Martin, *Sein und Zeit* (1927), Tübingen [18]2001.

Hellmann, Kai-Uwe/Klein, Arne (Hg.), »*Unendliche Weiten ...*« *Star Trek zwi-schen Unterhaltung und Utopie*, Frankfurt a.M. 1997.

Hellmann, Kai-Uwe, »„Sie müssen lernen, das Unerwartete zu erwarten." *Star Trek* als Utopie der Menschwerdung?«, in: Hellmann/Klein, a.a.O., S. 91–111.

Hempel, Hans-Peter, »Das Sein- und Zeit-Verständnis Ernst Blochs«, in: *Bloch-Almanach 6* (1986), hg. vom Ernst-Bloch-Archiv der Stadtbibliothek Lud-wigshafen, S. 11–29.

Hermand, Jost, »Von der Notwendigkeit utopischen Denkens«, in: Reinhold Grimm/Jost Hermand (Hg.), *Deutsches utopisches Denken im 20. Jahrhun-dert*, Stuttgart 1974, S. 10–29.

Hölscher, Lucian, Art. »Utopie«, in: *Geschichtliche Grundbegriffe: Historisches Lexikon zur politisch-sozialen Sprache in Deutschland*, Bd. 6, Stuttgart 1990, S. 733–788.

Holz, Hans Heinz, *Logos Spermatikos. Ernst Blochs Philosophie der unfertigen Welt*, Darmstadt/Neuwied 1975.

Huxley, Aldous, *Schöne neue Welt. Ein Roman der Zukunft* (engl. 1932), übers. von Herberth E. Herlitschka, Frankfurt a.M. 1985.

Jørgensen, Sven-Aage, »Utopisches Potential in der Bibel. Mythos, Eschatologie und Säkularisation«, in: Wilhelm Voßkamp (Hg.), *Utopieforschung. Interdis-ziplinäre Studien zur neuzeitlichen Utopie*, 3 Bde., Frankfurt a.M. 1985, Bd. 1, S. 375–401.

Kämpf, Heike, *Helmuth Plessner. Eine Einführung*, Düsseldorf 2001.

Kamlah, Wilhelm, *Utopie, Eschatologie, Geschichtsteleologie. Kritische Untersuchungen zum Ursprung und zum futurischen Denken der Neuzeit*, Mannheim 1969.

Kant, Immanuel, *Kritik der reinen Vernunft* (1781), in: *Werkausgabe*, Bd. 3, hg. von W. Weischedel, Frankfurt a.M. 1968.

–, *Anthropologie in pragmatischer Hinsicht* (1798), in: *Werkausgabe*, Bd. 12, hg. von W. Weischedel, Frankfurt a.M. 1968.

Keller, Wilhelm, *Einführung in die philosophische Anthropologie*, München 1971.

Köhler, Wolfgang, *Intelligenzprüfungen an Menschenaffen* (1917), Berlin [2]1921.

Krauss, Lawrence M., *Die Physik von Star Trek*, München 1996.

–, *Jenseits von Star Trek. Die Physik hinter den Ideen der Science Fiction*, München 2002.

Krüger, Hans-Peter, »Angst vor der Selbstentsicherung. Zum gegenwärtigen Streit um Helmuth Plessners philosophische Anthropologie«, in: *Deutsche Zeitschrift für Philosophie*, Bd. 44 (1996), S. 271–300.

Kuhn, Thomas S., *Die Struktur wissenschaftlicher Revolutionen* (engl. 1962), Frankfurt a.M. [2]1976.

Lem, Stanislaw, *Mondnacht. Hör- und Fernsehspiele*, Frankfurt a.M. [2]1981.

Löwith, Karl, *Weltgeschichte und Heilsgeschehen. Die theologischen Voraussetzungen der Geschichtsphilosophie* (engl. 1949), Stuttgart [5]1967.

Luckmann, Thomas, *Die unsichtbare Religion*, Frankfurt a.M. 1991.

Lübbe, Hermann, »Kontingenzerfahrung und Kontingenzbewältigung«, in: *Kontingenz*, hg. von Gerhart v. Graevenitz u.a., München 1998, S. 35–47.

Luhmann, Niklas, *Die Wissenschaft der Gesellschaft*, Frankfurt a.M. 1992.

–, *Die Religion der Gesellschaft*, Frankfurt a.M. 2000.

Malinowski, Bronislaw, *Magie, Wissenschaft und Religion. Und andere Schriften* (engl. 1948), Frankfurt a.M. 1973.

Mann, Golo/Rahner, Karl, »Weltgeschichte und Heilsgeschichte«, in: *Christlicher Glaube in moderner Gesellschaft*, Teilband 23, Freiburg im Breisgau 1982, S. 87–125.

Mannheim, Karl, *Ideologie und Utopie* (1929), Frankfurt a.M. [8]1995.

–, Art. »Utopie« (engl. 1935), in: Arnhelm Neusüss (Hg.), *Utopie. Begriff und Phänomen des Utopischen*, 3., überarb. u. erw. Aufl., Frankfurt a.M. und New York 1986, S. 113–119.

Marquard, Odo, *Zukunft braucht Herkunft. Philosophische Essays*, Stuttgart 2003.

Marx, Karl/Engels, Friedrich, *Studienausgabe in 5 Bänden*, hg. von I. Fetscher, Berlin 2004; daraus:

– *Ökonomisch-philosophische Manuskripte* (1844)

– »Zur Kritik der Hegelschen Rechtsphilosophie, Einleitung« (1844)

- »Feuerbach. Gegensatz von materialistischer und idealistischer Anschauung« (1845)
- »Manifest der kommunistischen Partei« (1848)
- »Die Entwicklung des Sozialismus von der Utopie zur Wissenschaft« (1882)
- »Briefe über materialistische Geschichtsinterpretation« (1890–1894)

Meier, Stephan, Art. »Posthistoire«, in: *Historisches Wörterbuch der Philosophie*, Bd. 7, Basel 1989, Sp. 1140–1141.

Moltmann, Jürgen, *Theologie der Hoffnung. Untersuchungen zur Begründung und zu den Konsequenzen einer christlichen Eschatologie*, München 1964.

Morus, Thomas, *Utopia* (1516), in: K.J. Heinisch (Hg.), *Der utopische Staat*, Reinbek bei Hamburg [26]2001.

Neusüss, Arnhelm (Hg.), *Utopie. Begriff und Phänomen des Utopischen*, 3., überarb. u. erw. Aufl., Frankfurt a.M. und New York 1986.

–, »Schwierigkeiten einer Soziologie des utopischen Denkens«, in: ders., *Utopie. Begriff und Phänomen des Utopischen*, a.a.O., S. 13–112.

Nietzsche, Friedrich, *Jenseits von Gut und Böse* (1886), in: *Werke. Kritische Gesamtausgabe*, Bd. 6.2, hg. von G. Colli und M. Montinari, Berlin 1986.

Nipperdey, Thomas, »Die Funktion der Utopie im politischen Denken der Neuzeit«, in: *Archiv für Kulturgeschichte*, Bd. 44, Köln und Graz 1962, S. 357–378.

–, *Reformation, Revolution, Utopie. Studien zum 16. Jahrhundert*, Göttingen 1975.

Orth, Ernst Wolfgang, »Philosophische Anthropologie als Erste Philosophie. Ein Vergleich zwischen Ernst Cassirer und Helmuth Plessner«, in: *Dilthey-Jahrbuch für Philosophie und Geschichte der Geisteswissenschaften*, Bd. 7, Göttingen 1990/1991, S. 250–271.

–, »Helmuth Plessners Anthropologiekonzeption und sein Begriff von Wissenschaft und Philosophie«, in: Jürgen Friedrich/Bernd Westermann (Hg.), *Unter offenem Horizont. Anthropologie nach Helmuth Plessner*, Frankfurt a.M. 1995, S. 67–74.

–, *Was ist und was heißt »Kultur«? Dimensionen der Kultur und Medialität der menschlichen Orientierung*, Würzburg 2000.

Orwell, George, *1984* (engl. 1949), übers. von K. Wagenseil, Frankfurt a.M./Berlin/Wien 1976.

Otto, Dirk, *Das utopische Staatsmodell von Platons Politeia aus der Sicht von Orwells Nineteen Eighty-Four. Ein Beitrag zur Bewertung des Totalitarismusvorwurfs gegenüber Platon*, Berlin 1994.

Perler, Dominik, *René Descartes*, München 1998.

Picht, Georg, »Prognose, Utopie, Planung. Die Situation des Menschen in der Zukunft der technischen Welt« (1967), in: ders., *Zukunft und Utopie*, Stuttgart 1992.

Pico della Mirandola, Giovanni, *Über die Würde des Menschen*, übers. von N. Baumgarten, Hamburg 1990.

Platon, *Der Staat. Über das Gerechte*, übers. von O. Apelt, Hamburg [11]1989.

Plessner, Helmuth, *Diesseits der Utopie. Ausgewählte Beiträge zur Kultursoziologie*, Frankfurt a.M. 1974.

–, *Die Stufen des Organischen und der Mensch. Einleitung in die philosophische Anthropologie* (1928), in: *Gesammelte Schriften*, Bd. 4, Frankfurt a.M. 1981.

–, *Gesammelte Schriften*, Bd. 5, Frankfurt a.M. 1981; daraus:
– *Grenzen der Gemeinschaft. Eine Kritik des sozialen Radikalismus* (1924)
– *Macht und menschliche Natur. Ein Versuch zur Anthropologie der geschichtlichen Weltansicht* (1931)

–, *Gesammelte Schriften*, Bd. 8, Frankfurt a.M. 1983; daraus:
– »Die Aufgabe der Philosophischen Anthropologie« (1937)
– »Über das Welt- Umweltverhältnis des Menschen« (1950)
– »Über einige Motive der Philosophischen Anthropologie« (1956)
– »Die Frage nach der Conditio humana« (1961)
– »Das Problem der Unmenschlichkeit« (1967)
– »Homo absconditus« (1969)
– »Der Aussagewert einer Philosophischen Anthropologie« (1973)

–, »Die Frage nach dem Wesen der Philosophie« (1934), in: *Gesammelte Schriften*, Bd. 9, Frankfurt a.M. 1985.

–, *Gesammelte Schriften*, Bd. 10, Frankfurt a.M. 1985; daraus:
– »Soziale Rolle und menschliche Natur« (1960)
– »Das Problem der Öffentlichkeit und die Idee der Entfremdung« (1960)

–, »Philosophische Anthropologie« (1957), in: ders., *Politik – Anthropologie – Philosophie. Aufsätze und Vorträge*, München 2001.

Polak, Fred L., »Wandel und bleibende Aufgabe der Utopie« (engl. 1961), in: Arnhelm Neusüss (Hg.), *Utopie. Begriff und Phänomen des Utopischen*, 3., überarb. u. erw. Aufl., Frankfurt a.M. und New York 1986, S. 361–386.

Popper, Karl R., *Die offene Gesellschaft und ihre Feinde. Bd. I: Der Zauber Platons; Bd. II: Falsche Propheten. Hegel, Marx und die Folgen*, Bern 1947/48.

–, »Utopie und Gewalt« (engl. 1948), in: Arnhelm Neusüss, *Utopie. Begriff und Phänomen des Utopischen*, 3., überarb. u. erw. Aufl., Frankfurt a.M. und New York 1986, S. 313–326.

Ricœur, Paul, »L'herméneutique de la sécularisation. Foi, idéologie, utopie«, in: E. Castelli (Hg.), *Herméneutique de la sécularisation*, Paris 1976, S. 49–68.

–, *Lectures on Ideology and Utopia*, New York 1986.

Riedel, Manfred, *Tradition und Utopie. Ernst Blochs Philosophie im Licht unserer geschichtlichen Denkerfahrung*, Frankfurt a.M. 1994.

Rüsen, Jörn, »Utopie und Geschichte«, in: Wilhelm Voßkamp (Hg.), *Utopieforschung. Interdisziplinäre Studien zur neuzeitlichen Utopie*, 3 Bde., Frankfurt a.M. 1985, Bd. 1, S. 356–374.

–, »Einleitung: Utopie neu denken. Plädoyer für eine Kultur der Inspiration«, in: Jörn Rüsen u.a. (Hg.), *Die Unruhe der Kultur. Potentiale des Utopischen*, Weilerswist 2004, S. 9–23.

Ruyer, Raymond, *L' Utopie et les Utopies* (1950), Gérard Monfort ²1988.

Saage, Richard, Utopische Profile:

–, *Renaissance und Reformation*, Bd. 1, Münster 2001.

–, *Aufklärung und Absolutismus*, Bd. 2, Münster 2001.

–, *Industrielle Revolution und Technischer Staat im 19. Jahrhundert*, Bd. 3, Münster 2002.

–, *Widersprüche und Synthesen des 20. Jahrhunderts*, Bd. 4, Münster 2003.

Samjatin, Jewgenij, *Wir* (russ. 1920), übers. von G. Drohla, Köln ⁸2003.

Scheler, Max, »Die Stellung des Menschen im Kosmos« (1928), in: *Gesammelte Werke*, Bd. 9, Bern/München 1976.

Schelsky, Helmut, »Der Mensch in der wissenschaftlichen Zivilisation«, in: ders., *Auf der Suche nach Wirklichkeit. Gesammelte Aufsätze*, Düsseldorf/Köln 1965.

Schmidt, Alfred, *Kritische Theorie, Humanismus, Aufklärung. Philosophische Arbeiten 1969–1979*, Stuttgart 1981.

Schüßler, Kersten, Helmuth Plessner. *Eine intellektuelle Biographie*, Berlin/Wien 2000.

Schwonke, Martin, *Vom Staatsroman zur Science Fiction. Eine Untersuchung über Geschichte und Funktion der naturwissenschaftlich-technischen Utopie*, Stuttgart 1957.

–, »Naturwissenschaft und Technik im utopischen Denken der Neuzeit«, in: Eike Barmeyer (Hg.), *Science Fiction. Theorie und Geschichte*, München 1972, S. 57–75.

Shelley, Mary, *Frankenstein or The Modern Prometheus* (1818), Wordsworth Classics 1993.

Simmel, Georg, *Philosophie des Geldes* (1900), Frankfurt a.M. 2000.

–, *Philosophische Kultur. Über das Abenteuer, die Geschlechter und die Krise der Moderne* (1911), Berlin 1998.

Spengler, Oswald, *Der Untergang des Abendlandes. Umrisse einer Morphologie der Weltgeschichte* (1923), München 1990.

Tenbruck, Friedrich H., »Der Fortschritt der Wissenschaft als Trivialisierung«, in: Nico Stehr/René König (Hg.), *Wissenschaftssoziologische Studien und Materialien. Sonderheft 18 der Kölner Zeitschrift für Soziologie und Sozialpsychologie*, Opladen 1976, S. 19–47.

Tillich, Paul, *Gesammelte Werke*, Bd. 6 (*Der Widerstreit von Raum und Zeit. Schriften zur Geschichtsphilosophie*), Stuttgart 1963; daraus:
– »Politische Bedeutung der Utopie im Leben der Völker« (1951)
– »Kairos und Utopie« (1959)

Uexküll, Jakob von, *Umwelt und Innenwelt der Tiere* (1909), Berlin ²1921.

Valéry, Paul, »La crise de l'esprit«, in: *Œuvres I*, Gallimard 1957.

Voßkamp, Wilhelm (Hg.), *Utopieforschung. Interdisziplinäre Studien zur neuzeitlichen Utopie*, 3 Bde., Frankfurt a.M. 1985.

Weber, Max, »Die Objektivität sozialwissenschaftlicher und sozialpolitischer Erkenntnis« (1904), in: ders., *Schriften zur Wissenschaftslehre*, hg. von M. Sukale, Stuttgart 2002.

Welsen, Peter, »Ideologie, Utopie und Ideologiekritik«, in: Stephan Orth/Andris Breitling (Hg.), *Vor dem Text. Hermeneutik und Phänomenologie im Denken Paul Ricœurs*, Berlin 2002, S. 165–188.

Widmer, Peter, *Die Anthropologie Ernst Blochs*, Frankfurt a.M. 1974.

Zudeick, Peter, *Die Welt als Wirklichkeit und Möglichkeit. Die Rechtfertigungsproblematik der Utopie in der Philosophie Ernst Blochs*, Bonn 1980.

Zyber, Erik, »Von der Prophetie zur Prognose. Zukunft als Orientierungsproblem«, in: *Bloch-Almanach 25* (2006), hg. vom Ernst-Bloch-Archiv der Stadtbibliothek Ludwigshafen, S. 157–170.

Personenverzeichnis